於特彼拉廢丘出土的青銅配件（照片提供：葛瑞格・孟福德）

斯卡加菲厄澤地景照片（作者自攝）

經過處理的塔尼斯WorldView-2衛星影像，可看見古代聚落的範圍（圖片提供：「數位全球」衛星公司）

塔尼斯中央區域照片，可看見衛星影像中的古城大部分地景遍布淤泥；表面上幾乎什麼都看不見。（作者自攝）

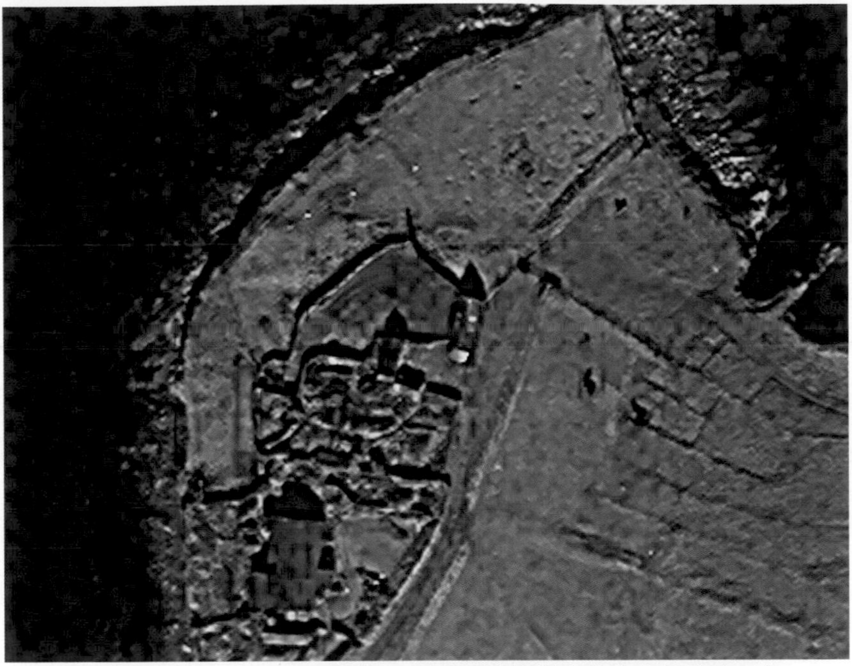

經過處理的WorldView-2衛星影像，可看見帕帕斯土島的北屋遺跡現象（圖片提供：「數位全球」衛星公司）

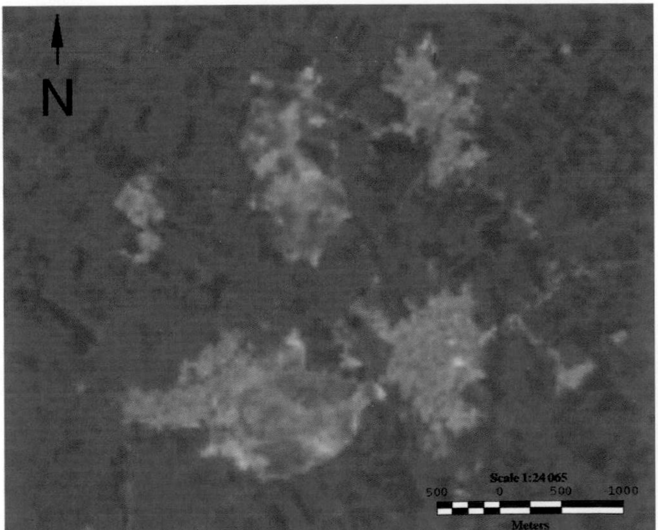

經過處理的陸地衛星七號影像，顯示埃及一處遺址的多光譜分析結果（圖片提供：美國太空總署）

偕同札格羅爾博士（Dr. Zaghloul）、班伯里博士（Dr. Bunbury）、巴德博士（Dr. Bader）和英國國家廣播公司的露薏絲・布雷（Louise Bray）分析於利什特鑽探所得樣本（作者自攝）

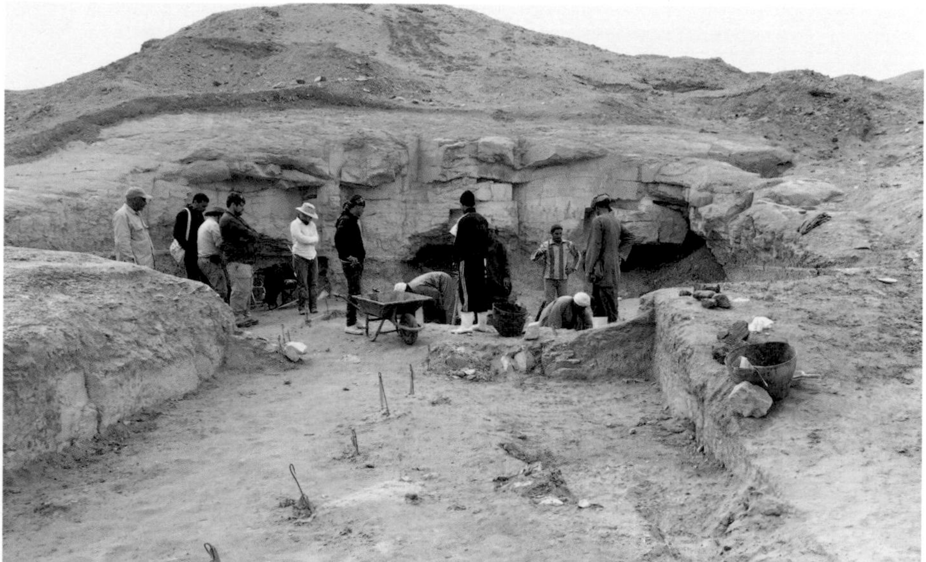

於利什特發掘英特夫之墓（作者自攝）

於利什特發掘的古人臉孔圖案（作者自攝）

英特夫的名字和頭銜（作者自攝）

於英特夫之墓發現的眼球狀鑲嵌物（作者自攝）

英特夫之墓發掘完成的部分（作者自攝）

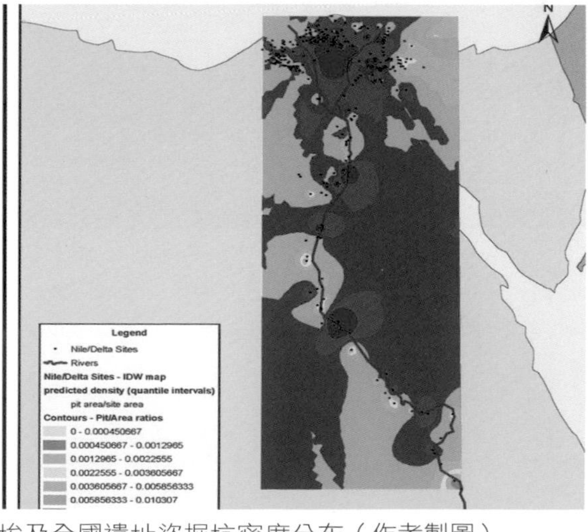

埃及全國遺址盜掘坑密度分布（作者製圖）

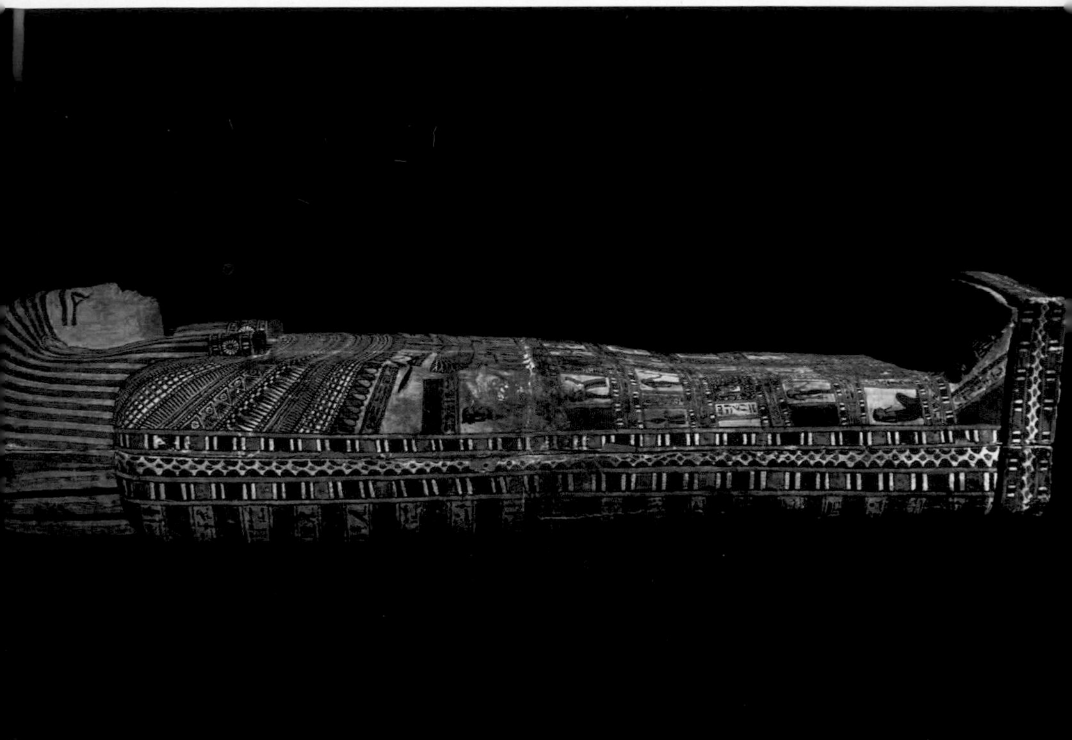

席賽普－阿蒙－泰絲－赫利（Shesep-Amun-Tayes-Herit）的石棺，可能出土自阿布希爾瑪利克（Abusir el Malik）〔圖片提供：蕾貝卡．海爾（Rebecca Hale）／國家地理創意資源庫（National Geographic Creative）〕

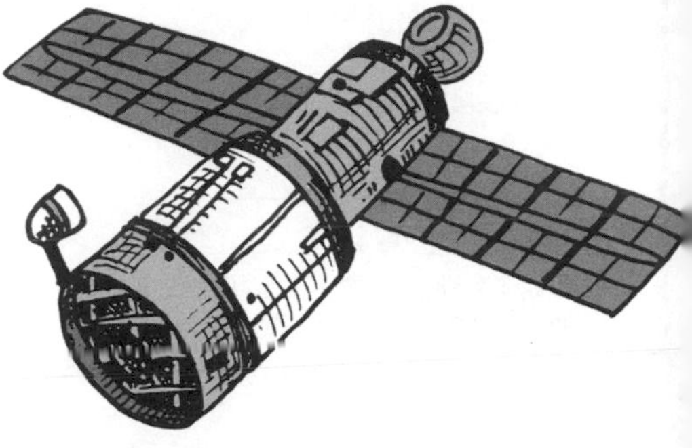

橫跨 4 大洲╳ 12 國，從千年宮殿、古墓、聚落到隱藏的金字塔，
透過衛星影像發掘傳統考古難以企及的人類歷史與記憶

我從太空考古

Sarah Parcak
莎拉・帕卡克——著　王翎——譯

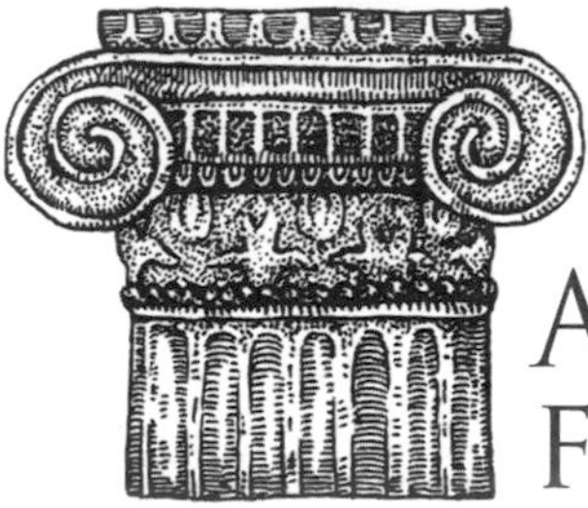

ARCHAEOLOGY FROM SPACE

How the Future Shapes Our Past

臉譜書房 FS0131

我從太空考古：

橫跨4大洲×12國，從千年宮殿、古墓、聚落到隱藏的金字塔，透過衛星影像發掘傳統考古難以企及的人類歷史與記憶

Archaeology from Space: How the Future Shapes Our Past

作　　者　莎拉·帕卡克（Sarah Parcak）
譯　　者　王翎
審 訂 者　蒲慕州
副總編輯　謝至平
責任編輯　鄭家暐
行銷企畫　陳彩玉、楊凱雯
封面設計　謝佳穎

編輯總監　劉麗真
總 經 理　陳逸瑛
發 行 人　涂玉雲
出　　版　臉譜出版
城邦文化事業股份有限公司
臺北市中山區民生東路二段141號5樓
電話：886-2-25007696 傳真：886-2-25001952
發　　行　英屬蓋曼群島商家庭傳媒股份有限公司城邦分公司
臺北市中山區民生東路二段141號11樓
客服專線：02-25007718；25007719
24小時傳真專線：02-25001990；25001991
服務時間：週一至週五上午09:30-12:00；下午13:30-17:00
劃撥帳號：19863813　戶名：書虫股份有限公司
讀者服務信箱：service@readingclub.com.tw
城邦網址：http://www.cite.com.tw
香港發行所　城邦（香港）出版集團有限公司
香港灣仔駱克道193號東超商業中心1樓
電話：852-2508623　傳真：852-25789337
電子信箱：hkcite@biznetvigator.com
新馬發行所　城邦（馬新）出版集團
Cite（M）Sdn. Bhd.（458372U）
41, Jalan Radin Anum, Bandar Baru Sri Petaling,
57000 Kuala Lumpur, Malaysia.
電話：603-90578822　傳真：603-90576622
電子信箱：cite@cite.com.my
一版一刷　2021年7月

城邦讀書花園
www.cite.com.tw

ISBN 978-986-235-977-8
售價　NT$ 420

國家圖書館出版品預行編目資料

我從太空考古：橫跨4大洲×12國，從千年宮殿、古墓、聚落到隱藏的金字塔，透過衛星影像發掘傳統考古難以企及的人類歷史與記憶／莎拉·帕卡克(Sarah Parcak)著；王翎譯. 一版. 臺北市：臉譜，城邦文化出版；家庭傳媒城邦分公司發行, 2021.07
面；　公分. --（臉譜書房；FS0131）
譯自：Archaeology from space : how the future shapes our past
ISBN 978-986-235-977-8（平裝）
1.考古學　2.遙感探測　3.衛星觀測
790　　110008315

謹將本書獻給我們的家族

「儲思盆」蘇珊・楊恩（Susan Young）

目次

致讀者

筆者將捐出本書預付金的一部分，供註冊於阿拉巴馬州、符合美國稅法501(c)(3)條款的非營利組織「全球探險家」（GlobalXplorer）的營運所需。「全球探險家」的業務包含於埃及進行考古學田野工作及開設田野學校，培訓精通創新科技的考古文化遺產國外專家，以及推動全球公民一起參與考古學。如果你讀了拙作中分享的想法覺得受到感動，歡迎你隨時造訪www.globalxplorer.org網站，加入太空遙測考古學家培訓。

序言

我的人生滿日瘡痍（無誤）。別誤會，本書不是要向大家求助，也不是在寫探索自我的旅程。我是考古學家。過去二十年來，我大多數的時間都在埃及和中東進行考古發掘，探索中南美洲的廢墟，測繪歐洲各地的遺址，偶爾也會發掘維京文化遺跡。你可以說我對於腳下的泥土，以及其中可能蘊藏的所有神奇事物無比著迷：它們未必閃閃發亮，但全是無價之寶。埋在泥土裡的，全是關於我們是誰，過去是如何來到此地，而未來又要如何才有可能興旺繁盛的線索。

我們之中大多數人都能夠回顧過往人生，確認是哪些關鍵時刻發揮影響力，讓我們的職涯發展至目前的境況：也許是一次出乎意料的事件，遇見一位關鍵人物，或是某個靈光一閃的瞬間。總有些什麼。就我個人來說，我可以確認我受到的影響有一方面源於虛構創作，還有一方面則根植於事實根據。

披薩、錄影帶以及成為考古學家之路

如果你跟我一樣是在一九八〇年代出生的孩子，那麼你家週五晚上的例行公事可能跟我家一樣，先是外帶披薩，再去附近的錄影帶店租片回家看。哇，就算只是描述，都讓我覺得自己好老。放學以後，母親會帶著我和弟弟亞倫走到街道另一頭改成錄影帶店的一間老房子，四處吱呀作響的老屋裡堆滿數千卷依照電影題材和年齡分級分門別類的錄影帶。

讓母親無奈的是，我們每次挑的電影不是《公主新娘》（*The Princess Bride*），就是《大魔域》（*The NeverEnding Story*），再不然就是《法櫃奇兵》（*Raiders of the Lost Ark*），永遠是這三部其中一部。（現在我自己當媽了，而我家小孩只想要無限循環播放《小小兵》〔*Minions*〕，我不禁欽佩起母親當年忍受過的鬼打牆。換她笑我了。）

如果選了《法櫃奇兵》，我會坐定在螢幕前陷入狂喜，記下每個場景、每段對話、每個手勢。我也說不上來吸引我的究竟是埃及、是純粹的冒險，或者就是哈里遜福特（Harrison Ford），但那部電影召喚著我。

當時的我年紀還小，並不知道不是所有考古學家都戴同樣的費多拉帽（fedora）研究同樣的東西。考古學的次領域繁多，我們各有專精：除了專門研究特定時期或地區，考古學家也可能研究陶器、藝術、骨骸、古代建築、年代測定技術，甚至記錄和測繪技法。

我專精的領域則是相對較新的「太空考古學」（space archaeology）。這個詞可不是我胡謅的。太空考古學指的是分析不同的衛星影像資料集，例如取自大家很可能相當熟悉的Google Earth虛擬地球儀的圖資，找出隱而不顯的考古遺址（site）和遺跡現象（feature）加以測繪。這份工作相當酷炫，但在我剛進大學開始修習考古學課程時，還不是一個理所當然的職業選項。

我之所以會走這一行，一切都要追溯自我的外祖父哈洛德·楊恩（Harold Young），他曾是緬因大學（University of Maine）森林系教授。小時候每逢週末，父母親得在自家餐廳忙到深夜，我跟亞倫就會去外祖父母家，他們住在緬因州奧羅諾（Orono）高低起伏、枝葉扶疏的一條街上。外公和外婆都退休了，外公之前在大學教書，外婆之前則在大學的學術評議會（Faculty Senate）擔任祕書。

不管是楊恩家或學術評議會，都在外婆的鐵腕統治之下，以至於每次我們問外公可不可以到外頭玩，總是得到同樣的答覆。

「我只是上尉。」他會微笑著說。「你們得請示上將才行！」然後他會轉向外婆，俐落地向她行個軍禮。這麼做會惹來外婆連聲怒罵，逗得我們咯咯發笑。

外公與我的前進太空之旅

外公確實曾是上尉，他在二戰時當過傘兵。傘兵部隊隸屬有「嘯鷹」（Screaming Eagles）之稱的美國陸軍第一〇一空降師（101st Airborne Devision），外公在諾曼第登陸日（D-Day）前一天曾帶領一個排執行跳傘行動。他也曾在戰事中六次刺刀衝鋒的其中一次領頭，獲頒一枚銅星勳章加佩一枚銅橡葉簇*以及一枚紫心勳章。為了規畫降落位置並繪出協調全排傘兵的地點，外公分析了當時仍屬尖端科技的空照圖。

＊譯註：加佩一枚銅橡葉簇表示再次獲得該勳章表揚，若增加至五枚銅橡葉簇則以一枚銀橡葉簇代表。

後來他在杜克大學（Duke University）森林學系唸博士班時仍未忘記這項科技，研發出利用空照圖測繪樹木高度的新技術。將近三十年來，外公指導一代又一代的森林系學子如何在研究中利用空拍照片，他也成為舉世聞名的森林學家。

從小到大，我只有偶爾聽到家人講述外公的工作。他有時候會消失不見，前往遙遠的地方參加國際研討會，帶了來自薩伊（Zaire；今剛果民主共和國〔Democratic Republic of the Congo〕）的木雕大象送給我們。後來我才知道，他將自己所有的森林學藏書都捐贈給那裡的機構。小時候，我並不明白當一個身佩勳章的二戰英雄或傑出科學家是什麼意思。我只知道外公很慈愛溫和，他會開車載我和亞倫到大學校區裡的實驗畜舍看乳牛，我們在那裡如果很守規矩，就可以喝到新鮮現做的巧克力牛奶，在當時十分稀奇。直到今天，我還是認為巧克力牛奶是巧克力乳牛產的。

最重要的是，我記得外公讓我們使用他的立體鏡（stereoscope）[1]，立體鏡看起來像是一組桌上型雙筒望遠鏡，鏡頭下會放兩張稍微重疊的空照圖，成像效果非常神奇——照片彷彿變成3D立體一樣躍然眼前。孩子看到這麼神奇的景象絕不會忘記，會在腦海中留下深刻的印象，而立體鏡影像為我的人生路途擘畫出了最開始的幾步。

外公就和「最偉大的世代」（Greatest Generation）那一輩很多人一樣，絕口不提二戰時從軍的事。我高中時確實曾為了一份專題報告採訪過外公，不過他說那些事都過去了，謝天謝地。森林裡很安全，有好多樹木可以測繪辨認，外公只要帶我們出門一定會去森林。外公每天慢跑三英里，在他因癌症病逝的前一天還有力氣在社區裡散步。

在外祖父離開我們三年之後，我對他的研究逐漸有些了解，我愈發懊悔自己從來不曾和他討論過他的研究。當時，已可從網路上閱覽外祖父發表的論文，我對他的研究成果非常好奇，甚至在大四時修了一堂遙測技術入門課。外祖父不曾研究過衛星影像，森林學界是在他退休十五年後才開始應用衛星影像，但我忍不住揣想衛星影像和他的航空攝影會有多大的差異。此外，大多數考古學家很可能早就開始在研究中應用相關科技，尤其是研究埃及的專家。應該是這樣沒錯吧？可能老早就完成所有古蹟遺址的繪圖了。噢，我當時真的好天真！

大學時代我最後一份報告的題目是利用衛星影像偵測埃及西奈（Sinai）考古遺址附近的水資源，搜尋相關論文時，我開始摸出一點頭緒。當你發現一隻手能數完的幾筆文獻全都相互引用，這時你就知道自己走進死胡同了。因為這堂課，我寫了篇論文取得研究型碩士學位，之後又去讀了博士，到現在已經做了將近二十年的研究。我在學術上能有所成就，都要感謝外祖父。

帽子、我的過去，以及未來

身為考古學家，我覺得自己與外祖父之間的連結意義非凡。你的怪癖，你的樣貌，你的愛憎好惡，只是「你」這個考古遺址的表面。我們的列祖列宗就是底下重重疊疊的不同地層，以我們可能完全無法參透的方式豐富我們的人生。有太多深藏在你的基因深處，深藏在人類從過去成千上萬年到現今居住過的地景的基因深處。我們只需要某種視野，讓我們能夠抽離，看見我們之間以及我們之中的線索和連結。

在這樣的視野堅實支撐之下，夢想就能帶著我們前往任何地方。如果有人在我小時候看《法櫃奇兵》時告訴我，我以後會成為太空考古學家，我絕對不信。我也絕不會相信有朝一日我會遇見印第安納・瓊斯（Indiana Jones）本人：戴著費多拉帽的哈里遜福特。

事情發生在二〇一六年，我到溫哥華發表一場ＴＥＤ演講[2]，主題是我身為太空考古學家的工作，以及太空考古學的潛力和我的夢想。當時我已經是考古學家，就跟印第安納・瓊斯一樣。我聽聞哈里遜福特可能會出席，但是大家叫我不要抱太大的期望。我的吉星持續高照，他出席了該場演講。好友湯姆・瑞利（Tom Rielly）是ＴＥＤ伙伴計畫（TED Fellows program）的創辦人，他出力安排了一場午宴招待哈里遜福特，我也受到邀請。我想我前一夜興奮到整晚不曾闔眼。

哈里遜福特走近時，我的心臟狂跳。他看起來跟電影裡一模一樣——同樣那麼粗獷帥氣，帶點無賴不羈。我們握手時，他對我前一天的演講讚揚有加。有一件事我非說不可。「我會走考古這一行，都是印第安納・瓊斯帶給我的啟發，」我告訴他，「我們這一行裡有很多人也是。我要代表所有人跟你說謝謝。」

「你們都明白我只是電影裡頭的角色吧？你們知道的臺詞比我還多。」

「當然那只是電影，但你的精神讓印第安納・瓊斯鮮活逼真，為我們帶來最初的啟發。所以我要跟你說謝謝，我打從心底感謝你。」

也許他只是一名優秀的演員，但我真心認為他直到那一刻，才了解自己對於最近幾個世代的考古學家帶來多麼深遠的影響。

我與丈夫和哈里遜福特共進午餐的時光無比美好。其實比起文明遺產，哈里遜比較關心野生動物保育，但他為人親切大方，還是很客氣聆聽興奮過度的我大談考古，而且勾起嘴角露出的瀟灑笑容迷人極了。我永遠感激他在聽我說話時露出聽得津津有味的樣子。

用畢午餐，我們到外面拍照，我拿出一頂褐色費多拉帽。哈里遜看著我，搖了搖頭。

「真不敢相信你把帽子也帶來了。」

「我實在忍不住。」我說。他大笑。

「既然你是貨真價實的考古學家，就不跟你計較了。」

沒錯，有一張我們爭搶那頂帽子的照片，我會永遠珍藏。

太空考古學的範疇

拜日新月異的科技所賜，人類的故事，或者說我們的故事，也以驚人的速度發展演變。在資料集的輔助之下，我們得以織構出新鮮有趣的故事，對於古人和我們自身能夠多一分正確的理解，少一分誤解。

利用衛星影像等先進科技所揭露的新發現十分驚人，可說幫助我們重寫了歷史。我們已經從夏天的一個考古季度僅能測繪出數十個古代遺址，進展到在數週之內測繪完不到數千，至少也數百個遺址。由於電腦運算和人工智慧科技突飛猛進，我們幾乎達到在數小時之內獲得同樣結果的境界。

或許你也有志成為考古學家，擔心任何新發現都會由我們太空考古學家截足先登，但你無須驚慌，確定古代遺址的位置只是第一步。我們仍然必須實地考查遺址，進行所謂「實地驗證」（ground-truthing），再花費數年發掘，才能比較了解遺址內容。所以，天啊，我們真的有好多工作要做。

為了讓讀者了解太空考古學這個領域是如何以飛快的速度大幅躍進，我特別將序言留到最後撰寫，以確認能將所有熱騰騰剛出爐的衛星影像新發現都納入篇幅。在寫完也編校完所有章節之後，我想在下一次重大消息公布之前，應該可以停機稍微休息一下了吧。帕卡克，你別作夢了。

根據最新一期的《自然》期刊，以考古學家約拿斯．葛瑞格里歐．德索薩（Jonas Gregorio de Souza）為首的團隊公開研究結果，他們利用衛星影像和地面調查，在巴西的亞馬遜盆地新發現八十一處前哥倫布時期（pre-Columbian）遺址。他們依據新的研究發現推估，在亞馬遜盆地僅僅百分之七的面積中，就存在另外一千三百處年代介於西元一二五〇年和一五〇〇年之間的遺址，而整個亞馬遜盆地的遺址總數可能超過一萬八千處。在這個現今看來似乎不宜人居的區域，從前可能曾有超過一百萬人居住。

他們在巴西中北部的塔帕若斯盆地上游（upper Tapajós Basin）發現了儀式中心、大型平頂土墩、環形村落，以及築有防禦工事的聚落遺址，而此區域過去鮮有考古學家踏足。[3]我認為這個新發現的特殊之處，在於揭露了考古學家和其他人對於雨林可能或不可能存在什麼，都抱持著想當然耳的想法。藉由衛星資料，考古團隊得以在數個月內搜尋大範圍區域，若是採取地面調查，可能需耗費數十年之久。之所以能達到這一切，要歸功於一個二十年前幾乎還不存在的次領域。雖然各界對於太空考古學已稍有認識，但要讓普羅大眾了解，仍有很長的一條路要走。最近我為了出國工作申辦旅遊保險，對方提供的保費報價高得離譜：一年保費超過五萬美金。我向保險公司詢問原因，對方坦承他們以為我是要出發到外太空，在衛星上俯瞰地球尋找廢墟。現在我一想到，仍忍俊不禁。

撰寫此篇序文時，我正在下載埃及吉薩（Giza）的最新衛星影像，吉薩遺址是古代世界唯一屹立至今的建築奇蹟。誰知道我會不會找到什麼先前無人發現的遺跡。我學到最主要的一課，就是預期所有出乎意料之事。在先前從未想過的地方，可能會冒出新的遺址和遺跡現象，或者以吉薩為例，也可能發現足以顛覆長期以來對於重要遺址和年代界定假設的新遺址和遺跡現象。接下來幾章中介紹的，就是達到上述成果的考古研究。

從太空中測繪遺址十分有趣，但是探索遺址讓我得以穿越時空，回到數千年前人們相信不同的神祇、說著現已滅絕的語言、住在我們如今以為從未有人居住之處的時期——而他們全都是「晚期智人」（*Homo sapiens sapiens*）。＊就跟我們一樣。

正因如此，考古學具有凝聚人心、為我們帶來神奇啟示的潛力，這也是我們在世界各地陷入衝突和不安的現今所迫切需要的。有些人沒有機會在古代遺址親自體驗心中油然而生的敬畏，但

＊譯註：即「智人中的智人亞種」或「現代人」。

我希望本書中分享的故事能夠帶來一點類似的感動，此外還能讓我們有機會明瞭，我們對於古人的理解有太多自以為是，在僅能取得片斷零碎的資訊之下，有時候更是錯得離譜。

關於遙測技術能否揭曉身而為人的意義，以及提供如何避免重蹈過往偉大文明覆轍的最後一塊拼圖，至今尚未出現任何相關論文。我只能說，古代文化中蘊涵了非凡智慧可供學習，而這樣的智慧對我的影響至為深刻，讓我在看待現今事件時能將眼光放長放遠。超過三十萬年來，我們的祖先在地球上四處遷徙，靠著創新巧思、無畏勇氣，當然還有破壞力，得以存活下來，有些時候更活得昌旺繁盛。

這則太空考古學本身以及它如何為考古研究帶來貢獻的故事，以及它讓我們得以講述的許多則故事，只是告訴我們科學有許多可能性。然而這些新故事牽涉之廣，足以令我們目眩神迷，為我們帶來啟發。人類自從出現在地球上，就習慣性地深入探索未知；如今我們開始鎖定火星，甚至更遙遠的地方深入探索，同時我們也能想像距今十萬年後的未來，那時將會有真正「在外太空考古」的太空考古學家在星球之間穿梭往來，探索人類在其他星系的早期聚落遺跡。

他們的研究領域起源與我們之間的距離或許是無數光年之遙，但他們提出的問題將會和我們現今提出的很相近，都是關於前人。答案的重要性遠遠不及那些問題。或許這是一個起點，邁向理解是什麼讓人之所以為人，理解人提出何時、何地、何人、為何又如何等疑問的能力，並且在由外太空俯瞰地球的同時，創造出解答關於地球上生命的問題所需要的工具。

第一章　時光膠囊

第一次親眼見到古代遺址的那一刻，我完全措手不及。我是在一九九九年的某個下午前往開羅（Cairo）。或許是命運，或許是天意，我坐在飛機靠左的座位上盯著窗外看，飛機當時正好低空飛越吉薩金字塔群。我倒抽一口氣，不敢置信。一直以來我夢想過的一切，就在我眼前以歷經四千五百年風吹雨打，如今沐浴在陽光下的金黃色石灰石形式呈現，邀請我下半輩子走入其中，置身其中。即使到了今天，雖然我已經去過吉薩好幾次，每次造訪金字塔群依舊令我身心為之震撼。身為埃及學家，我很清楚目前關於古埃及人第四王朝（Fourth Dynasty）在何時、如何以及為何替偉大法老建造陵墓的資訊（估計動用了兩萬名工人）。但即使熟知內情，我的驚奇未曾稍減半分。

那次去埃及是我生平第一次參與考古發掘。我在發掘工作開始的兩週前抵達，獨自在埃及各地旅遊。（真想回去問二十歲的我：「你到底在想什麼？」）真是一趟精采的冒險。途中發生了許多美好的事，我在亞斯文（Aswan）的菲萊島（Philae）遇到一群年長的臺灣觀光客，他們邀我參加四天三夜的豪華尼羅河郵輪行程。領隊只跟我收了兩百美金；他們說我以後可以當「考古大使」。我出最多力幫忙的一次，是在混合裝飾藝術和古典風格的迪斯可舞廳教幾位老奶奶跳「瑪卡蓮娜」（Macarena）。*

考古學固然帶有怪異的魔力，但投入考古工作的我往往和望之彌高的光鮮亮麗相距甚遠。隨便一個路人經過學校旁的足球場，大概都不會認為裡頭藏著什麼值得登上全球新聞頭條的大發現，而我就是在這類不起眼的地方發掘關於古代文明的解答。但即使是不如吉薩金字塔群那麼耀眼完整的考古遺址，我的工作仍然是以文字或模型重現實際上遭歲月摧毀的一切。

古代遺址並無典型樣式，即使是同一個國家，遺址也各有不同，每座遺址的保存情況也各異。在吉薩向南僅二十公里處，可以看到聳立的變形泥磚丘，它們其實是崩坍的金字塔內部結構，建造年代雖然晚於吉薩金字塔群，卻在時間侵蝕和人為劫掠下更快毀壞。同理，考古遺址的大小也沒有一定，可能是規模極大的聚落，也可能是沙漠中極小的一處營地。

在此讓我們先針對遺址的定義進行精密微調。走在阿拉巴馬州的森林裡，尤其是湖畔或溪邊，你可能會發現成堆箭鏃或其他石製工具。上述的每一堆都可視為一處遺址。[1]走在美國西南部沙漠裡的情況也相同，你可能會走到一處未經測繪的較大遺址，例如一座建築物，甚至一座村落的遺存（remains），但最有可能碰到的是散落的一小堆陶瓷器皿或石製器具，或是小型營地的遺存。

遺址並非幀幀相片，而是一捲幻燈捲片

在暗示曾經存在世上之物的遺跡之中，處處可見指向未來我們自身終結的預兆。「遺址」的

英文是「ruin」，意指毀滅，帶有負面意涵，沒有正常自然或無可避免的意思。而阿拉伯文中我最喜歡的字詞是「athar」，可以大略理解為「考古」。語言學家會告訴你比較精確的譯法是「殘餘」（remnant），意指某個古代文化的遺存，而這些遺存則暗示了曾經完整的事物。如果你說「Ana doctora athar farony」（「我是古埃及考古學博士」），大家就明白你的職業是埃及學家。因此考古學家可說是職業「殘餘學家」，專門處理尚待拼織完整的陶器碎片、護身符片屑，和片斷隨機的象形文字文本。

敘利亞的帕邁拉（Palmyra）坐落於古代的東西方交界，曾是多種文化交匯的重鎮，而這處遺址在現代激起了關於「遺址」一詞多種不同詮釋的激烈論戰。二〇一五年，伊斯蘭國（又稱「伊拉克與黎凡特伊斯蘭國」〔Islamic State of Iraq and the Levant〕）炸毀帕邁拉的貝爾神廟（Temple of Bel）以及成排優美列柱。伊斯蘭國組織不僅在保存情況良好的古羅馬圓形劇場中處決人犯，更將死者曝屍於遺址之中，將原本用於舉行音樂會和觀光客野餐的名勝古蹟化為夢魘之地，受害者包括研究帕邁拉的考古學界泰斗哈利德．阿薩德博士（Dr. Khaled Al-Asaad）。[2]

而考古學界則興起一波是否根據檔案照片重建貝爾神廟的論辯。有些人認為應當重建古老遺址，讓它恢復往昔的華美燦爛。但是此地情況比較複雜：帕邁拉的文化來來去去，於芝諾比雅女王（Zenobia）主政時期達到鼎盛，而女王的政權於西元二七二年遭羅馬軍隊擊敗後結束，羅馬皇

＊譯註：一九九〇年代風靡全球的西班牙文舞曲。

帝奧勒良於西元二七三年下令洗劫帕邁拉城。之後在西元一四〇〇年，帕邁拉遭到帖木兒王朝軍隊洗劫後衰敗成為小城鎮。[3]

我們今天所見到發生在帕邁拉遺址的事件是一系列複雜疊加的毀滅破壞，是全球強權角力以及政權合縱連橫，甚至包括伊斯蘭國占地為王的餘緒。有些人認為重建貝爾神廟反而是在抹消伊斯蘭國令人髮指的暴行，讓後人無法直指，也無法銘記神廟遭毀而永遠凝結的時刻。

遺址並非靜態的。它們比較像是一捲播放中的幻燈捲片，其間幾番盛衰消長，興亡起落，有時甚至俱興或俱亡。當我們盡己所能捕捉這些部分隱晦不顯的影像，在我們的腦海中也存在著關於這些地方或完美或荒廢的想像，這些想像在我們首次踏入遺址的閾限區域時便會受到召喚而浮現。在同一時間，我們既面對過去，也面對現在。

投射形成單一框架

無論是確切的時刻，或甚至一段時期，想要捕捉它們的瞬間影像都極為困難。原因之一是現在世界上罕有保存良好的古代城市。其中最著名的，是因火山爆發而彷彿凍結於時空中的龐貝城（Pompeii）。觀光客見到龐貝城妓院附近的陽具浮雕時目瞪口呆的模樣，想必會讓任何研究過去的人露出會心一笑。[4]令他們心領神會的是，古羅馬的龐貝人與瞪大雙眼的現代人縱然相隔兩千年，反應卻一模一樣。

但即使是保存完整的古城，還是缺了些什麼。或者該說，缺了人——缺了一大群人。

古代遺址是鬼城。要是來自古代的人不巧出現在該地……快逃啊。要重建數千年前在一地生活之社群的動機和想望固然無比艱難，但若無法想像居住其中的人群，遺址就成了紀念物遍布的地方，而非有人活動的場所。因此我們只能仰賴他們所遺留的物質文化的背景脈絡，藉由洞悉物件的用途、功能和目的，去觸及物件之後的人群。我們小心翼翼蒐集證據，研究物件之間的相互關係，盡可能從中擠出一點一滴的數據資料和看法洞見。

有些人相信遺址中還保有原先住民的回音。無論你的信仰為何，試想想德爾麥地那（Deir el Medina）這個在埃及新王國（New Kingdom）時期修築帝王谷（Valley of the Kings）陵墓的工匠所居住的村落。[5]在仍有至少一公尺高度存留至今、敷有泥灰漿的石灰石牆上，依然可看到描繪全村工匠的簡單輪廓。這處遺址引誘你想像三千五百年前，曾經在建築物占地（footprint）上聳立的兩層樓民宅裡發生了什麼事。在此無法看見附近肥沃的尼羅河氾濫平原，你會覺得自己彷彿在一個神聖隱祕的地方中走動，而身為屋主的傑出工匠的作品正是現今考古學家懷抱夢想熱切追尋的目標。

我們看得見死人

如果考古學家非常努力地檢視陶器上的指紋、留在石頭上的鑿痕，以及久遠以前的先人所設計物品的美麗之處，可以找到一些古人生活的點滴跡象。

但要尋找古人的實際遺存，墓地自然而然會是最好的選擇。墓地通常與生者的居住區域隔開，被劃為專屬亡者的區域，有些情況下會位在宗教遺址附近，想想教堂附近的墓園就能理解。

從人的遺骸想要了解其人其事絕非易事，這是體質人類學家（physical anthropologist）的專業，他們另有一個聽起來很科幻的名稱：「生物考古學家」（bioarchaeologist）。骨骼包含了關於我們的豐富資料。如果出土的骨骸數量足夠且保存情況良好，熟悉門路的研究者通常能夠確知骨骸主人的性別、身高、攝取營養狀態以及大約的年齡，有時候也能得知死者罹患的疾病以及可能的死因。就連牙齒都有故事。時下有些人熱愛古人飲食法（paleo diet），但大概不會太熱衷古人的牙科療程，其中包括用燧石工具治療蛀牙。[6]

此外，藉由了解人骨遺骸的整體健康情況、出土環境的背景脈絡，以及所有伴存的墓葬物品，考古學家就能推測出骨骸主人的社會地位。個人終其一生反覆進行的動作會留下記號，留下記號的方式可能透露個人的職業，而人類學家也能從中得到啟發。在開羅東北方車程兩小時的特彼拉廢丘（Tell Tebilla）[7]遺址，我丈夫葛瑞格．孟福德（Gregory Mumford）帶領的考古發掘團隊就碰過一個例子，看到考古證據如何為藝術賦予生命。

我們發掘了一處墓葬，埋葬其中的女人左肩上的肌肉附著點非常強壯發達。原本很可能成為難解之謎，但大都會藝術博物館（Metropolitan Museum of Art）收藏的一件人工遺物（artifact）卻指出了可能的成因。[8]館藏品是一幅木雕圖像，描繪一名身穿色彩繽紛、綴有珠飾的連身裙的年輕女子頭上頂著供品，而女子用左手扶著頭上的物品。我們在特彼拉廢丘發現的女士顯然一輩子都以類似方式扛負重物，因此她左臂的二頭肌大於常人，肌肉附著的溝槽也比較深，而現代的埃及婦女也仍然沿用同樣的扛負方法。

偶爾我們會發現，古人也會為一些我們以為專屬現代人的問題所苦。生物考古學家分析開羅埃及博物館（Cairo Museum）的二十二具木乃伊後，在超過半數的木乃伊中發現動脈粥狀硬化的證據。最有可能的成因似乎是這些人食用太多牛肉。[9]

藉由整理同一時期的各處遺址中死者的數據資料並尋找固定模式，就能洞悉整體人口的情況，藉此推論古代文化之所以遭遇某些事情的成因。也許是疾病席捲整個社會，數個特定群體染病。也許是發生饑荒，無人倖免。出土的若是大量身強體健年輕男性的骨骸，甚至

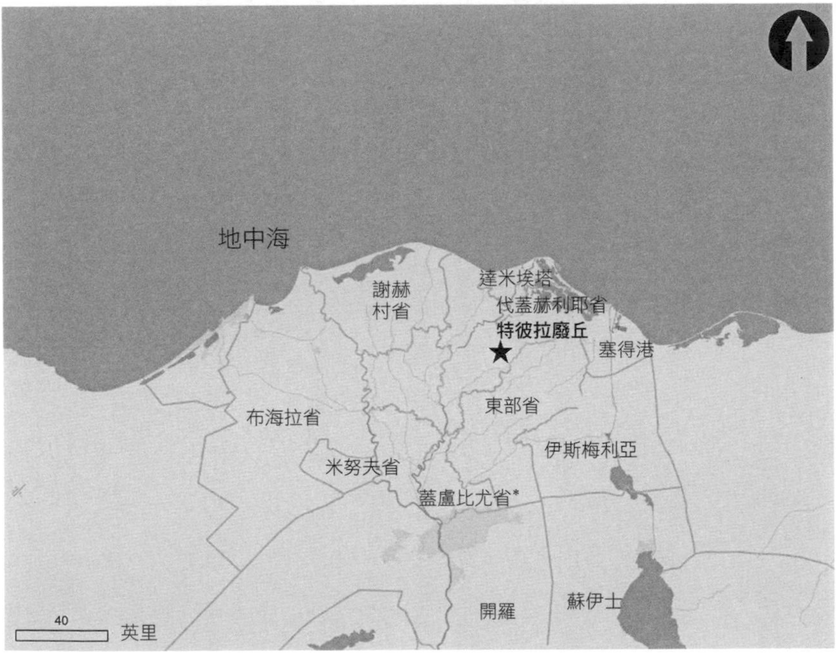

特彼拉廢丘位置圖〔地圖提供：闕斯・柴爾茨（Chase Childs）〕

＊ 譯註：另一種英文拼法為Qalyubiyya。

可能表示曾發生戰爭。

諷刺的是，從死亡年齡可以推知族群人口的健康狀況。體質人類學家會告訴你，他們會預期墓地裡的死者年齡從年幼到年老呈平均分布，如果成年死者年齡分布偏年輕，表示發生了重大事件，導致許多本來應該很健康的青壯族群英年早逝。

新的研究方法如ＤＮＡ分析為理解過去開創了新的可能性，我們得以從祖先的ＤＮＡ雙股螺旋拼湊出家庭親緣關係的全貌。最近有一項關於兩具原本認為是兄弟的木乃伊的研究結果，所揭露的故事之精采，足以成為任何一齣談話節目的主題。兩具木乃伊分別是庫努–那克特（Khnum-Nakht）和那克特–安卡（Nakht-Ankh），石棺上的面具栩栩如生，其年代約在西元前一八〇〇年，即中王國時期（Middle Kingdom），現藏於英國的曼徹斯特博物館（Manchester Museum）。[10]

研究人員利用ＤＮＡ定序，發現兩具木乃伊同屬粒線體ＤＮＡ單倍體群M1a1，表示他們是一母所出，但是不同的Ｙ染色體表示他們的生父是不同人。[11] 我有好多問題想問。是因為大哥的生父撒手人寰，母親才再婚嗎？成了寡母的她面對什麼樣的艱困處境？我們無從知曉，但是數據資料幫助我們想像各種可能性，也讓我們更能懷抱同理心。

更接近過去的不同方法

要重新想像過去，我們必須先拋開一切勇於相信，再輔以健康正向的科學理性。我們沒辦法穿越時空回到過去，見證古人如何煉銅或製作木乃伊，但是我們可以利用實驗考古學（experimental archaeology）重建古代的技術。[12]依據考古發現和伴存的燃料來源，我們能夠重建烤爐或窯爐等遺跡，重製出日常使用的工具、陶器和刀劍。[13]迄今已有無數次突破性的考古研究結果，學者發現了古人如何以及為何製作器物，不過仍有一些技法難以重現，例如複雜的古代珠寶鑲嵌技術。

庫瑪・艾勒許（Kumar Akhilesh）和珊蒂・帕普（Shanti Pappu）的研究成果則較為豐碩，他們在印度北部的阿堤蘭帕坎（Attirampakkam）遺址研究製作石器工具所遺留的廢料，發現了在當地曾製作出數千件石器工具的相關證據，石器的年代可追溯至阿舍利文化時期*，距今約一百七十六萬年到十三萬年。為了進一步了解古代技術，研究團隊進行打製法（knapping）實驗，相關研究也有助於了解從前的人類在選擇石材來源和製造石器過程中做出的種種決定。[14]

我的埃及學同行甚至實地將自然死亡的動物製作成木乃伊，有一回更受邀上電視節目，為一位自願在過世後被製成木乃伊的男子處理遺體。[15]也許等節目製作團隊拍攝完包裹木乃伊的片段，他們就會說：「『打包』完畢，殺青收工！」（It was a wrap.）

考古學的另一分支領域「民族考古學」（ethnoarchaeology）[16]，則著重研究同一區域過去的族群文化與該地現今文化之間的連結。例如現代埃及尼羅河三角洲上的陶器作坊與古代遺址中的陶器作坊顯然有所不同，但我前去實地參觀時，卻發現現今陶匠駝背埋首於拉坯轆轤前的模樣，與古埃及陶匠模型呈現的形象並無二致。現代陶匠會在待燒製的黏土裡加入稻草或穀糠增加硬度，

＊譯註：阿舍利文化時期（Acheulean era）是舊石器時代早期的手斧文化，分布範圍從非洲、歐洲到亞洲，因最初是在法國聖阿舍利（Saint-Acheul）發現該文化遺址而得名。

古埃及人也會這麼做；如果用放大鏡觀察古代陶器碎片的邊緣，就可以看見穀糠留下的清楚印痕。[17]

認知考古學（cognitive archaeology）[18]的研究則更進一步，企圖解構古人的行為和想法，探究他們如何體驗感受所處的世界。研究時除了探究不同文化的物質產物和建築，也可以從古人的語言和帶給他們啟發的環境地景有所洞察。

而有些時候，我們有機會取得偶然以書信形式呈現的古人想法，於是我們得以想像寫信的人書寫時全神貫注，細心拿捏用字遣詞。我最喜歡的一封信出土於埃及的俄克喜林庫斯（Oxyrhynchus）遺址，距今約一千八百至一千九百年。名為席恩（Theon）的男孩在信中盡情抒發他的怒氣，他為了父親不帶他去亞歷山卓（Alexandria）而發怒，說他再也不要跟爸爸講話，而且要開始絕食，除非父親重新考慮帶他到大城市去。[19]從信中文字可以看見男孩擺著臭臉拒吃晚餐——稍晚卻又躡手躡腳溜進廚房的模樣。時下的青少年不也會因為大人不讓他們插手成年人的事而大發脾氣嗎？

有所成就

但要從理解家庭關係，擴展進階到理解遺址與周圍地景的關係，就需要將視野拉大。我們從各式各樣的影像取得所需資料。雖然無法看到所有事物從前的樣貌，但我們至少可以獲得關於河湖、運河的古代位置，以及遺址可能大小的足夠線索，以合宜的方式加以重建。從衛星影像和空拍照資料中只能看到這麼多，我們依舊必須到實地測試：我們能從天外觀察推想，但無從得知在影像畫素之後藏了什麼。

每當出乎意料的人在出乎意料的地方有了新發現，也再次顯示我們所知何其有限。二〇〇四年在沙烏地阿拉伯西部的熔岩地，以阿卜杜拉・薩伊德（Abdullah Al-Saeed）為首的業餘考古愛好者團體發現了神祕的遺跡現象。[20]薩伊德是一直到四年後透過Google Earth和Bing搜尋引擎查詢高解析度衛星影像，方才明白這些「柵門」（gate，一種新的考古遺址類型）的範圍和規模。

薩伊德將影像傳給西澳大學（University of Western Australia）的學者大衛・甘迺迪（David Kennedy），後者以約旦的航空考古研究著稱。甘迺迪接著找出四百處類似的遺跡現象，最長者達一千六百英尺（約四百八十八公尺），其中一些可能已有七千多年的歷史。大量集中的石頭結構物可能意謂在氣候較濕潤有雨的時期，該地曾進行大規模的地景設計規畫工程，也許是分水或治洪工事。目前專家預計實行地面調查以進一步探究，而這則故事告訴我們，今日被視為不宜人居的不毛之地也可能開啟新的考古學篇章，而這都要歸功於讓一群民間考古愛好者大惑不解的一處結構物遺跡。

這項發現所講述的故事，是關於人類與地景之間日積月累之下普遍廣泛的互動，但要成功重建人類歷史上任一重大篇章，只能隨附「買方自慎」警告。每份考古報告中都藏著幾個隱而不宣的字眼：「很久很久以前。」就連重建自己上週的生活，大多數的人都會覺得困難重重，而考古學家卻必須試圖重建古人完整的一生。我們持續修訂自己的軼事機制，為接下來的論文初稿和研討會講稿修改我們要講述的史詩故事——有點像是在科學和虛構創作之間取得平衡。

很久很久以前……

那麼以下要說一則故事，靈感來自從太空觀測特彼拉廢丘的驚人發現。故事的時空背景距今兩千多年，是古埃及法老時期（Pharaonic Egypt）開始邁入尾聲的時期。

時值西元前三四三年。焦慮不安的波斯國王阿爾塔薛西斯三世（Artaxerxes III）乘船沿著尼羅河的某條支流向西南方行駛。他的歷史老師可能會教他，這塊地原本是一片沼澤，有鱷魚群在茂密的草澤中出沒，將異邦人擋在境外。而今在他眼前，蘆葦叢生的一眾小島中的寬闊河道成了敞開的入口，直接通往當地語言稱為「洛娜芙」（Ro-nefer）或「美麗之口」的城市。

阿爾塔薛西斯三世所乘坐的指揮艦是一艘長四十公尺、搭載兩百人的槳帆船，兩側簇擁的艦隊載運渴望作戰和冀望伺機劫掠一番的波斯軍隊。這座城市不會讓他們失望。派出的眼線已經向他透露城內的富饒寶藏——努比亞（Nubia）的黃金和薰香料、阿富汗的青金石，以及來自希臘諸島的葡萄佳釀：畢竟該城是埃及最北的商港。[21]

隨著船艦沿河拐了個彎，可以看到蘆葦灘另一邊密密麻麻聳立著三層樓房，全是富裕商賈的住家。而在城市的中心，圍繞神廟的高大防禦城牆巍然屹立。阿爾塔薛西斯三世已經認真研究過戰略，知道只要毀了神廟，也就是破壞城牆、摧毀神像，就能讓全城居民軍心潰散。在清晨的霧氣中，波斯艦隊寂靜無聲操槳前進，國王此時或許讓自己勾起嘴角微微一笑。洛娜芙撐不到上午就會淪陷。

時至今日，特彼拉廢丘看來只是一座褐色土丘，在一片片翠綠油亮的稻田間兀然聳立。駕車來到遺址唯一能看到暗示其古老年代的線索，是廢棄的淺紅磚造汙水處理廠邊緣附近的一小堆厚重石灰石棺槨。現今位在遺址周圍的是提爾村（Et-Till），大約住了一千位村民，人口數與他們腳下曾經存在的古代大城市天差地遠。在大約兩百年前，土丘的長寬大約各一公里，而今只剩下從前的十分之一。因為經年累月下來，大部分富含磷的「賽巴赫」（sebakh）*都被農民搬走當成肥料。

考古學家於二十世紀初期開始在特彼拉廢丘進行發掘，法國考古學家發現年代可追溯至西元前約六百年的坐姿書記雕像。[22] 一九九〇年代晚期，我丈夫葛瑞格向埃及最高古物委員會（Supreme Council of Antiquities）提出有意展開獨立考古發掘計畫，而委員會提到這處遺址，引起他的注意。[23] 關於該處遺址，已將近百年未有任何新的論文發表。

發掘「美麗之口」

根據汙水處理廠周圍發現的建築物碎片所做的初步調查，我們確認了一座神廟的所在位置。在埃及各地都可以發現建築在遺址上的汙水處理廠，這些廠房是由美國國際開發署（United States

＊譯註：阿拉伯語中意指「肥料」，在英語中則主要指稱考古遺址中泥磚分解後留下的有機遺存。

Agency for International Development）興建，目的是提供乾淨的飲用水，而上有汙水處理廠的遺址土丘，往往成為建造學校校舍或進行其他開發的選址目標。不幸的是，如此的選址規畫造成城市考古學研究的莫大損失。

神廟建築的地基在汙水處理廠建造工程中遭到毀壞，我們只能推想它許久以前可能的樣貌。我們的調查目標包括為特彼拉廢丘遺址進行測繪，了解古代的洛娜芙城以及曾經生活其中的居民。

從前有一條河從特彼拉旁邊流過，是以向西南約四十公里的地方首府門德斯（Mendes）為名的尼羅河支流——門德斯河（Mendesian branch of the Nile），但是遺址表面上並未顯露任何蛛絲馬跡。我們首先在遺址本身及周邊開始鑽探，初步了解遺址從前的大小以及古代河道的位置。我們的地質學專家，或稱為地質考古學家（geoarchaeologist），是精力充沛、蓄著落腮鬍的灰髮小惡魔賴瑞・帕里許（Larry Pavlish），他進行鑽探並利用磁力儀（magnetometer）探測之後，發現隱藏在地下的建築物泥磚地基。

鑽探就像是用蘋果去核器對付多層夾心蛋糕——考古學家藉由將細長圓條形的土心鑽取器旋轉鑽入地下，不需發掘就能探看不同地層。這等同考古學的洞眼手術，很簡單，但很可貴。磁力儀測定就是稍微複雜的高科技，做法是將可攜式磁力儀掃過遺址表面，讀出埋藏的牆壁或其他遺跡現象磁性上的差異，從中窺知地下遺跡可能的形狀。兩種技術都能幫助我們選擇發掘的位置。

等到賴瑞繪製出土丘——即阿拉伯文中的「Tell」——最高的部分的詳細地圖，我們就選出幾處關鍵的發掘區域。

我們的考古團隊組成有點像聯合國，成員分別來自加拿大、美國、英國和埃及。我們住在遺址附近的曼蘇拉（Mansoura），這個城市十分優美，以河畔步道和容貌俏麗的女子著稱。離家工作的我們暫時以統帥飯店（Marshal Hotel）為家，在烈日下工作一整天之後，我們最想吃的就是飯店供應的芒果口味水牛奶冰淇淋。每次收工後大踏步穿過飯店大廳時，我們身上的考古服裝滿是髒汙，有一回還扛著專為考古現場戶外廁所訂製的木頭馬桶加上古董衛生紙架，常讓飯店其他住客大惑不解。

為了避開炙熱的白天，我們清晨四點半就起床，在飯店大廳裡靜靜地喝即溶咖啡配餅乾，同時咒罵自己為何要走考古這一行。這個時間要保持神智清醒簡直要命，但是對於夏季在中東工作的我們來說卻正合時宜。在埃及尼羅河三角洲通勤的交通工具，是兩輛一九六〇年代的寶獅（Peugeot），其中一輛車尾還有外露的丙烷燃料罐。早上六點抵達發掘現場後，我們會先將車開到廢丘丘頂，趕上欣賞破曉時分蜿蜒穿過晨霧的第一道粉紅色曙光。當地的工作人員會和我們會合並握手致意，他們無疑比我們清醒許多。

那年夏天，我們奮力破除長年以來認為尼羅河三角洲由於氣候比起上埃及（Upper Egypt）較為潮濕，因此遺址的有機材料保存情況較差的迷思。凡是埃及學家都知道，沙漠中的遺址——乾燥到不會有任何東西分解——相較之下得以保存所有材料。呃，其實也不盡然。

在其中一個發掘區域，我們向下挖掘超過七公尺深，發現一棟已有兩千六百年歷史的房屋，曾由後來的埃及人當成陵墓使用。我們沿著兩架各高四公尺、不太穩的梯子向下爬到底部；測繪泥土部分時，五百年來占用復又荒置的紀錄在我們的方格紙上一覽無遺。

真是大豐收！在遺址發掘出來自地中海的希臘陶器、來自埃及東部沙漠（Eastern Desert）的紅玉髓、阿富汗的青金石以及努比亞的黃金——皆是此地曾為繁榮國際港口的證據。根據鑽探調查結果和重建地景，我們得知古代的特彼拉一年中有九個月周圍環水，再加上毗鄰曼扎拉湖（Lake Manzala），特彼拉於是成為進行國內與跨國奢侈品進出口貿易的絕佳地點。

就一座古埃及晚期（Late Period）的港口城鎮而言，若沒有富麗堂皇的神廟加上握有權力的教士階級，實在很不尋常。我們幾乎不會看到電視節目介紹這個時期，也很少關於古埃及晚期的重大考古新聞，但如果要找能與現代相互對照的古代大城市和不同地方的例子，從古埃及晚期開始會是不錯的選擇。在古埃及晚期，藝術與科技發展蓬勃，鐵器、騎兵和三列槳座戰船等的運用皆有所革新，也發展出新的書寫文體「庶民體」（Demotic）。埃及各地在此時期陸續興建神廟，其中也包括特彼拉的神廟。

淺談歷史背景

先稍微回顧一下該時期的歷史，有助於了解遺址的背景脈絡：繼新王國時期向外擴張，教士階級於第三中間時期（Third Intermediate Period，西元前一〇六九~五二五年）興起之後，古埃及晚期始於西元前九四五年遭到來自西方的利比亞人（Libyan）占據。來自南方的努比亞人（Nubians）在西元前七六〇至六五六年間建立了第二十五王朝（Dynasty 25）。[24]第二十六王朝

（Dynasty 26）約在西元前六六四年前後建立，是我們所知的古埃及法老時期最後殘存的一息。

第二十六王朝的首位君王薩美提克（Psamtik）借助希臘傭兵之力推翻亞述人的統治，讓埃及政局恢復穩定，並遷都至尼羅河三角洲西部的塞斯（Sais），距離特彼拉廢丘僅七十五公里之遙。[25]此後埃及國內一度保持穩定，並在地中海區域和非洲東部廣結盟友。[26]但儘管外交上用心良苦，古埃及到了晚期終究面對外國勢力群起威脅的情勢，但國力衰弱，籌碼用盡。

西元前五二五年，波斯軍隊占領埃及。埃及人於西元前四〇四年趕走波斯勢力，但波斯的勢力範圍已擴張至尼羅河三角洲，埃及在接下來六十年間奮力抵禦波斯人再次進犯。[27]

特彼拉因此得利。西元前三九八年，埃及首都自塞斯遷往門德斯，這座大城市位於特彼拉西南方。在門德斯成為首都的十九年間，特彼拉很可能因此得以擴張其影響力和財富，商人湧入特彼拉，買賣來自勢力變動不定的各大帝國的貨物。及至首都再次遷回三角洲中心時，神廟必然已經累積為數不少的財富。接下來有四個王朝興起復又衰亡，但特彼拉的港口屹立不搖，進出的貨物堆成山高，又有誰會在意呢？距今約兩千四百年前的他們，不會知道在那個霧氣瀰漫的早晨，全城是遭到了何種打擊。

特彼拉的滅亡

希羅多德（Herodotus）稱阿爾塔薛西斯三世為「偉大的戰士」，而此人確實韌性十足。他一次又一次攻打埃及，先是在西元前三五九年時以全軍統帥和王位繼承人之姿，後來回到波斯繼位為王，在翦除八十名皇室宗親以鞏固王權之後，又再次揮軍。[28]

西元前三四三年，阿爾塔薛西斯三世對於埃及的頑強抵抗已失去耐心，帶來了至少三十萬大軍。他將法老內克塔內布二世（Nectanebo II）和埃及海軍困在尼羅河三角洲的支流，內克塔內布二世是最後一位本土出身的埃及統治者。[29]內克塔內布二世如喪家之犬般夾著尾巴逃往孟菲斯（Memphis），拋下如特彼拉等有軍隊駐紮的城鎮和港口自生自滅。

特彼拉居民在這場戰事中落得不太好的下場。二〇〇三年七月濕熱的某一天，拜距今四十年前從太空拍攝的老照片所賜，我們的團隊發現了扼要總結阿爾塔薛西斯三世戰績的遺存。

這些照片源自美國為因應冷戰而實行的一項祕密計畫：日冕計畫（CORONA program）於一九六〇年代至一九七〇年代初期蒐集了數十萬張照片，捕捉世界各國景觀由於水壩工程、都市化、人口增加和氣候變遷而發生大規模變動之前的瞬間。所幸，對準北非和中東的攝影鏡頭記錄了如今已遭毀損或早已不存的遺址——也揭露許多與古埃及滅亡有關的考古訊息。

檢視一九七二年日冕計畫衛星影像中的特彼拉遺址照片，可以在遺址中央偏北和中央偏南部部分，發現大型線性遺跡現象的邊角。它有可能是我們冀望找到的神廟外牆嗎？[30]

透過磁力儀探測和相關發掘工作，我們對於城鎮布局有了初步的概念[31]，但要從地面確認外牆邊緣的位置並非易事。一般來說，遙測專家會拍攝空照圖並且進行空間對位（georeference），意思是將舊照片與現今的衛星影像相互比對，在地圖上為每個畫素定出X座標和Y座標。要做到正確對位，需要在空照圖中找到至少六個可辨識且不變的點。若是年代較久遠、尺寸較小的非數位照片，可在延伸放大後，與現代拍攝的影像比對，達到同樣的地圖標記效果，這種方法——不是我自己亂編的——就叫做「橡皮伸縮法」（rubber sheeting）。

但為較老舊的照片進行空間對位，結果會很不精確，因為如今已有太多地景完全變樣。我很努力想進行一九七二年日冕計畫影像的空間對位，但就是找不到一處完全相符，可能是因為使用橡皮伸縮法造成變形失真。光憑一張圖，根本不可能從地面就找出神廟外牆。

初步的磁力儀探測測定範圍涵蓋數個二十公尺見方的方格，顯示在地下埋藏了泥磚建築物。但從磁力儀測定的數據來看，也沒有任何大型圍牆的跡象。我們知道神廟的圍牆應有數公尺厚，且長度超過一百公尺。想要在發掘季剩下的幾個月內找出圍牆的所在位置，似乎一下子成了莫大挑戰。

葛瑞格想到一個絕妙的點子：將遺址表面刮去十公分厚的淤泥，讓埋在淤泥下方的泥磚層頂端露出來。但要將整座遺址表面刮去一層，可能要耗費數週之久。因此他改弦易轍，在照片顯示土丘上圍牆的大致所在位置，將地面分成每格十公尺見方的網格。接著我們在每兩個方格之間刮出一小塊開口。就像是從露臺鋪面石板之間探測

日冕計畫衛星影像中的特彼拉廢丘神廟圍牆
（圖片提供：美國地質調查局）

看看底下有什麼，就不需要將整座露臺抬起來。

每隔一段固定距離，就會出現埋藏地底的結構物輪廓。神廟圍牆應該呈現緻密泥磚的形式，不會出現結構上的斷裂。發現有一個區域符合這樣的描述時，我們就繼續刮除，最後發現兩處牆緣，彼此相距約八公尺。啊哈！這裡有規模龐大的泥磚牆，而且符合日冕計畫衛星影像所觀測到的圍牆厚度。賓果！

圍牆所見

我們繼續朝南刮挖了將近一百公尺，發現一處向西拐彎的直角。在古代建築物角落可能會發現各種有意思的事物，例如奠基紀念物遺存（foundation deposit）以及可供定年的材料：我們非得向下發掘不可。於是我們向下挖了。

各個發掘單位（excavation unit）分配給哪一位團隊成員負責並無一定，全憑機運。這個發掘單位由我負責。我在東南側角落劃分出一個兩公尺見方的發掘單位，開始朝密實的淤泥裡頭挖掘。出人意料的是，我下挖十公分、二十公分，甚至三十公分後，淤泥的質地或顏色都沒有任何

於特彼拉廢丘發掘的圍牆遺跡照片（作者自攝）

改變。淤泥中也沒有任何物件或陶器。

我正想著賭錯地方準備放棄這個發掘單位時，卻挖到一塊快崩解成碎粒的奇特紅磚。接著再挖到一塊。又挖到一塊。這些磚塊並未構成牆面，而是銳角向下堆成斜坡。之後發掘出了更多遺跡現象，看來似乎是有人將數十塊泥磚棄置在角落後點火焚燒。

在規畫、繪圖和拍照記錄之後，我開始移開泥磚層。但一閃而過的金光讓我當場停住——在聚落的脈絡中，黃金的稀罕程度堪比鳳毛麟角。接著出現了一個大約長五公分的青銅物件。我手下的工作人員將每一桶泥土過篩，出現了更多金箔，它們嵌卡在看起來像、摸起來也像木炭的塊狀物裡。接連冒出的物件原本宛如涓滴細流，接著卻源源不絕如同消防水柱：青銅、青金石、珠子、紅玉髓，土裡還篩出了幾乎有四分之一個裝三明治用夾鍊袋這麼大片的金箔。下挖超過八十公分發現的這些寶貴物件零落分散，教人眼花撩亂，團隊也不禁疑惑為何會有人點火焚燒這些寶物。

而在特彼拉廢丘上另一頭搭有帳篷的記錄區，我們的考古繪圖登錄人員夏琦拉・克里斯托杜盧（Shakira Christodoulou）負責清理這些物件以便繪圖記錄，同時試圖釐清它們的意義。襯去包覆在外的塵垢之後，做工精美的青銅鑄件現身——各式各樣的頭冠、辮狀假鬍鬚、公羊角——全都具有可用來榫接在木製小雕像上的凸榫。

這些鑄件也並非榫接於普通的小雕像，而是神像，但僅有其上的金箔和青銅件存留至今。特彼拉的諸神已在烈焰中消逝。黃金是神像的肉身，而青銅件象徵神祇的權力，製作者期望它們永存不朽；與其說這些雕像代表神祇，不如說雕像體現神祇。工匠在神像眉眼的位置嵌入半寶石，為神像賦予生命。古埃及教士每天為神像沐浴、塗抹香膏並著衣打扮，與今日印度寺廟裡為眾多神像舉行的儀式並無二致。

我們很難想像，洛娜芙的百姓看到神像遭到摧毀，心裡會有什麼感覺。

當阿爾塔薛西斯三世和手下軍隊自河邊碼頭上岸，大批湧入城鎮中燒殺劫掠，神廟的毀滅向百姓傳達了可怖的訊息。士兵以鋒利的鐵製短劍殘殺睡眼惺忪的市民，撞開神廟的雙扇對開大門蜂擁而入。守夜的教士也許曾試圖抵抗或躲藏，但是神廟的圍牆反而將他們陷困廟中。波斯士兵來勢洶洶，沿著鋪石走道穿過神廟中心，一路衝進神廟深處的至聖內殿，發現神龕中的奧塞利斯（Osiris）、阿蒙（Amun）和其他同樣毫無防備的神祇。

也許士兵擄獲神像時，順手扳下上面的半寶石占為己有。他們四散跑走之前，放火焚毀諸神。也許他們爬到圍牆牆頭，在市民視力可及的範圍內將所有偶像破壞殆盡，再將碎片掃下牆頭：我們知道在古代曾有人將雕像砸在地上，因為就在神像碎片出土處下方，我們發現了牆基溝槽。燒毀神像的烈焰也將泥磚燒成赤紅以致破裂坍塌，落下的磚塊兩千多年來皆覆蓋著遺存。

在波斯占領埃及之後，神廟裡與城鎮中可能發生的種種從此掩蓋湮沒；大屠殺場景在一張又一張幻燈捲片中如走馬燈般播放。神廟不只是宗教中心，也是經濟引擎和政治機器，如果和盧克索（Luxor）的神廟建築有所雷同，周邊圍牆可能達到十公尺，甚至更高，高聳的圍牆也會讓神廟成為顯眼的攻擊目標。隨著埃及逐步落入波斯國王阿爾塔薛西斯三世的掌控，在埃及各地陸續有神廟傾毀。

濱河的城市如何注定滅亡

埃及人本來應該對於敵軍可能自水路入侵有所防範，但是他們太平日子過久了，安逸過了頭。濱河城市滅亡的原因，在於埃及人所依賴的尼羅河每年氾濫的規律。往尼羅河上游數百英里處，季風季降雨造成支流藍尼羅河（Blue Nile）和白尼羅河（White Nile）水位上漲，尼羅河的河水隨之暴漲氾濫，每年夏季連續數個月在田野間留下富含養分的肥沃淤泥。此時的埃及成了群島之國，各地城鎮的居民等待河水退去。

整個尼羅河氾濫平原每年平均沉積一公釐厚的淤泥——有幾年較厚，有幾年較薄——累計起來每千年增厚一公尺。[32]在古都孟菲斯附近，靠近三角洲頂點處，尼羅河分成七道支流以及無數道錯綜運河流入地中海。河水中未及沉積在氾濫平原上的淤泥會在此沉積，出海口的陸地也因此緩慢擴張。

經年累月下來，三角洲東部原來幾乎無法穿行的沼澤地成了宜居之地，而像特彼拉這樣自舊王國（Old Kingdom）時期即有人居住的小鎮得以逐漸蓬勃發展。如果三角洲東部一直是沼澤地，埃及就依然無懈可擊，波斯國王就無法成功入侵。然而當波斯國王率艦隊航向埃及時，埃及已經開通河運。光陰遞嬗，加上淤泥積累，在不知不覺間，終究讓波斯得以征服埃及。

故事的結尾則又回到起頭之處：太空。現今從衛星向下拍攝的三角洲影像中，可看見尼羅河的七道支流僅存其二，特彼拉廢丘與地中海相距超過六十公里，讓人幾乎無法想像這處遺址曾經位在一條流入地中海的大河旁。事實上，特彼拉可說所剩無幾，遺址有愈來愈多部分因為現代人年復一年的進占和劫掠而永遠失落。尼羅河三角洲上有許多遺址皆面臨同樣的命運。早期遊覽三角洲的訪客曾評論，放眼望去盡是土丘，密密麻麻有如蟻丘。如今從任一座廢丘出發，開車需要至少半小時才能抵達相鄰的廢丘。

我們的運氣很好，阿爾塔薛西斯三世摧毀洛娜芙城一事在歷史上留下了紀錄，而日冕計畫衛星影像則捕捉了洛娜芙遺址的一處主要遺跡，後來的衛星影像都來不及拍到。發掘遺址讓我們發現更多片拼圖，但對於阿爾塔薛西斯三世的軍事行動，我們的了解只會一直朦朧含糊。

由於氣候變遷和都市化，世界各地的遺址將會陸續毀壞，我們不得不揣想，究竟有多少片永遠失落無法尋回的拼圖。

好消息是，衛星影像科技在各方面皆進展神速，很多在更為廣大的區域，以及先前我們以為不可能有所發現的地方，都陸續有了許多新發現。其中蘊藏著成千上萬則故事，關於過去的文明如何興盛、潰敗復又重生。要進一步了解這些文明，我們首先需要深入太空考古學這個領域究竟是如何形成。

第二章 太空考古學

乍聽「太空考古學」一詞，可能會覺得考古學的分支領域取這麼科幻的名稱十分荒唐可笑。聽起來好像是我們在找火星上曾有外星人居住的證據，或來自外太空的箭鏃，或什麼小綠人木乃伊。這些無疑會是太空生物學家（astrobiologist）有興趣的題材，但是太空考古學家卻是透過太空中的衛星，回過頭將眼光投在地球上。

地面畢竟是很恰當的出發地點。在普羅大眾腦海中浮現的，不外乎沙漠中閃閃發光的白色帳篷旁，已有數千年歷史的沙土在渾身髒汙的考古團隊發掘下塵土飛揚的靈動場景。如今，除了比較傳統的小平鏟（trowel）和畚箕，吸量管（pipette）和雷射掃描儀器也已成為現代考古學田野工作不可或缺的工具，然而最初讓我燃起熱情的，仍是對於考古田野工作的浪漫想像。

我的工作中最棒的部分，莫過於發掘古代遺址。每次只要有機會使出我的馬紹爾鎮牌（Marshalltown）小平鏟，我心裡那個五歲孩子就會大聲歡呼。在地面上的每一次刮挖，都有可能帶來新發現。想想看玩刮刮樂彩券時的驚奇體驗：有那麼一刻滿懷期盼，心跳加速，接著也許期望落空。然後每天重複一萬次。你絕不會忘記第一次發現完整物件時是什麼感覺。

第一次進行發掘

一九九九年夏天，我在大二要升大三時第一次參與發掘工作，要發掘的遺址位於尼羅河三角洲，在開羅東北方約三小時車程處的門德斯，在古代稱為佩巴內傑德特（Per-Banebdjedet）[1, 2]。＊大多數時間我們都在一大團霧茫茫的熱氣之下賣力工作，從高低起伏的廣闊土地下挖出交相混雜的三千年歷史。我們可能前一刻發現西元前三〇〇〇年古埃及前王朝時期的拋光陶器碎片，下一刻挖到的則是西元一〇〇年的古羅馬陶器。[3] 我工作的發掘單位年代大約定為西元前二二〇〇年，時值第八王朝（Dynasty 8），屬於古埃及第一個「金字塔時代」舊王國時期末期。

在三角洲七月的濕黏天氣中，我和合作的埃及人員團隊發現了泥磚馬斯塔巴的邊緣，馬斯塔巴即典型的長方形陵墓。我們繼續向下挖掘，紅色系的陶器環形物慢慢自土中顯現，可能是一件古代器皿。當下我每分每秒都在想，我發現的是不是完整物件。我一邊在器皿周圍挖掘，一邊要努力按捺心中的興奮激動，在將物件自原始發掘位置移走之前，進行測量、標定位置、繪圖並拍照記錄。

器皿上的裂痕露了出來，看得出破裂的塊片。

經過半小時小心謹慎地工作，終於拼出一只扁平啤酒壺的3D立體拼圖。啤酒壺外表裹覆著一層蒼白的泥釉。這種壺罐在舊王國時期很常見[4]，即使拿到紐奧良（New Orleans）的波旁街（Bourbon Street）＊＊與盛裝調酒飲料的杯皿並置，也絲毫不顯突兀。但在我眼中，它不只是一件物品，可能還承載著一則故事。也許是亡者的親戚將這只啤酒壺帶到墓園。他們唸出祭奠亡者的禱辭，接著飲酒憑弔，帶有魔力的祝禱之辭保證亡者從此永遠能享有源源不絕的麵包、啤酒，生活所需不虞匱乏。[5]在刷乾淨陶壺預備拍攝正式紀錄用照片時，我湊近端詳，看到壺口附近有一枚指紋：是製陶工匠四千兩百年前留下的。

我想像將我們分隔開來的時間鴻溝拉近、壓縮。

指紋看起來像是由健壯的大拇指按壓留下的。我腦海中浮現一名中年男人，滿頭大汗，在用手拉動的拉坯轆轤前埋首工作。古代的亡靈節「瓦格慶典」（Feast of Wagy）[6]眼看就要到來，最後的完工期限迫在眉睫：他得幫市長和市長家人製作兩組細陶器皿，再幫佩巴內傑德特的市民製作兩百只啤酒壺。[7]他的幾個兒子在一旁往窯爐添加柴薪；爐溫如果過高，陶器會裂開，如果過低，陶器又會破碎。他的女兒端給他一小杯清涼的水，他露出微笑，感謝眾神的福祐。讚嘆傑德[8]，他會趕在期限之前完工的！

考古發掘工作的最大挑戰

一旦你品嚐過自歷史水龍頭落下的一滴，你將食髓知味，沒齒難忘，而你對歷史的渴求將永

*譯註：Per-Banebdjedet字面意思為「公羊神之領域」（the Domains of the Ram Lord）。

**譯註：紐奧良市法國區（French Quarter）中心的波旁街是一條老街，以林立的酒吧和脫衣舞俱樂部及熱鬧的夜生活著稱。

遠無法滿足。藏在地下的是故事而非物件，它們斷斷續續不成篇章，考古學家的職責是將它們哄騙勸誘出來，再織出完整文章。面對一片毫無遺跡現象的褐黃淤泥，或現代田野，或茂密雨林裡的土丘，挑戰在於從何處起頭。

太空考古學的發展，正是為了回答這個問題。

對於大多數未經發掘的考古遺址而言，從地面上幾乎看不出任何地下可能藏有遺跡的線索。世界各地遺址差異極大，情況端看是在何處進行考古工作。以貝里斯（Belize）為例，在起伏平緩的整片雨林地景中，若有聳立於地面層的土丘，可能表示有建築結構存在。若是在希臘的橄欖樹叢下方發現呈直線的石頭碎片，則可得知已有三千年歷史的牆壁位置。進行發掘工作時如果能有這類明顯線索作為指引，考古學家莫不大感慶幸。

線索沒有那麼明顯的時候，我們的進展就會受挫。考古學家的使命是發掘，但每年待在田野的時間頂多數個月，除非是為文化資產管理公司工作，或受聘擔任政府文化部門的考古學專家。就連印第安納．瓊斯都曾在學校教書。由於考古發掘行動的時程倉促且經費拮据，意味著考古計畫中所耗費的每一刻、支出的每一分錢，都必須經過縝密規畫：若是經費來自公部門的嚴謹考古計畫，主持人絕不希望季度結案報告中提不出任何成果。

現在無論是向公家或私營機構申請考古計畫經費，都必須擬定適切的研究問題，並以提出一流的發掘規畫，及團隊目前在該遺址進行發掘進展良好並提出的初步評估結果作為證據。

有些遺址的發現是機緣湊巧或純屬意外。例如一九〇〇年在埃及亞歷山卓，一頭驢子載著一位男士離開採石場途中，跌入一座廢棄豎井。那頭可憐的驢子跌落在古羅馬時期第二至第四世紀之間的地下墓穴，有多達數百人埋葬其中，這處墓穴如今已被列入亞歷山卓不可錯過的觀光景點。[9]

在全世界各地的現代城鎮地底，都埋有這類遺址。我唸研究所時曾在埃及中部進行調查工作，需要當地人協助確認衛星影像中顯示的線索，看看現代都市地景底下是否有可能潛藏著一座古老城鎮。在達爾加市（Dalga），科普特教會的教士帶我走下兩段階梯，來到舉行洗禮的聖室。聖室壁面上裝飾著六世紀的浮雕，是從城裡較早期的科普特教堂遷移過來的，浮雕原本所在的教堂則位在我們所站位置下方約二十英尺處。這次帶來小小驚奇的事件中，沒有任何一頭驢子受到傷害。

大多數考古學家或許會矢口否認，但他們確實會向古往今來各路可能保祐他們發掘順利成功的神佛祈禱。拿好手上的樣本袋，博愛一點總是有利無害！姑且不論出乎意料的發現，考古學家仰仗各式各樣的方法來推測地下究竟藏了什麼。

最簡單的方法是「步行調查」（fieldwalking）。要了解一處遺址或一個區域地表遺存的改變情況，方法之一是單獨或成群沿著間距相等的線條步行勘查。爐渣是金屬冶煉產業的副產物，忽然密集出現的爐渣表示該處可能曾是工業區。同時發現細小石灰石屑片和骨骸碎片，表示該處可能是豪華墓園，石灰石碎片則來自石棺或陵墓建築。成堆的較大石灰石碎片，同時也許還可發現完整或殘缺的刻字石塊，表示該處可能有許久之前崩坍毀壞的宗教建築或宮殿建物。如發現任何古代陶器或其他遺存，則明顯指示底下不同地層分屬哪些時期。

步行調查——跟有蹄類動物一樣腳踏實地——可能是遺址調查中很重要的一步，但只有從空中鳥瞰才能看見全貌：不只是看見單一遺址，還看見遺址與周圍地景之間的關係。空拍照是評估古代遺址時非常寶貴的佐證，而現今利用無人機拍攝的照片可說精采非凡。然而，從空中更高的位置，例如從國際太空站（International Space Station）[10]上方兩百英里處拍下的影像，為考古學開拓出太空考古學這個分支領域，讓我們對於過去的理解，以及對於日後考古發現之潛力的理解都從此不同。

太空考古學如何運作

考古學家為了評估現代地景，找出埋於地底的河川或古代遺址所在位置，凡是申請任何形式的高空或太空拍攝影像資料，就屬於「太空考古學」的範疇，也稱為「衛星考古學」（satellite archaeology）或「衛星遙測」（satellite remote sensing）。之所以稱為「太空考古學」，歸根究柢，美國太空總署也有錯。美國太空總署於二〇〇八年展開「太空考古學計畫」（"Space Archaeology" program）[11]，資助進行大規模考古研究的科學家申請衛星影像資料集。連美國太空總署都指稱我從事的是「太空考古」，我又有什麼資格不表贊同呢？

解讀衛星影像既是科學，也是藝術。所有遙測專家一開始都必須先學習光的語言，要學會並不容易：電腦螢幕上一張看起來簡單的高解析度照片，其實一點都不簡單。影像中的每個畫素，都代表地面上一個確切的區域。[12]構成畫素的光包含的不只有光譜上的可見光，依據不同的衛星影像拍攝系統，可能還包含近紅外光、中紅外光和遠紅外光。再者，地球表面上的所有物體各自具有獨特的化學特徵（chemical signature），會影響物體所反射的光：就像是我們的簽名各有不同特色，不同材料在光譜上也會以獨特的方式呈現。[13]

舉例來說，沙地在衛星影像裡看起來和森林大不相同。我們用肉眼就可以很輕易看出差異。如果需要區分一座森林裡頭不同的樹種，不同的化學特徵此時就能派上用場。一片橡樹林呈現的化學特徵與一片松樹林就有所不同。兩片樹林在我們眼裡可能同樣是綠色，但是利用光譜上不同的紅外光區呈現出植被健康情況的細微差異，我們就能察覺顏色其實有所不同。[14]

遙測專家可以藉由在影像中添加「假色」來誇大這些差異[15]，突顯個別類型的地表遺跡現象。在遙測程式（類似比較有個性的Photoshop色彩取代功能）中，可以選擇為任一群畫素加上想要的顏色。一般會建議使用者選用與真實世界中對應類型相似的顏色，例如植被就用綠色調，建築物用灰色，泥土用褐色，但你可以自行選用任何顏色。有些在研討會上展示或研究論文裡附上的衛星影像，看來像是服食迷幻藥後的幻遊場景，但更難看。[16]

為了找到合乎需求的資料，科學家會到處尋覓採購特定的衛星影像。衛星各有不同，而太空中的衛星超過一千七百顆。[17]其中大多數是低解析度的氣象衛星或蒐集大範圍資料的衛星，解析度為十五至三十公尺。這些衛星拍攝的影像是考古上最常用的，不僅是因為影像免費，也因為這類影像多達數百萬張，而拍攝時間最早為一九七二年，記錄了短期和長期的地景變化。[18]除了這些免費影像之外，也有高解析度的影像，例如由美國商用遙測衛星公司「數位全球」（Digital Globe）的WorldView-3和WorldView-4遙測衛星所感測記錄而得的影像，解析度為零點三一到一公尺，單一畫素代表的區域大小介於iPad平板電腦和衝浪趴板之間。

考古學家會盯著衛星影像選取以畫素為基礎的數據資料，希望偵察出短期與長期的細微變化，或是有無任何遺跡現象。依據不同的研究問題，我們會將演算法改來變去不斷測試，最後，或純屬好運，或靈光一閃，我們會有些有趣的發現，但通常是因為我們用盡所有可能的方法。如果最後發現電腦螢幕上的根本只是乾掉的鼻涕，這就是科學，我們只好回到繪圖板前從頭來過。

會有大發現，但不是每天

大家會以為進行遙測考古的重點在於大喊一聲「啊哈！我找到了」的時刻，那個動動手指輕鬆點按，就讓埋藏地底的祕密真相大白的一刻。非也。遙測專家通常每週會花數十個小時盯著電腦螢幕，多半是為了程式當機咒罵個沒完。似乎有什麼成效時，咒罵聲還會加碼，因為忘了要把達到成效的確切操作步驟記錄下來。此時唯有從頭開始。重點在於學習，在於讓過程更加精細完善。

話說回來，確實有一些「啊哈！找到了」的時刻。我最鍾愛的一則與遙測有關的故事，發生在貝里斯知名的卡拉柯爾（Caracol）遺址，該馬雅文明遺址的年代距今超過千年。[19] 二〇〇八年，一種名為光學雷達（Light Detection And Ranging）或「光達」（LIDAR）的嶄新雷射成像技術初露崢嶸。

內華達大學拉斯維加斯分校（University of Nevada, Las Vegas）考古學家夫妻檔亞倫和黛安・查斯（Diane and Arlen Chase）慷慨大方、交遊廣闊，他們在此處遺址已經工作近三十年。[20] 一名熱切積極的生物學家約翰・威斯亨波（John Weishampel）第一次向查斯夫婦說起想在卡拉柯爾遺址使用光達時，他們表示懷疑會否有用。他們先前從未聽說過光達技術，不過對於可能為遺址考古帶來更多研究經費的提議，他們也樂見其成。他們已經投入數十年的心力，幾乎要祈禱從前不曾錯過任何重大線索。

他們告訴他儘管申請研究經費——如果他用光達探測茂密雨林樹冠層下方，試試看也不妨。聽起來很有趣，而且不會對任何人造成傷害。

約翰獲得經費之後，委託一架飛機自美國飛來蒐集點雲資料（point cloud data），也就是遺址周圍的廣大區域裡，從植被頂端往下一直到雨林地面層的數十萬小點的資料。[21] 如果在 Google Earth 查看這個區域，就會發現放眼望去整片綠蒼蒼的全是雨林，除了自樹冠層中冒出頭來的幾座知名石灰石金字塔頂端之外，毫無任何古老遺跡的跡象。

約翰處理完所有資料之後，向亞倫和少數幾人展示了影像。亞倫當下真的喊出：「哇靠！」在場其他人腦中也有同樣的念頭。另一位驚愕的同行說，這些資料夠寫一百篇博士論文。

翌日，黛安告訴約翰：「亞倫整晚黏在螢幕前死盯著那些影像看，晚餐跟早餐都沒吃。」一夜之間，中部美洲（Mesoamerican）考古學領域發生天翻地覆的改變：亞倫一晚發現的古馬雅遺址數量，比他過去三十年在叢林裡一步一腳印地踏查發現的還要多。如今他即使人在拉斯維加斯的書桌前，不到午餐時間就能新發現五百處馬雅遺跡。[22]

如此批發量販式的重新思考方式並非運用高科技在電光火石之間所產生，而是考古學領域數十年來往往事出偶然的發展之下的成果。要了解這一點，我們得稍微俯衝回顧一下遠觀古代遺址的歷史。

一切始自熱氣球和飛機

確切說來，最早有人從空中平臺觀看的古代遺址之一是巨石陣（Stonehenge）。[23]這處著名的新石器時代（Neolithic，西元前約二五〇〇年）[24]遺跡由呈環狀排列的巨石構成，屹立於英格蘭南部一片草原上，是現代異教徒夏至時最鍾愛的地方。一九〇六年時，駐紮在巨石陣附近的英國皇家工兵部隊熱氣球分隊（Royal Engineers' Balloon Section）的菲利浦・亨利・夏普中尉（Lieutenant Philip Henry Sharpe）搭乘繫留的熱氣球，升空拍下三張遺址的照片。[25]三張照片不久後即由《倫敦文物學會會刊》（*Society of Antiquaries*）刊登，公開之後轟動一時。考古學家能夠從照片中看出遺址與周圍地景的關係，而地面上可疑的深暗斑塊表示可能還埋藏著其他古代遺跡。從高空向下俯瞰，全新的世界由此展開。

英國皇家飛行軍（Royal Flying Corps）於一戰期間成立，元老級飛行員飛越歐洲和中東，他們的行動中最至關緊要的任務，是拍攝空照圖供軍方用來確定火炮射程和敵軍位置。[26]當年用於部署攻擊行動的前線照片，如今成了重要的考古學資料。[27]

之後又有綽號很妙的「飛天修士」（the Flying Priest）安托萬・普瓦巴神父（Antoine Poidebard）[28]，他在一九二五到一九三二年間駕駛一架雙翼飛機飛越敘利亞和黎巴嫩的大片區域上空，拍下了許多古代遺址空拍照。[29]除了這些寶貴的早期照片，他也為中東地區的航空考古學（aerial archaeology）奠立基礎，強調在讓古代建築物清楚顯現時，時機的掌握至關緊要。例如上午時地面濕氣較重，拍攝的影像能夠顯露較多的遺址，而下午時地面較為乾燥，影像中呈現的顏色就較為一致。

同時在英格蘭，人稱O. G. S. 克勞福（O. G. S. Crawford）的歐斯伯・蓋伊・史丹霍・克勞福（Osbert Guy Stanhope Crawford）首開先例，利用航空攝影拍攝長期有人居住的地景。他曾在一戰時期於英國皇家飛行軍服役，後來進入英國地形測量局（Ordnance Survey）擔任考古人員。[30]克勞福在一戰時期一度遭德軍俘擄，成為戰俘期間完成了《其人及其往事》（*Man and His Past*），這本重要著作闡明了地圖在定義文化上的重要性。[31]克勞福被新一代的英國考古學家暱稱為「歐吉叔」（Uncle Ogs）[32]，他在英國各地找到數百處先前未曾發現的遺址。[33]即便到了今日，他拍攝的所有英國空照圖仍是考古學研究的寶貴資源。[34]

作物痕跡——別只想著外星人

在這些早期空拍照以及後來的衛星影像中顯露的遺跡現象，大多是作物痕跡（crop marks）。

作物痕跡正如其名所示：植被生長的速度快慢甚至可能寸草不生，都受到地下之物影響，因此作物痕跡就成了地底可能埋有牆面甚至整座建築物的線索。[35]

讓我們細說分明。想像一堵石牆的基部，日子久了慢慢遭到泥土掩蓋。一株草在牆基頂端生根，但草根就是沒辦法像相距數英尺的其他草一樣向下扎根扎得那麼深。於是這株草的生長遲滯，健康也不如其他株草。遇上乾旱，它可能直接枯死。

而溝渠的情況剛好相反。溝渠長久下來會被腐爛的植被填滿，形成肥沃的覆蓋物，成為新植被生長的理想場所。於是青草和其他作物在溝渠上方生長繁盛，比周圍的植物更為高大健壯。

從空拍照片可以清楚看見長得較高或較矮的植被所形成的陰影，而植被健康情況上的細微差異，則可從衛星拍攝記錄的近紅外光衛星影像中發現。例如葉綠素含量在近紅外光影像中顯示得最為清楚——所有植被在近紅外光影像中都呈現紅色。[36]下次如果你家小孩問你為什麼草是綠色的，不妨試試看用這種方式跟小孩解釋。我兒子那時的回應是：「媽咪，你真是怪人。」

這些作物痕跡的歷史十分引人入勝，其實民眾步行穿過田野時就能看見。根據英國古文物學家威廉・卡姆登（William Camden）所言，在英國，至少五百年前就有觀察力敏銳的行人述及這些作物痕跡，卡姆登則借用最早前來英格蘭的傳教士之名，將作物痕跡取名為「聖奧古斯丁十字」（St. Augustine's Cross）。[37]

我不時會收到歐洲各地民眾寄來的電子郵件，他們會寄來在Google Earth上觀察到的作物痕跡截圖，我看了之後通常都大為驚豔。大家的眼光都很敏銳。大自然裡鮮少出現直線，由直線構成的形態特徵又更加稀罕，所以如果在英國、法國或義大利的衛星影像注意到多個相連的方盒形狀，很有可能是發現了一棟古羅馬屋宅。[38]即使一塊地數千年來經過多次翻土整地，地底的石頭地基仍會存留下來，並且影響作物的生長。儘管最後目標是去酒吧吃午餐，在怡人的週日穿越英國田野時，我再也不能漫不經心：我總是小心戒慎眼觀四面，以免錯失任何機會。

從二戰到太空時代肇始

二戰之後，隨著考古學家和其他科學家逐漸認知到新興的彩色影像與紅外光成像技術的可貴，遙測科技也歷經革命性的發展和突破。事實上，我的外祖父哈洛德．楊恩教授曾在一九五〇年發表的論文中寫道：「空拍照在林學研究中的運用，還處在相對來說尚顯青澀的發展階段。目前有很多研究人員努力想要釐清空拍照的局限，以及可以有效利用空拍照的多種方法。彩色攝影發展上的可能性目前還罕有人知。」[39]

這不過是七十年前的事。如今，我們已經有了3D掃描技術，還能在遺址現場用手機拍攝紅外線熱影像。[40]僅僅兩代的時間就發展出這些科技，在人類歷史上不過是一霎之間。

在外祖父那個年代，考古學家能夠取用數千數萬張軍方拍攝的歐洲和中東影像，用以規畫新的調查計畫。在開山祖師如劍橋大學教授約翰．肯尼斯．聖約瑟（J. K. St Joseph）的引領之下，空拍照成為標準的考古工具。聖約瑟原本研究地質學，於二戰時在英國飛機製造部（Ministry of Aircraft Production）服役期間接觸航空攝影。戰後他利用英國皇家空軍（Royal Air Force）進行飛行訓練的機會，在各地拍攝大量地景空照圖，留下超過三十萬幀攝影作品給劍橋大學。他講課時會輔以大量精采迷人的圖片，但講話的方式讓他成了大家口中的「聖人約瑟」（Holy Jo）。[41]只有聖人能居高臨下說教。

各界對於航空攝影的興趣愈漸濃厚，終於促成一九六三年的首次航空攝影國際研討會[42]，聖約瑟本人則在一九六六年出版了一本具關鍵地位的鉅著：《航空攝影的運用》（*The Uses of Air Photography*）。[43]隨著新的軍用火箭計畫問世，考古學家得以將眼光拉得更高更遠，名副其實地監看一切古老和新穎的事物。

美蘇兩國當年展開太空競賽，沒想到為今日的考古學家帶來意想不到的結果。美國於一九五〇年代開始籌畫「日冕」、「掛繩」（LANYARD）、「氬氣」（ARGON）等最高機密間諜衛星計畫，於冷戰時期偵察記錄蘇聯的活動。一九六〇到一九七二年間，攝影系統由火箭載送升上外太空，拍下地球表面大範圍區域的高解析度黑白照片。拍攝完成的底片置於膠囊中，以降落傘載送回地球，由一架特別設計的飛機負責在空中回收。照片的解析度達到破天荒的每畫素一點八公尺，而且有助於摹繪出開發中國家在一九六〇到七〇年代人口大幅增長之前的樣貌。[44]

自從比爾．柯林頓總統於一九九五年下令將這些資料集解密[45]，任何人都可以支付少許費用取用這些影像，這批資料集也是我在教遙測技術時最愛向學生展示的資料集。美國政府的檔案典藏專家已經將這批影像資料完全數位化[46]，但在二〇〇〇年代初期時，資料形式仍是長度超過一公尺、寬十公分的黑白負片膠捲。我很喜歡像一九五〇年代電影裡演的一樣，將膠捲拉開來拿高湊近眼前像間諜一樣察看，我的學生也熱愛這麼做——他們現在大多對著電腦螢幕進行研究，有機會親自動手會多一些樂趣。再者，要是告訴學生「是真的，我的研究會用到諜報影像」會讓他們覺得我比較酷，只要對我的教學有幫助，我來者不拒。

撇開玩笑話，對於埃及學家和近東考古學家來說，這些資料堪比金礦。埃及於一九六〇年代修建亞斯文高壩（Aswan High Dam）之後，埃及的城鎮得以擴張至先前河水氾濫的區域，尼羅河河谷和三角洲地景隨之產生劇烈變化。但這也表示無數考古遺址遭到夷平。在敘利亞和伊拉克，農耕區域有所改變，許多自古就常有人穿行的古老「坳道」（hollow way）以及河道原本在五十年前還能清楚看見，至今卻湮沒無蹤。[47]這些考古地景就此失落；如果沒有日冕衛星留下的影像資料集，遺址可能從此消失，不留一絲痕跡。

美國太空總署衛星的演進革新

美國歷史於一九六〇年代大事頻傳，陸續發生暴動、示威、遊行、越戰、登月競賽，以及號召女性「燒掉胸罩」的婦女解放運動。改變的風潮也慢慢滲入學術界。當時美國已經開始進行氣象衛星相關實驗，例如於一九六〇年發射的泰洛斯衛星（TIROS，全稱 Television Infrared Observation Satellite，意為「紅外線電視觀測衛星」）。泰洛斯衛星就像是一臺很沉重的小電視機，體積與今日的衛星相比顯得十分迷你，僅僅運轉了七十八天，但是讓科學家看到以衛星捕捉地球表面資料的潛力。[48]在泰洛斯一號成果的鼓勵之下，美國太空總署大膽打造了更多顆泰洛斯衛星：泰洛斯七號衛星進行了長達一千八百零九天的觀測作業，在一九六八年停止運作之前，總共拍攝了三萬張衛星雲圖。[49]

美國於一九六四年開始籌畫，希望設計出能夠繪製出完整地球表面的成像系統。[50]史都華．尤德爾（Stewart Udall）是甘迺迪和詹森主政時期的內政部長，很早就積極投入生態保育運動。他在一張早期拍攝的衛星影像中，看到發電廠在自己的家鄉亞利桑納州造成的汙染，大為驚駭。尤德爾明白衛星影像具備無窮潛力，能成為傳述故事的有力媒材，也能對科學研究有所裨益，於是向詹森政府提出建置全球觀測衛星系統的願景。內政部於是和太空總署通力合作，發展出地球資源科技衛星一號（ERTS-1，全稱Earth Resources Technology Satellite 1）[51]，也就是現代愛好者熟知的「陸地衛星一號」（Landsat-1）。[52]太空總署這次邀請全世界一起參與，共有三百名科學家和研究人員一起投入分析陸地衛星一號的資料，其中超過三分之一的人分別來自美國以外的一百多個國家。[53]

這次合作背後的科學思考是相當特別的轉變，在冷戰時期尤其特殊。事實上，科學家討論陸地衛星一號的初步結果時，特別強調未來希望能發展可開放所有人使用、造福全球的跨國合作遙測計畫。[54]這種合作精神對於太空總署較近期的資料共享政策制定發揮了深遠影響。非常神奇的是，美國太空總署已將收錄數百萬幅衛星影像的資料庫開放給公眾免費使用。[55]到目前為止，我想必已經使用過價值數十萬美金的資料。沒有這些資料，我根本無法進行研究。

陸地衛星一號上裝設了多光譜掃描器，可記錄電磁波譜上的綠光段、紅光段和兩種紅外光波段資料，解析度為八十公尺。[56]科學家藉此能夠測繪記錄的全球表面比例達到百分之七十五，而且每隔十八天就能獲得同一地點的更新影像，有助於追蹤各地的變遷。這種可供對照比較的資料，對於環境製圖、災難監測和資源管理都有著非比尋常的涵義。[57]

促成計畫的科學家認為，這是美國太空總署目前為止對於全世界最偉大的貢獻。陸地衛星甚至在一九七六年幫忙在加拿大東岸外海二十公里處「新發現」一座島嶼。[58]加拿大海測局（Canadian Hydrographic Service）的法蘭克・霍爾博士（Dr. Frank Hall）探索新命名為「陸地衛星島」（Landsat Island）的島嶼時，一頭北極熊朝他揮出一掌。[59]不用說，他自然是逃得老遠——真的從衛星軌道一下子退到了大小熊星座。

美國太空總署的歷史學家會辯稱陸地衛星一號是在冷戰期間問世，從技術層面來看，我同意他們的說法。但在它於一九七八年退役之前[60]——剛巧也是我出生那一年——或許可以說它在精神層面具有更宏大的意旨，而我們可以在今日的七旬老人愛用的彩虹頭帶和平符號中追溯這個意旨：透過衛星，全世界第一次看見陸塊之間並無真正的疆界。[61]

現代太空考古學

首先精確預言太空考古學未來的功勞，咸認歸於一名美國太空總署實習生：瑪麗・瑪格莉特・史卡列拉（Mary Marguerite Scalera）。她在一九七〇年代為太空總署撰寫約六份當時進行中的專案報告[62]，樂觀預言太空總署的科技將有助於未來的考古發現。[63]第一位美國太空總署歷史學家尤金・埃密（Eugene Emme）很支持史卡列拉在這方面深入研究，告訴我們科學界的創新始於有遠見的導師引領。

太空考古學是在一九八〇年代真正誕生。利用陸地衛星資料，考古學家得以將地面細分成更小的區域，策略性規畫發掘位置，特別是在較難進行地面調查的區域。現在要挖到寶會比以前稍微省力些，根據我一些同事的說法，以前的考古學家向美國國家科學基金會（National Science Foundation）申請計畫經費的通過率只有百分之二十五。即便如此，發掘計畫規畫得愈有效率，就愈能讓可用的經費細水長流，發揮最大效益。早在一九八一年，學者理查・亞當斯（R. E. Adams）就在刊載於《科學》期刊（*Science*）的論文中，討論利用新資料集於廣大到沒有團隊能夠步行調查全區的馬雅低地區（Maya lowlands）尋找古代地景模式。[64]

接著，「太空船偵測發現撒哈拉沙漠深埋地底的過往」。如果你將這一句誤認為克萊夫・卡斯勒*的小說書名，我絕不會怪你，不過不是的，這是全球媒體報導考古學家威廉・麥修（William McHugh）所率團隊的遙測研究新發現所下的新聞標題。麥修團隊非比尋常的研究結果最初於《科學》期刊發表[65,66]，又由《紐約時報》（*New York Times*）於一九八二年以專文報導，他們根據哥倫比亞號太空梭（*Columbia*）上的雷達穿透沙漠表面之下十六英尺蒐集的資料，發現在撒哈拉沙漠東部地下埋藏著整個河系。這個河系可說是尼羅河的西方版本，早在遠古時就已乾涸。雷達在沙地等乾燥環境中的效果最佳，偵測黃沙大漠的效果更是出奇的好。

科學家透過沿著地上的河道，蒐集了早期古人類——在此例中是直立人（*Homo erectus*）——

以及當地人的各種遺存和石器工具，這群當地人的後代向東遷移後發展出古埃及文明。其他發現則顯示，沙漠裡的早期遺址愈漸「縮減」，遺址規模愈來愈小，最後幾乎不留一絲殘跡，僅在地面甚至地表之下留下石砌房屋和石器加工區域的輪廓線。麥修在接受《華盛頓郵報》（*Washington Post*）採訪時表示：「我們發現幾處遺址，裡頭的手斧實在太多把，多到我數到兩百之後就沒再數下去，太不可思議了。」[67]

全球的興奮激動道盡一切：這項研究成果顯示這些新科技的無窮潛力，而在看似空無一物的廣闊地景中更潛藏著無比誘人的可能性。新的時代就此拉開序幕。

密西西比州的全新開始

下一次的大幅躍進發生在一個令人意想不到的地方：密西西比州。在美國太空總署的史丹尼斯太空中心（Stennis Space Center），人高馬大、蓄著又長又翹八字鬍的科學家湯姆．賽佛（Tom Sever）（別弄混了，不是前紐約大都會隊〔New York Mets〕投手湯姆．西佛〔Tom Seaver〕）幹勁十足，他負責研究將總署的各項太空科技推廣應用於不同領域。賽佛在一九八三年的可行性研究報告中，提出利用熱紅外多光譜掃描器（Thermal Infrared Multispectral Scanner）以及主題測繪儀模

＊譯註：克萊夫．卡斯勒（Clive Cussler）是美國冒險小說家，撰寫一系列以德克．彼特（Dirk Pitt）為主角的暢銷懸疑驚悚小說，熱愛海底探險並創辦非營利組織國家水下與海洋基金會（National Underwater and Marine Agency）。

擬器（Thematic Mapper Simulator），在美國西南部的重要考古遺址查科峽谷（Chaco Canyon）進行測繪製圖。[68]

新的過程學派（processual archaeology）理論運動於一九六〇年代興起，徹底撼動考古學界，此後的考古學家研究古代文化時必然先掌握扎實證據，才會發表具顛覆性的宏大推論。在過程學派運動的推動之下，考古學朝更為科學的方向邁進。此時正值分支領域聚落考古學（settlement archaeology）方興未艾，而過程學派帶來的當頭棒喝，則有助於形塑現代考古學研究的提問。考古研究著重之處於是有所改變，從原本專注於單一遺址，變為更著重考量遺址周遭地景，以及理解環境在遺址如何和為何演變之中扮演的關鍵角色。在定年技術、化學物質殘留分析和資料運算技術進步的推波助瀾之下，考古科學更是突飛猛進。在這些較廣泛的趨勢影響之下，考古學家對於賽佛應用太空科技的提議即使仍舊存疑，但抱持比較開放的態度。

太空總署支持賽佛將他的提案付諸實行，並主辦了一場後來成為傳奇的研討會，對於我自己的研究或這個領域所有人的研究來說都十分幸運。

一九八四年，波士頓大學（Boston University）的詹姆斯．魏斯曼（James Wiseman）及其同事邀請全美各地的學者前往密西西比州，出席關於新陸地衛星和雷達資料集的研究結果發表會。出席學者專長各異，研究舊石器時代、馬雅文化和墨西哥、近東或美國西南部的考古學家齊聚一堂，可說是史無前例、最為廣博多元的一次學術聚會。[69]

其中許多科學家皆是現今太空考古學領域的佼佼者。他們一起研擬制定研究者使用遙測資料集的規範，利用衛星的方式不僅包括確認遺址的位置，也包括研究過去人類與環境的互動；他們也強調進行地面調查，或利用地面調查驗證衛星影像資料的重要性。[70]研討會論文集發表之後，賽佛清楚表示考古學家必須盡快精通相關技術，以免專門劫掠遺址的「寶藏獵人」搶得先機。要是當初多一點人注意到他的預警就好了。

密西西比研討會的代表群很快將太空總署科學家宣傳的技術付諸實現。湯姆・賽佛一馬當先，在查科峽谷偵測發現先前無人知曉的古代道路。[71]科羅拉多大學波德分校（University of Colorado Boulder）的裴森・席茲（Payson Sheets）研究哥斯大黎加的雨林，他運用衛星影像辨識出肉眼根本無法看見的古老徑道。[72]衛星影像資料應用於史前遺址考古同樣成效斐然：德州州立大學（Texas State University）的潘蜜拉・修沃特（Pamela Showalter）應用陸地衛星影像資料，在亞利桑納州鳳凰城（Phoenix）附近發現霍霍坎文化（Hohokam）遺留的運河系統部分河段，建造年代約為西元一〇五〇至一四五〇年。[73]

加上有更多衛星加入觀測全球的行列，例如法國的SPOT衛星（全稱Satellite Pour l'Observation de la Terre）[74]，現在還有不同的衛星影像資料集可供考古學家挑選。解析度也大幅提升，十四年內從八十公尺進步到十公尺。

不過由於大多數遺跡現象寬度僅一公尺甚至不及一公尺，解析度提升的幫助仍極為有限。

救星：高解析度衛星

IKONOS衛星於一九九九年成功發射，獲各界科學家讚譽為衛星科技的未來。衛星影像解析度為一公尺，能夠拍攝光譜上可見光、紅外光等不同波段的地表影像，表示考古學家的願望終於得以實現，唯有一個願望例外：省錢。[75]

一張IKONOS衛星影像要價可能高達數千美金。這麼說吧，我們考古學家也許負責看守無價的考古寶藏，但是我們自己永遠口袋空空。我們必須耐心等候。幸運的是，我們考古學家最不缺的一種資源就是耐心。

我們無須等待太久。太空考古學在二十一世紀初期以驚人的高速發展。早期投入領域的學者收了一大批學生，其中很多人就在此時期自博士班畢業。接連問世的論文不僅有以美國太空總署衛星資料集為研究材料，也有的論文採用最近公開的日冕計畫間諜衛星影像[76]，終於有考古學家負擔得起的衛星影像資料了。

第一次以衛星考古學為主題的國際研討會於二〇〇四秋季在北京舉行，衛星考古即將成為廣為學界所認可的領域。我特別提起這次研討會，因為我是在唸博士班時參加過，而該場研討會至今仍被視為太空考古學領域發展上的重要里程碑。

出席北京這場研討論的學者，可說是衛星考古學名人堂。我在博士論文中引用的大老級學者全都到齊：中國科學院遙感與數字地球研究所所長郭華東；羅恩．布洛姆（Ron Blom），他是具傳奇地位的噴射推進實驗室（Jet Propulsion Laboratory）科學家，發現沙烏地阿拉伯「失落」的鄔巴爾古城（Ubar）[77]，曾參與賽佛最初召開那場研討會的裴森・席茲[78]，以及其他許多學者。看到這些學界的超級英雄，我滿懷敬畏，我們也受到中國同行的竭誠招待。

大禮堂中繫著討喜蝴蝶結的紅色壓花絲絨座椅一字排開歡迎我們入座，我們在談話每啜一口杯中茶水，就有服務生奔上前將杯子添滿，晚上還有在美侖美奐的宴會廳裡舉行的奢華晚宴，我當時以為自己已然功成名就。我要登記加入這個領域！我志願加入以表敬意！直到研討會接近尾聲，我才知道這是同行的資深前輩們入行四十年來參加過最棒的研討會。只是新人的我還真慘，因為我以後再也不會享受到這麼好的待遇。

儘管如此，出席研討會的傑出同行們讓我眼界大開，見識到更寬廣的考古天地——一個眾人互相合作勉勵和加油打氣的世界，他們也讓我知道地球很大，有很多地方等著我們去測繪，有很多等著我們去發現。

今日的太空考古學

自從那次研討會之後，我的考古同行在世界各地遺址和地景陸續揭露種種新發現，規模之廣令人震驚。這些新發現不僅搏得大眾注意，登上新聞頭條，也讓考古學家得以重新解讀各個古代文化。而我們甚至還沒提到能夠保護文明遺產免遭洗劫的可貴價值。太空考古學平常乏人聞問，但也值得偶爾大大露臉一下。

我和葛瑞格一直希望能去一趟柬埔寨，終於在二〇一六年時成行，在暹粒（Siem Reap）住了一週，參觀高棉帝國（Khmer Empire）的吳哥寺廟群。跟各位透露一下考古學的業界機密：當考古學家最棒的一點，毫無例外，就是到世界各地旅行參觀古文明遺址時，可以請同行專家幫你導覽，來一場幕後深度探祕之旅。在暹粒我們就把握這個絕佳機會，請我的朋友戴米安・伊凡斯（Damian Evans）帶路，他剛好是研究於東南亞應用光達的國際級專家。[79]

導覽行程是一回事。和同行坐在一起，看他攤開以光達測繪的龐大古代遺址立體地圖，介紹隱藏在茂密雨林之下的所有異狀，又是另一回事。戴米安剛剛帶我們參觀過的古高棉寺廟群，在大致完整的牆壁旁成堆分布，等候維護。在我們家附近那間很棒的科教中心有藍色的超大型軟積木，我們家兒子很喜歡用來蓋建築物，我覺得立體地圖裡的寺廟群就像科教中心的積木。就像我和兒子玩積木時一樣興奮，我想要立刻開始堆積木進行重建。

戴米安在暹粒進行考古研究已超過十五年，他利用光達，也就是查斯夫婦在卡拉柯爾所用的技術，改寫了我們對於高棉帝國滅亡原因的理解。[80]光達揭露了淒苦的真相：高棉人過度依賴每年的降雨，以為可以藉由大規模改變地景來引水灌溉田地，但年降雨量並不可靠，他們最後徒勞無功。面對環境變遷，即使是高度發達的文明社會也可能走到盡頭：滴雨不下，就算改變全世界的地景也救不了他們。如今柬埔寨的舞蹈、音樂和儀式中仍可看見高棉文化的豐富遺緒，但是今日遊客蜂擁參觀的雄偉寺廟群和圍牆早在近五百年前就已大規模荒廢傾頹。[81]

近年來，似乎每隔一週就有利用高解析度衛星影像發現珍貴考古遺址的報導登上新聞頭條。

二〇一七年九月，考古學家宣布在伊拉克庫德斯坦（Iraqi Kurdistan）發現失落的卡拉嘉達邦古城（Qalatga Darband）[82]，古城位置鄰近亞歷山大大帝（Alexander the Great）與波斯皇帝大流士三世（Darius III）交戰的地點。

考古學家最初是在日冕計畫所拍攝的該地區衛星影像中注意到一處可能的遺址。從無人機在現場額外蒐集的資料中，發現了建築物和街區的輪廓線。大英博物館（British Museum）專家約翰·麥金尼斯（John MacGinnis）特別搜索了春季時拍攝的影像，小麥和大麥於春季時生長情況的差異呈現的作物痕跡有可能提供線索。[83]

卡拉嘉達邦位在介於東方和西方勢力影響範圍的關鍵區域，考古學家在當地進行調查和發掘，目標是挖掘出曾有神廟、葡萄榨汁器具、城市內的碉堡和保護全城的巨大城牆存在的證據。由於該區數年來紛爭不斷，考古學家無法再次前往遺址，直到最近才開始進行地面發掘作業。

回歸原點

從最早期的繫留熱氣球開始，太空考古學至今已有了長足進展。從很多方面來看，可說是繞了一圈之後又回到原點：從飛機飛向高空再到外太空，現在我們又透過半自動迷你飛行機器再次接近地面，更能夠自行掌控要在哪些區域進行拍攝。無人機是遺址測繪的全新疆域，但還無法用於測繪大片地景，而且在世界上很多地區仍完全遭到禁用。[84]或許想像實現的速度會快得出乎預期，目前我們還是只能想像總有一天，能夠以一英寸的解析度進行測繪，從距離遺址表面四百英尺的太空中就能看見一片片陶器碎片。若能達到這樣的程度，過程中揭露的新資訊量將何其龐大。

在想像實現之前，我們應該要問，衛星能夠揭露什麼樣的古代遺跡現象。無論從空中或是從地上觀看，金字塔和神殿寺廟都是驚人的大發現。然而這些遺跡現象十分罕見，只占考古學家的所有發現中非常小的一部分。我們比較可能發掘到的是一堵牆，或是一小棟屋宅中的一個房間。看起來似乎沒那麼光鮮燦爛，但是相信我，歷史資訊正是由這些發現日積月累所提供。而事實證明，衛星是用來找出它們的最佳幫手。

第三章　太空考古學的展望

考古學不免會和神祕未知的奇景異象連在一起，加深了大眾對於古代社會的錯誤認知。每當考古學家發現「失落的城市」和完整陵墓，十有八九會登上全球新聞頭條，但別以為考古學家是在雨林中披荊斬棘，讓完整的馬雅古城市群以保存完好的狀態自茂密植被中現身。要是這是真的就好了！我們也用不著耗費大把時間和力氣。

城市歷經興衰起落。城市裡的建築物，無論神殿寺廟、行政中心建築物群、工匠作坊或住屋民宅，可能因為天災或人禍而崩坍傾頹，砌成建築物的石材可能被後來的文化挪為他用，一旦遭人棄置，就會慢慢重新臣服於大自然。發現一座城市只是開頭。考古學家想要知道是誰最先建造出這座城市？誰住在當地？出走的居民去了何處？我們真正獲得的禮物，是能有機會尋索這些答案。

考古學問題的答案太過複雜，無法成為誇張聳動的新聞標題，但是真正的考古學不需要誇大其辭就很迷人。想想大多數刻畫末日後世界的科幻電影，常會看到成群結隊身穿皮衣皮褲、從腳趾到牙齒全副武裝的壞蛋，他們騎著重型機車，住在反派要塞裡。我總是揣想支撐他們生活的系統在哪裡，想問哪來數千人幫他們鞣製皮革、處理交通工具所需的燃料，還有在田間種植作物養活他們。

每次有重大考古發現公布時，考古學家看到的是與該文化有關的人，譬如農民、石匠和藝術家，以及與文化的整個生態系統有關的意涵。媒體則將焦點放在該座陵墓、該處宗教遺址，或剛好發現的哪處遺跡。除了媒體之外，博物館策展人很可能也要負一點責任，他們設計的展覽目的就在於吸引大批人潮。

多年前在美國辦了這麼一場重量級巡迴展，展品是龐貝城發現的日常生活用品。而我看展之後只留下這種印象：灰心喪志、大失所望。我沒看到原本希望看見的日常用品，而我看到的展品讓我心霹哩啪啦碎成片片：我看見黃金。還有更多黃金。還有，對，更多黃金。我估計展示的物件裡有八成是金銀珠寶。這場展覽在全國各地巡迴舉辦，吸引數十萬人參觀，策展人卻錯過了向大眾宣導考古學家是如何解讀過去的機會。

老實說，我在展場裡看到的民眾對於展示的日常用品興趣更為濃厚，因為他們可以將物品與自己的生活相互連結。我們的確可以看到考古學家是在何處找到所有金銀珠寶，並且將財富與對應的個人或屋宅相互連結。但就如同駕駛沙地越野車的狂徒無法完整呈現末日後世界的生活，物質財富同樣無法完全呈現出社會的富裕程度。那次龐貝文物巡迴展只是強化了大眾以為考古學家專挖金光閃閃的寶物，還有金銀珠寶的價值超過一把鑷子或一塊碳化麵包的認知。

計算考古發現的重要性

而發表於次要期刊上的「小」發現也如同日常生活物品，十次小發現對於特定考古學分支領域累積帶來的影響，可能勝過任何登上頭條的大發現。在此申明，我不是說熱門轟動或登上頭條的考古發現一點都不精采、重要或具突破性。我們在課堂上談到很多媒體爭相報導的考古發現，新聞報導提醒大家考古學很酷，也讓我們能理直氣壯爭取公家經費。然而，就讓我以發現一座完整古埃及陵墓為例，幫忙為這樣的發現提供背景脈絡。

古埃及的法老文明延續了兩千七百年，從西元前三〇〇〇年埃及統一到托勒密王朝時期（Ptolemaic Period），於西元三〇年女王克麗奧佩托拉（Cleopatra）崩逝時畫下句點。[1] 在政局穩定的時期，比較常出現菁英階級人物如匠師、高官和王室成員的陵墓，也就是會登上新聞頭條的陵墓類型。有幾個時期比較可能有財力修築陪葬品豐富的陵墓，包括舊王國（西元前二七〇〇～二二〇〇年）、中王國（西元前二〇〇〇～一七〇〇年）、新王國（西元前一五五〇～一〇〇〇年），以及托勒密王朝時期晚期（西元前六〇〇～西元三〇年）。因此，在總計約一千八百年的時間中修築的陵墓，都可能是比較富麗堂皇的類型。

古埃及人口數估計在舊王國時期為三百萬人，古羅馬統治時期（西元三〇～六四一年）則為四百五十萬人。由於人口數字僅是推估，我們就以最保守的方式估算。三百萬人之中，值得登上新聞頭條的陵墓主人屬於金字塔最頂層的百分之一。由於有錢人通常壽命較長，因此可以預期在古埃及每個世代，也就是說每隔大約四十年，就會修築完成三萬座令現代人大為驚奇的豪華陵墓。

現在，我們沿用這個數字繼續計算。

一千八百年來，總共有四十五代人歷經生老病死，而頂層百分之一的菁英階級修築的陵墓總共達到一百三十五萬座。埃及學發展兩百年來，埃及學家最多發現了大約一萬三千五百座墓主為菁英階級的陵墓——這只是總數一百三十五萬的百分之一而已。

所以，當又有華麗非凡的古埃及陵墓被發現的消息發布，請保持冷靜，檢視這次發現之於我們對古埃及文明的整體理解有些什麼貢獻。

我不是說我對普羅大眾對於亮晶晶寶物的狂熱完全免疫。閃亮的一抹金光足以燃起每個人心中最天馬行空的考古狂想。我剛從利什特（Lisht）回來，結束在那裡的第三個工作季度（更多詳情請見後續幾章），該地是古埃及中王國時期首都所在地。我運氣很好，不僅發掘到金葉碎片，甚至在主墓葬群北邊一座非屬同時期的侵入墓（intrusive tomb）發現一塊質地緻密的黃金。黃金沉甸甸的，我盯著它看了老半天，遠遠超過我該看它的時間。如果將這塊碎金打成金箔，想來足足能覆蓋兩枚二十五美分硬幣；嚴格來說，還不能和霍華德・卡特（Howard Carter）望進圖坦卡門（Tutankhamun）之墓的第一眼相比。但在一天工作十七個小時，手下有一個大團隊要管理，還和兒子相距五千英里之遙的時候，我需要來點金光閃閃的東西提振一下精神。我們偶爾都會需要。

事實，而非真相

考古學的目的，套句印第安納．瓊斯的話：「……尋找的是**事實**，而非**真相**。如果你對真相有興趣，請往走廊另一頭走，去上泰瑞教授的哲學課。」在過去百年，考古學從著重探討物件，轉變為著重探討物件背後的人群，以及驅動人群改變，抑或不改變的種種力量。

大多數考古學家會告訴你，我們會構思研究問題或提出假說，接著發想出策略去回答問題或測試假說。我們絕對會試著講述真相，至少在發表的論文之中。

考古學的每個分支領域都奠基於一些基本假設。例如，古埃及於西元前三〇〇〇年左右統一，目前所發現最晚的象形文字銘刻約在西元三九四年寫成。我們知道歷代法老的大致順序，對於他們的家族譜系、首都地名，以及何人在何時建都稍有所知。若將埃及學視為一幅織毯，它的大致框架仍存留至今。

不幸的是，織毯中的緯線大多已經佚失。殘留的圖樣還足供我們概括歸納，有些部分也相當清楚，但要找到遺失的紗線，以及想出辦法將它們重新織回毯中，並非易事。

由於考古學研究應用了新的科學技術，我們終於得以更深入了解自古以來世界各地市井小民日常生活的故事。在一九六〇年代，考古科學本身就和遙測技術一樣新穎。如今，我們可以利用DNA和骨骼分析來檢驗古人罹患的疾病[2]，我們也能研究鍋碗瓢盆殘留的化學物質來了解古人吃什麼。[3]考古年代測定方法的演進[4]讓我們能夠進一步釐清事件發生的年代遠近。

根據細微的線頭片屑，可以演繹推導出較大的模式。要討論整個近東和地中海地區的青銅時代文明在大約西元前一一七七年的崩毀，必須先透過研究數百處遺址，針對數千具個體遺骸進行人骨考古學分析，檢驗數萬份實驗樣本，加上整個團隊進入田野工作數十萬小時，從中獲取資料。[5]要進行考古分析，唯有先踮腳跨過眾多科學界巨人的肩膀。

你必須在年輕時就學會這樣的知識集合。因為我是一個討人厭的教授，喜歡逼學生思考，在「考古學理論」這門主要是人類學系高年級學生修的課中，我利用我在大都會藝術博物館線上目錄發現的某樣東西指派了一項作業。[6]那是一件淺紅色的正方形陶土製品，有兩個表示眼睛的凹洞和一個揑高的鼻子，看起來很像我兒子的幼稚園美勞課作品。我要求學生查出這件藏品的文化背景脈絡、製作及功能相關資訊。研究考古遺址時，很少一開始就沒有任何該文化或該時期的相關資料，但是我給學生的挑戰是從一無所知出發。要在沒有額外資訊的情況下，對這件文物提出一些想法，對於學生來說是莫大的障礙。

學生交來報告的內容大相逕庭。有些學生自動採用考古學家在毫無頭緒時對於物件的傳統解讀：「具有儀式或祭禮性質」，並推想在該文化中是如何使用此物。每位學生都用上所有的考古知識加以解讀，他們的回答令我十分著迷，創意則讓我印象深刻。有一位學生甚至用了駭客手法，他將物件圖片上傳到谷歌使用以圖搜尋（學生再次計高一籌！），還有一位學生已經知道該物件是什麼。

學生在得知物件的意義——是詛咒之物，當時的人相信將它埋在地底就能以神奇法力擊敗敵人——之後提出很多問題，首先是「我們怎麼可能想到？」這位新來的同學，你抓到重點了！要了解一項物品的功用，你所知道的必須遠遠超過孤立的物品本身，這就是為什麼考古發掘團隊需要匯聚各種專業人才。

發掘工作如何進行

每一次走入田野現場，都是冒著身敗名裂，甚至失去生命的風險。通常你是在花別人的錢，耗費其他很多人的時間，而你很可能已經費時數年籌備研究計畫和申請經費。不僅如此，你可能身在異國，還要額外面對文化不同和語言不通的挑戰。

進入田野現場之後，你身為發掘主持人，要對前去記錄遺址和特定相關資料的整個專家團隊負責。負責督導管理的考古學家針對發掘的每一層位（layer）或區域（通常稱為掘土地點〔locus〕）收存大量標本並留下詳盡紀錄，將每個掘土地點視為獨特的立體時光膠囊，記錄該地點的土壤、土色、密度、物質文化、骨骸等所有細節。[7]

在獲取考古資料的過程中，遺址監管員只是第一批參與者。生物考古學家負責分析人類遺骸，古植物學家檢視保存下來的植物殘片，繪圖人員解讀並畫下物件圖像，而登錄人員和攝影人員則負責記錄所有發現並建立目錄。[8]我長久工作的心得是，團隊中最重要的是陶器專家。[9]他們為陶器繪圖、記錄並進行分析，而在大多數古代遺址都會發現難以計數的陶器碎片，陶器等同古代世界的特百惠保鮮盒。陶器經年累月下來發生改變的方式和原因，可能會是你洞悉過去的最佳媒介。

還有很多其他人士會加入發掘團隊，但大多數發掘作業的核心團隊大概就是由上述這幾種專家組成。理想上，發掘作業的運作就如同發條鐘一般，所有人都為了同一目標努力，根據考古發現寫出更多篇論文，申請更多經費，然後再開始新的回合。你也為織毯新加上一條線……如果一切進展順利。

在這裡，你可以想像一陣瘋狂爆笑聲，因為我在世界各地進行過發掘作業，任何你想像得到的挑戰都有可能，而且真的會發生。大眾從來不會看見考古發掘作業的這一面——你只會看到完美光鮮的雜誌照片裡被考古學家挖到捧在手心上的物件。同事告訴我一些在田野現場發生的故事，要不是我自己也碰過類似遭遇，我聽了也絕對不信。我們的團隊於二〇〇四年在西奈進行發掘作業，有一天我吃完早餐後回到遺址現場，發現現場繪製的圖全都成了鄰近城鎮一頭山羊的上午點心。牠跑走了，我將牠擒拿住，救回大約七成的圖。我們花了好幾個小時重畫所有的圖。發掘季度最末，我們可愛的貝都因族（Bedouin）工作人員幫大家舉辦了一場盛宴，主菜是烤山羊。不用猜也知道是哪一頭羊。我嚼得津津有味。

脈絡是一切

要是那頭山羊把所有圖都吃了，真的會是莫大災難。我們只有一次機會記錄所有可能的意義殘片，因為挖掘就是破壞；一旦發掘了一個層位或整座遺址，它也就永遠消失。考古學家發掘到一項物件時，會記錄它的確切位置，以建立它與在同一遺址及類似遺址發現的其他所有物件的脈絡關係。舉例來說，在一塊有石頭爐灶且覆有植物殘渣和種子的平坦區域發現燒焦的壺罐，可能表示發現了一座古代廚房。但要是我們有所疏漏，或更糟的，要是遺址曾遭洗劫，而使陶罐流落在外遭人轉賣，關於這只陶器我們唯一能說的，就是它是一只「燒至焦黑的壺」。

偶爾有些考古遺址，就像一盒夾心巧克力：你真的不知道會在裡頭挖到什麼。這也是我們的工作之所以這麼刺激的原因。當考古學家對某座遺址幾乎一無所知，會根據同一地區其他類似的遺址做一些假設。有時候我們想的是對的，但大多數時候都錯得離譜。諷刺的是，驅策我們向前的動力，正是那股意識到自己可能大錯特錯的深刻認知。在送交給委員會審查的研究經費申請書中，我們有時候會將所有想法以「也許」、「可能」、「有潛力」等字詞包裝，但我們實際上該寫的或許是：「我毫無頭緒，反正派我們去查清楚就對了。」

我們要探究的，若說是人類歷史與知識的總和也絕不為過。一點壓力都沒有。

為了在發掘時盡量減少不必要的破壞，並且依照預定時程在預算之內作業，我們會盡量以最能切中要點的方式挖掘。

太空考古學的技術如果運用得宜，就能讓我們對於遺址的結構物或遺跡現象，或至少表層下方的情況，有相當程度的概念。依據假說開展研究時，從知道那裡可能有什麼，進展到知道那裡有什麼，可說重新改寫了遊戲規則。

在衛星影像中，我們既看不到陶器碎片，也看不到個別的生活層（occupation level）。但是我們可以看到牆面、整座建築物、類似納斯卡線（Nazca lines）的地畫[10]、隱匿無蹤的地景，以及遺址彼此之間和遺址與地景之間的關係，我們能夠以四十年前無法做到的方式，察看我們之前絕不會想過要察看的地方。隨著光譜的運用愈漸進步，再搭配新的影像處理軟體，我們現在能夠將以前可能極易忽略或完全無法看見的遺跡現象在影像中加以突顯。

衛星影像讓我們能夠從不同尺度看見遺跡現象，從非常小到放大到無比巨大，老天，對我們考古學家來說還真是妙用無窮。我們花了那麼多時間瞇眼死盯著地面，需要更開闊的視野。

維京人的蹤跡

有一個地方很適合用來舉例說明，是位在北大西洋（North Atlantic）的一座島，該島以間歇泉、維京人、男女平等，以及難唸的火山地名著稱。島上地景與維京人一樣聲名狼藉：要在冰島生存，必須具備非凡的精力和韌性。從西元八七一年前後兩年開始，維京人在征服蘇格蘭西部群島（Western Isles）後，來到冰島設立農場，不過西元八七一年之前冰島是否就有人居住，這一點仍有爭議。最早的相關文獻可能是一名愛爾蘭修士於八二五年所撰寫的，提到在西元七九〇年代晚期可能就已有人定居冰島。[11]

在冰島各地快速冒出許多農耕社群，可能是殖民任務因故產生預期之外的發展，也可能是由斯堪地那維亞的維京人帶到冰島的奴隸所建立。[12]在《殖民之書》（*Landnámabók*或*Book of Settlements*）中，記錄了最早來到冰島的四百三十位維京殖民者的家譜。[13]承襲維京老祖先最初鉅細靡遺記錄的精神，冰島人至今仍對於家族譜系十分執著；[14]甚至有一個交友約會應用程式，可供任何有所顧慮的冰島人預先確認不會和近親發生親密關係。[15]

我身為埃及學家，難免會認為再給我一百萬年，我也不可能找到理由去冰島工作，會有這種想法也請見諒。那裡只有精靈山妖[16]，沒有法老，也找不到金字塔，頂多能找到雕塑比賽中用雪堆成的金字塔。我確實喜歡接受挑戰，人生也很奇妙，但我還是沒想到有一天我的工作會引領我橫越北大西洋。

小農場、大農場與維京殖民

「斯卡加菲厄澤教堂與聚落調查」（Skagafjörður Church and Settlement Survey）是由斯卡加菲厄澤傳統文化博物館（Skagafjörður Heritage Museum）與麻州大學波士頓分校（University of Massachusetts Boston）的費斯克考古研究中心（Fiske Center）合作進行的考古學研究計畫。

主持計畫的考古學家道格．波倫德（Doug Bolender）蓄著一把好看的落腮鬍——完全能夠融入千年前的冰島，只不過他的彬彬有禮會顯得格格不入；計畫旨在探究九世紀於冰島的殖民活動和後續發展，以及前者對於十四世紀的宗教單位和經濟單位表現可能帶來何種影響。

我是因為參與英國國家廣播公司（ＢＢＣ）的維京人主題電視節目製播，在研究考查階段認識道格。[17]他和他的團隊利用地面遙測[18]和鑽探調查，在冰島地景考古學領域屢有創新發現，對於運用衛星影像的相關合作很感興趣。

拜保留完整且傳頌至今的著名中世紀冰島史詩所賜，我們相當了解冰島的早期歷史。[19]在雷克雅維克（Reykjavík）可以看到相關展覽，展覽名稱「八七一年前後兩年雷克雅維克聚落展」（Settlement Exhibition Reykjavík 871 +/-2）取得十分適切，參觀民眾可以在貨真價實的維京長屋（longhouse）中漫步，觀賞冰島早期居民日常生活的全像投影影片。[20]

這些重建歷史的虛擬實境給了我一些線索，讓我比較知道從距離雷克雅維克約兩百公里的外太空觀察冰島北部時可能可以尋找什麼。在冰島北部，雲朵似乎就飄浮在你的正前方，放眼望去只見陡峭山嶺山腳下起伏緩和的翠綠田野一路綿延至海岸。

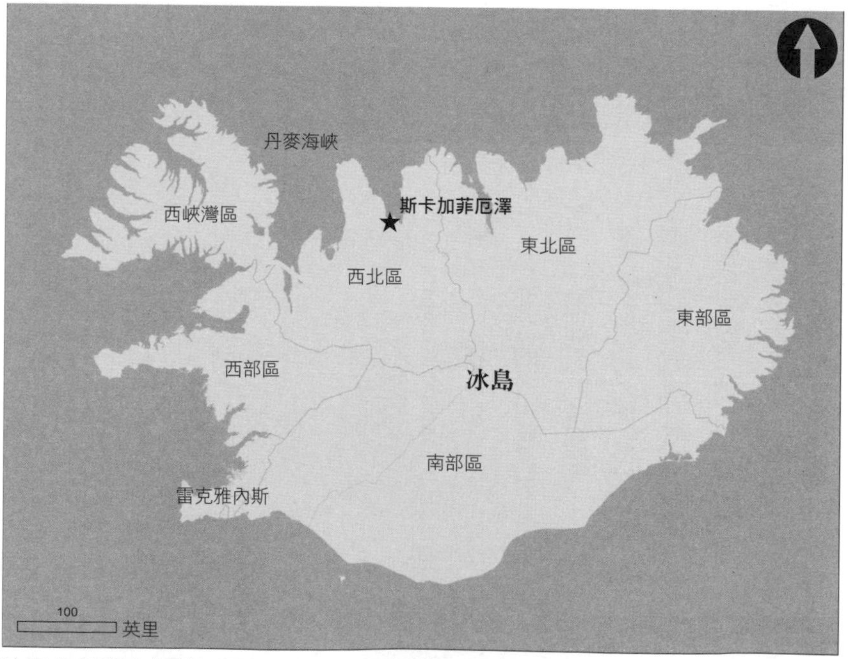

冰島北部斯卡加菲厄澤位置圖（地圖提供：闕斯．柴爾茨）

早期的冰島居民通常利用泥煤塊建築屋舍，泥煤在冰島全境都很容易取得，切割成塊的泥煤就像鋪植在高爾夫球場上的草皮塊。冰島不像斯堪地那維亞地區有大片橡樹林可供應建造長屋所需的木材，因此居民主要是利用漂流木和樺木作為屋舍框架[21]，而牆面和屋頂則用泥煤塊砌築。[22]泥煤塊基本上是軟質的大塊樂高積木，觸感溫暖；我每次拜訪維京遺址都會一直輕撫牆面。在隆冬酷寒中，只要在泥煤建築物裡生起一個小火堆就能讓室內暖烘烘的，而維京人建造主要長屋和幾乎所有農場建築都會使用泥煤。

這些較大的建築在考古時會稍微容易發現，而較小的外圍建築的跡象就可能比較模糊難判。道格和他的團隊已熟知如何運用高度發達的調查技術找出較大的農場建築，例如循著古代垃圾掩埋坑或貝塚（midden）[23]位置，就能找出附近比較顯眼的農場中心建築物，但是比較難找到較小型的建築物。但受限於經費，他們不可能每隔五公尺就試掘一處探坑，而且即使這麼做，還是很有可能遺漏埋藏的外圍建築物。

驗證影像分析結果

我和我的研究團隊事先在Google Earth上搜尋過冰島，希望對於從太空中觀看冰島建築物會看到的樣子有個大致的概念——我們需要看到從維京人時期到現代各種農場和建築物類型的樣貌。從古沿用至今的田野分界很容易就能看見，不過地表上大部分可見的分界並不是在維京人時期留下，而是挪威人統治時期（西元一二六二～一三八〇年）之後留下來的。「發現」的遺址中有許多皆屬已知[24]，但我們至少藉此掌握了要尋找的遺跡現象類型、大小，以及與主要農場建築之間可能的空間關係。

但是有個很大的問題：如果在英國，通常能找到埋在田野裡的溝渠，如果在埃及，通常能找到沙漠中的石墓。材料X與土壤／沙／植被Y迥然相異，而且建材表面會有足夠的部分劣化分解，在地面上幾乎或完全無從得見。但從太空中利用光譜上肉眼看不見的光波波段就能加以偵測。然而我們要在冰島找的，是年久分解的古代小型泥煤結構的地基，而且它們隱藏在廣大的泥煤田之中。就像在針堆裡尋找一根針。

英國國家廣播公司製作團隊認為，來一場針海撈針實況轉播會很有趣。我們完成衛星影像分析，發現在斯卡加菲厄澤調查區域有幾個地點很啟人疑竇。道格選了其中幾個地點，利用簡單的土心鑽取器進行搜索——土心鑽取器是大約兩英寸寬的小型手持鑽具。他解釋說我們有百萬分之一的機率能讓維京考古界為之轟動。

道格和他的團隊已事先得知我們從太空中所見結構的座標，他們盡力從田野邊緣處測量之後標定地點。衛星影像可能會偏離數公尺，如果附近有其他結構可以校準距離就不要緊，但是我們要找的這些牆面寬度不到一公尺。就算只是小小的失誤，也可能讓我們完全錯失機會。

我們逐漸接近道格標出的其中一個區域。他要我在土心上大力踩踏之後扭轉鑽取器向下鑽，我照做了。很像第一次玩彈跳桿（pogo stick）的感覺。我就在鏡頭前硬生生鑽取失敗，感謝堅硬的地面如此打擊我的信心，我還聽到團隊成員的數聲竊笑。

「再來一次！要去感覺它。」道格說。不知怎麼地，我抓住了土裡那種感覺，順利扭轉鑽取器。我們向下鑽了約二十公分。

道格將土心鑽取器拉上來之後打開，將圓管狀的泥煤塊切成兩半。他滿面笑容。

「你知道自己眼前看到的是什麼嗎？」

「我要是知道就太奇怪了。」我回答。他指著泥煤塊上縱橫交錯的酷炫灰白線條，向我解釋每一道線條都代表一次火山爆發。[25]冰島的火山一直很活躍。無論是在維京人占領時期當下、之前或之後於冰島發生的火山爆發事件，都可以藉由冰芯定年法搭配樹輪定年法確定年代，因此冰島的考古學家可以依據土壤中找到的證據推斷生活層所屬的年代。接著，道格指著土心底部。

「你挖到的這塊是泥煤牆的一部分！很可能是中世紀留下的。」

絕對要再確認。接著我們很快試掘了一道溝渠，讓牆的部分顯露出來。

得知這道牆不是維京人留下的之後，我大失所望，道格和他的團隊要我放心，說這對他們來說已經是向前進了很大一步。話雖如此，我原本期望從衛星影像中能很容易辨認出不同於中世紀、可能屬於古北歐文化的遺存。住在古代維京農場正上方的現代居民更是一點都幫不上忙。情況顯然會比我原先預期的更加艱困。

回到發掘營屋

那一夜吃完晚餐後——不過「夜」在八月的冰島只是一個相對的名詞——我們齊聚在基地小

屋（dig house）。紅白相間的測桿靠牆擱置，周圍全是沾滿汙泥的鞋靴和外套。雖不是在埃及，我卻有回到家的感覺。道格和一名團隊成員埋首在電腦前，盯著利用空拍照繪製的當日發掘結果3D立體重建圖。[26]

興奮莫名地欣賞過已發掘陵墓的美麗照片之後，我也跟著道格的團隊成員一起湊到長桌旁，專長各異的成員們忙著處理當天蒐集的資料。我開始重新檢視該區域的衛星影像，注意到古怪的像角（image angle）——看起來像是被巨人扭絞的巨大棋盤。

乍看只覺得毫無頭緒。但實地走訪地景之後，我看得出來山腳處是如何以緩坡與水岸相接。這種情況可能造成衛星影像中出現扭曲變形。要是不知道自己其實已經看到了，很容易就會漏看。[27]

實地勘查了解過地景、植被類型，以及埋在地下的泥煤的實際樣貌，我在新知識的輔助之下調整方法，重新處理衛星影像資料。時間一分一秒過去，但我的內在時鐘幾乎不曾走一分半秒。沙漏中的沙粒兀自漂浮，不曾落下。

等到螢幕上開始浮現奇妙的形狀，我問那些維京專家有什麼看法。那一晚在處理遺址資料的過程中，有該處遺址的專家在旁立即給予意見和鼓勵，肯定是我職涯中最令人心滿意足的科學研究之夜。

在我找出的遺跡現象中，研究團隊最後同意大約有五、六個遺跡現象（也許是牆面？）可能值得探索。我在凌晨兩點半左右離開，在清早的稀薄空氣中爬上坡，回到狹小的旅館房間。我朝地平線上兀立的灰褐色群山望了最後一眼，純粹絕然的靜定讓我在原地佇足不動。這是一塊專門為傳說打造的大地，似乎應該要感謝奧丁（Odin）和弗蕾雅（Freya）的庇佑。*

後來發現，其中幾處地下的遺跡現象的年代確實可追溯至維京時期。

找到外圍建築似乎不是什麼了不起的發現，也不會登上新聞頭條，卻能讓考古學家大為振奮。微渺細節對我們來說非常重要。整體觀之，外圍建築傳達了較大型的結構和農場可能的運作方式。如果中央農舍周圍設有儲存牛乳的製酪場、熔鑄鐵器的鐵匠鋪等附屬建

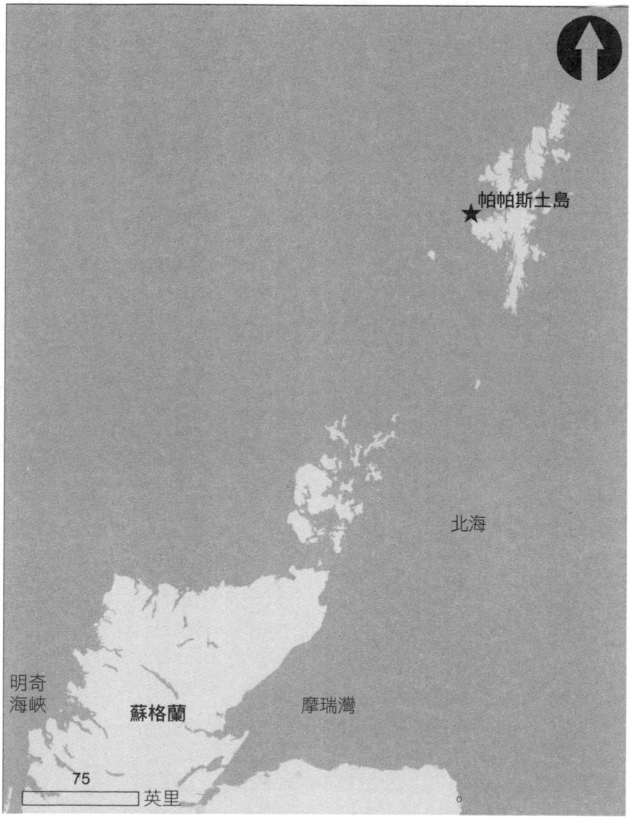

帕帕斯土島位置圖（地圖提供：闕斯・柴爾茨）

*譯註：奧丁為北歐神話中的主神；弗蕾雅為北歐神話中的愛神、戰神與魔法之神。

築，很可能是一座發展蓬勃的農場。缺乏外圍建築也能為農場的整體情形增添其他細節，表示農民生活貧困，或許僅能勉強維持生計。如果較大型的農場慢慢縮小規模，可能與戰爭、饑荒或氣候變遷造成資源匱乏有關。我們不只是找到一座小小的建築物，我們能夠說出一段故事。

衛星影像能夠發現許多遺跡現象，矮小牆面只是其中極小的一部分。有時候，純屬偶然的發現，或起初以為是現代結構而忽略的，最後卻可能證明是出乎意料的大發現。

從冰島到蘇格蘭

位在聯合王國西北端的昔得蘭群島（Shetland Isles）是由丘陵、綿羊群和田野組成的嶙峋塊體。大約一千三百年前，維京人自挪威向西航行三百公里，征服了這個區域。[28]九世紀時，他們已在亞霍夫（Jarlshof）建立一座石砌要塞，此後將近五百年皆以此為據點，這座要塞是英國地面可見的維京人遺址中最大的一座。[29]

而在蘇格蘭，我和我的團隊又再次獲派任務，要找出可能是古北歐遺址的地點。每次執行任務，我們都會針對該地區做功課，細讀考古發掘和調查報告，找尋有可能發現的遺址。一旦確認某處遺址具有潛力，我們就會在衛星影像資料庫中搜尋該地影像。找不到影像，就無法進行下去。

而且必須找到對的影像。我們需要夏季或初秋拍攝的影像資料，因為植被健康情況在這兩個時節的差異最為懸殊。[30]我們挑選了八處遺址進行地面調查。在其中幾處，已經可以清楚看到維京人留下的建築結構。是長屋的，就是長屋，不是別的。

除非它不是。在蘇格蘭一處頗具潛力的遺址，我們從影像中清楚看到弧形的泥煤牆，大為興奮。但團隊成員前往該地調查，才發現是農民用現代泥煤塊蓋出的長屋形狀建築物成功愚弄了我們。

大有文章的盧恩符文

還有一個例子是帕帕斯土島（Papa Stour）的「北屋」（North House）。大約五十年前，安迪・霍特（Andy Holt）和莎賓娜・霍特–布魯克（Sabina Holt-Brook）來到昔得蘭群島西部的一座小島成家。這對年輕夫妻很有遠見，想要打造一座永續經營的有機農場，比現今蔚為風行的有機永續農家早了四十年。一般人挖掘自家庭園時，自然而然會移除老舊磚石和殘屑。他們在北屋屢次發現雕刻過的奇異石塊，於是集中存放在門邊的籃筐裡。有一天他們發現一個較大的斜邊圓盤，上面有蝕刻記號。

他們請當地專家看過在自家發現的物品之後大為興奮，原來他們找到的是維京人紡羊毛紗時用的石頭紡墜（loom stone）。[31]這件紡墜很特別：上面刻有古北歐的盧恩符文，表示這位使用者能夠讀寫文字。古代識字的人極少，且皆屬於菁英階級。在這對夫妻擁有的土地上某一處，過去曾存在富裕的維京人聚落或建築物。

我們團隊處理帕帕斯土島的衛星影像資料時，看到北屋旁邊出現一連串清晰的直線。我的建議是忽略這處遺址。看起來很可疑，太現代了。由於影像資料經過我們處理，遺跡現象以鮮明的粉紅條紋呈現。很可能是天然氣管線或水管。

我們將處理好的所有資料傳送給多位專家讓他們評估。在得知英國國家廣播公司製作團隊選中帕帕斯士島作為節目拍攝地點時，我大為震驚。我傳了電子郵件給他們。

「嘿，那是我們排在最後的挖掘地點，在我們掌握資料的八個遺址裡排第八名。你們是想拍挖出十九世紀水管的畫面嗎？」

對方告知我這不是我能決定的，要我準備出發飛往蘇格蘭。

於是我這個埃及學家再次出現在不是埃及的地方，我和節目製作人在我有生以來看過最小的機場碰面。我兒子用摩比積木搭成的機場容納的人還比較多。我們開車離開機場，趕去搭渡輪。穿越驚濤駭浪，超塵脫俗的地景在眼前綿延開展。周圍的岩層露頭青綠嶙峋，一群群綿羊點綴其上，移動時好像裹在迷霧中的棉花球。

北屋附近發掘牆面的現場照片（作者自攝）

「所以，你們找到什麼有趣的東西了嗎？」我問導播奈森。他朝我露出謎樣的微笑。

「待會就知道了。」

電視節目製作的世界讓我搞不懂的一點，是他們無比渴望捕捉到主持人在真相大白時驚喊「我的老天啊！」的那一刻。讓我覺得挫敗得不得了。當地考古研究單位派出的團隊兩天前就已經在帕帕斯土島展開研究作業，我卻被蒙在鼓裡。

我們抵達北屋，一九七〇年代曾經作為公社的建築物，如今改建成一間優美民宿，居高臨下俯瞰灰藍色的挪威海（Norwegian Sea）。一般民宿通常不會在入口陳列屬於古北歐文化遺物的碗皿來歡迎賓客。製作團隊直到幫我別上麥克風，才讓我走近後院的發掘現場。那時，導播眼裡閃過一抹邪惡的光芒。

異乎尋常的異物

看當時的玩笑場面和氣氛，我心想應該會有好消息，但我真的是在毫無心理準備的情況下走過柵門，就看到在左邊的臨海崖壁和右邊的童話風格小屋之間，長二十公尺、寬十公尺的庭園中暴露在眼前的「異物」。

那是一塊石頭結構，長度約莫十五公尺，彷彿一堵用石板疊砌成的牆面朝地下陷入一公尺深，還有多餘的石塊岔分突露。那一刻我才意會過來，我的小心戒慎幾乎害我們失去親睹古物的機會。我在攝影鏡頭裡喊出的那聲「哇」絕無半分作偽。

昔得蘭地區考古學家（Regional Archaeologist for Shetland）瓦爾．特納（Val Turner）過來為我

導覽。團隊在開始發掘之前先利用探桿探測過，證明陽春的科技跟高科技一樣有用，並開始在兩道探坑中挖掘：一道靠近石牆中央部分，另一道則靠南，可能是石牆盡頭的位置。石牆砌造得十分堅固，牆腳石板疊砌作工優良，在南邊探坑裡又有更令人興奮的發現：皂石容器碎片，藉此就能得知維京遺址的年代。[32]

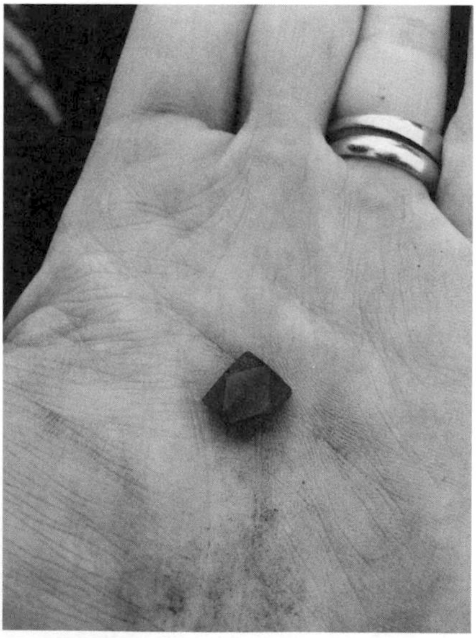
於北屋附近遺址坑位發掘的紅玉髓（作者自攝）

接下來兩天，我得以在這個已有一千兩百年歷史的沙盒裡玩耍。我們在北邊探坑裡下挖更深，發現一層又一層的地板，表示此處遺址在過去至少長達四百年來皆有人居住。有一回在北屋廚房裡的餐桌旁喝茶休息時，總是精力充沛的考古同行暨好友湯姆・侯恩（Tom Horne）蹦蹦跳跳地朝我跑來，臉上掛著一抹壞笑。他悄聲跟導播說話，導播說：「立刻到屋外去！」

考古學家發現特殊物件時，整個遺址現場一下子生氣蓬勃。所有人都像小朋友如願以償獲得想要的聖誕禮物。庭園內彷彿有電流在流竄。

「手伸出來。」湯姆說，他將一顆富有光澤的橙褐色寶石放在我的掌心。

「什麼！」我大喊。「你怎麼看到的？」

「我有天眼通，跟你的衛星一樣。」

我用拇指和食指捏起大小與十美分硬幣相當的寶石。寶石有多個切面並經過拋光，鑲嵌在任何現代戒臺上一點都不顯過時。乍看之下像是琥珀，但拿高對著光，就看見它散發橙色的焰光。紅玉髓！比琥珀更棒。讓我想到相距兩千五百英里的考古學家鄉埃及，古埃及人喜歡用紅玉髓製作飾品。[33]在維京人的世界，紅玉髓僅限少數菁英使用，僅見於重要貿易中心，如位在瑞典的比爾卡（Birka）等遺址。[34]紅玉髓可能是在黑海地區某處採得。無論寶石原本是鑲嵌於胸針或戒指，擁有者必定是頗有來頭的大人物。

將證據拼湊起來之後，我們意識到當下發掘的遺址可能是一座古北歐要塞。

在一份寫於一二九九年的文件中提到地方首長索沃德·索羅森爵士（Lord Thorvald Thoresson）[35]貪汙案，有人指控爵士侵吞收到的租稅。爵士想要證明自己的清白，於是廣邀證人出席作證。其中一次證人集會可能就是在帕帕斯土島某處舉行，於後來統治挪威的哈康公爵（Duke Haakon）府邸起居室召開。在我們進行那次發掘作業之前，考古學家已經指出畢金斯（Biggings）即是哈康公爵的農場所在地，並在該處發掘建於十二至十三世紀的結構。[36]

但這次新發現的維京建築結構位在鄰近海灘的戰略位置，有可能正是哈康公爵的府邸。歷經數天的發掘作業，我們幾乎只是在地面「淺淺地」向下挖，就已經發現了數間房室。走在崖下的海灘上，可以清楚看見沿著懸崖邊緣突露的石牆，表示府邸場址從前的規模可能更大。遺憾的是我得離開了，而發掘的探坑也已回填保護。有更多考古發現在未來等著我們。

鬥志昂揚尋找圓形劇場

犯錯時我會認錯，而我現在身為人母，家裡嗓門大、意見多的五歲孩兒不時會在我犯錯時提醒我。帕帕斯士島的例子提醒我小心謹慎，也讓我從此記得對所有模稜兩可的結果抱持懷疑。

然而我研究生涯中最令人困窘的一刻發生在六年前，當時我肚裡還懷著現在家裡那位五歲孩兒。在先前與英國國家廣播公司合作的一齣節目中，我有機會與義大利的一個團隊合作，那次合作讓我對於新科技的看法，無論是在太空衛星或地面調查方面，都有了天翻地覆的改變。

搭飛機到羅馬要降落在菲烏米奇諾機場（Fiumicino airport）時低頭俯瞰，會看到都會和田野地景之中有一個古怪的六邊形。

與跑道僅有咫尺之距處即是義大利其中一處最迷人的考古遺址波圖斯（Portus），一些最新穎熱門的測繪科技皆在此派上用場。在大約一千九百年前，波圖斯是羅馬極為繁榮的貿易中心。古典時期的波圖斯濱臨地中海海岸線，由皇帝克勞狄（Claudius）於西元四十二年創建，之後又由皇帝圖拉真（Trajan）於西元九十八至一一七年在位期間擴展，成為與鄰近的主要港口奧斯蒂亞（Ostia）相連的重要物流配送中心。[37]古代海岸線如今已向陸地內移四公里，具有屏障的偌大港口也逐漸被臺伯河（River Tiber）經年累月沉積的淤泥填滿。[38]

古代遺址和現今的亞馬遜公司（Amazon）倉庫其實頗有雷同。來自各地的貨物如埃及葡萄酒和阿拉伯香水先集中在波圖斯，再源源不斷地送往羅馬帝國各地。為駛進港口的船舶提供引導的燈塔，是仿造亞歷山卓的知名燈塔而設計。船隻輕鬆駛入如同六邊形的港池（basin）之後，即可停泊在倉庫旁卸貨。港池裡檢修船棚星羅棋布，為船長和倉庫經理提供媲美一站式購物的服務。卸下的貨物會裝在較小的船隻上，沿著臺伯河朝東北方運往羅馬。波圖斯因船運繁盛而發達，闢建了房屋、倉庫和公路，並設有一座墓園和一座大理石採石場。[39]說到送往迎來，很可能也有十幾座妓院。

波圖斯有著相當豐富的考古探索歷史。現今是由南安普敦大學（University of Southampton）親切和藹的賽門・齊伊（Simon Keay）教授主持當地的考古發掘計畫。賽門和他的團隊三十多年來，使用過各式各樣的

波圖斯位置圖（地圖提供：闕斯・柴爾茨）

地面型遙測工具測繪廣大的遺址區域。從很多方面來看，他們可說是重寫了古羅馬地景考古方法學專書，而他們的發現，例如檢修船棚的功能，則讓後人對古羅馬時期國際貿易有了一番新的認識。

現代的土地利用，讓賽門的團隊面對非比尋常的挑戰。今日的波圖斯是一個複雜的地方，周圍全是混雜的現代建築和土地混合使用的區域。波圖斯的中央部分位在考古園區之內，但其餘部分位在園區之外，地景並不連續，測繪所需的規畫和細部作業也就更加耗時費力。

到目前為止的發掘作業運用了透地雷達（GPR）、空照圖和磁力儀[40]，還未曾用過高解析度衛星影像。賽門問我要不要跟他合作。我很焦慮。賽門絕對是考古界的傳奇，人也和善可親，而我對他主持發掘的區域幾乎或完全一無所知，我可不想在計畫主持人拿著衛星影像班門弄斧。但他告訴我，他多年來都在尋找波圖斯的一座重要圓形劇場，但一直沒有找到。

尋找羅馬遺址沒有你想的那麼容易

很快聊一下羅馬遺址：羅馬帝國如此富強，國內紀念建築林立，留下的龐大顯眼石頭建築物地基想來隨便瞄一下就能找到。就跟羅馬競技場（Colosseum）一樣，對吧？錯。

由於羅馬兩千年來快速都市化、居民重複利用石材以及翻土整地，許多遺址已有部分或全部遭到覆蓋。古代文獻中或許會提到劇院、圓形劇場或賽馬競技場（hippodrome），但現代考古學家可能無從得見它們的蹤跡。保存情況良好的，大多是純屬好運或偶然。如果遺址完全遭到現代城鎮吸納，在處理衛星影像時就會碰上要緊問題。如何在背景雜訊中分辨出確切的訊號，可能是太空考古學家最大的挑戰。[41]了解一處遺址或地景中理應有什麼，根據已知推想未知，看來似乎是正確的考古研究過程，卻可能讓我們先入為主，產生偏見。

偏見甚至有可能讓我們在明明沒有形狀時卻看出形狀——這種現象在心理學稱為「空想性錯視」（pareidolia）；確切來說，在處理衛星影像資料長達數小時之後，你的視覺就變得怪怪的了。明明什麼都沒有，你卻能看見些什麼，或者明明有些什麼，你卻什麼都看不見。這就是為什麼團隊合作至關重要，如此成員才能互相檢查確認，或者在同事疲憊不堪或過度狂熱時告訴對方他嗑茫了。

但這次合作計畫開始有些眉目時，我還稱不上有自己的團隊。我的博士論文有一半在寫羅馬統治時期晚期的埃及，對於古羅馬建築結構的了解雖然還不足以讓我對於進行相關影像資料處理胸有成竹，卻足以讓我誤入歧途。但我非得從某處開始。研讀過賽門的論文，熟悉他的考古發現之後，我訂購了地球之眼一號衛星（GeoEye-1）零點五公尺解析度影像，拍攝時間是二〇一〇年夏季，剛好是特別乾旱的時期。衛星影像包含可見光波段以及紅外光波段資料。

由於波圖斯大多數建築結構為石砌，而且也需要找尋古老河道，我對於夏天拍攝的影像很滿意，希望能夠找到清楚的作物痕跡。還真的出現了！房屋、大型長方形建築、道路——可以看見至少十幾處建築結構。我深以這些發現自豪，將結果傳給賽門的團隊，期望贏得他們的連聲讚美。可憐的是過度膨脹的自我在翌日早上就爆炸了。

「這些衛星影像都拍到了，真的很棒！」賽門說。「我們好幾年前就找到了。」真心酸，我一定是在埋首做功課時漏讀了一、兩篇論文。

在依序發出第一聲尖叫，羞恥地躲到書桌下方蜷縮成一顆球，狂吃一堆巧克力之後，我不知道接下來該做什麼。先前進行的影像處理確實已經讓從太空能看見的一切顯露無遺。

要是一開始沒能成功……

也許一年中不同時節所拍攝稍微不同的影像顯現出的會更多。我運氣很好，「數位全球」公司所提供光譜波段更寬的WorldView-2衛星影像，拍攝時間剛好始自前一年九月，那時是義大利該區域多年來最乾旱的秋季。[42] 影像包括稱為「紅邊」（red edge）波段的可見光波段以及兩個紅外光波段資料，涵蓋可見紅光以及近紅外光波段影像。相較於較早期僅蒐集四個波段資料的衛星影像，WorldView-2衛星影像蒐集了八個波段的資料，我們因此得以察知植被生長狀況更細微的差異。[43]

在處理資料並突顯這些差異之後，在六邊形港池東北方的田野中出現一個寬四十公尺的古怪卵形形狀。它的東側和西側入口分別與一條東西向道路相連，在其北面則有長方形建築，卵形形狀清楚到我忽略不看，心想可能是現代建築結構，大概是某個十九世紀的蓄水池。但是，保險起見，我還是將結果傳給賽門，聽聽看他的意見。

他非常興奮。他們先前在該地曾使用磁力儀調查，並未發現任何與影像中所示類似的跡象，也還沒有機會在該地使用透地雷達。但是影像中的形狀看起來就像一座圓形劇場，可能還有相連的訓練營房。再看著將近八十年前在乾旱程度差不多的季節拍攝下空照圖，我們才意識到在同一處依稀也能看出它的輪廓線。[44]知道要找的是什麼之後，它就變得再明顯不過。終於有了令人興奮的結果！

我和賽門團隊的地面調查專家克里斯汀・史塔特（Kristian Strutt）合作將研究結果寫成一篇論文，比較衛星影像與磁力儀、透地雷達等地面型遙測工具以及空照圖的運用。[45]我固然熱衷運用衛星影像，但也知道它有其局限；搭配地面型遙測工具就能讓它力量加乘，變得更加強大。

賽門和他的團隊計畫日後開始探索該座圓形劇場。那一次鍥而不捨尋找圓形劇場的經驗也讓我上了一課，學會絕不放棄而且願意回到繪圖板前。

如果取得在一年中對的時間所拍攝的影像，而且應用對的分析技術，無論搜尋的是哪個地區或是希望找到哪個古文明，利用太

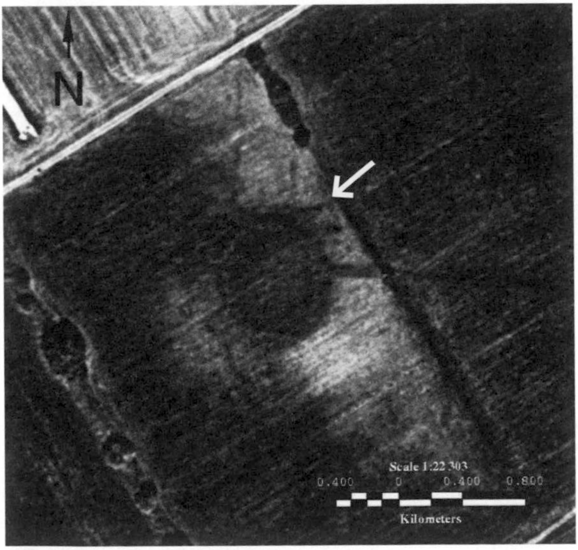

處理後的圓形劇場遺跡WorldView-2衛星影像（圖片提供：「數位全球」衛星公司）

空考古學技術可能突顯出來的遺址種類之多，令人驚嘆。從非常大的到很小的遺址，利用解析度零點三到三十公尺的影像資料，再藉由理解遺址所在環境地景和地質以及所用建材，就能順利破解發現遺址的祕密。

這些拜新科技所賜的發現，不過是為考古學家帶來洞察的線索，但新科技從來不只是關於更多新發現，甚或建立新理論。而是關於撼動考古學的基礎，測試有時行得通，有時留下的問題則多於答案的新想法。

第四章 高風險行業

考古學告訴我們我們是誰、從哪裡來，以及如何來到這裡。即使成功的機率渺茫，但是和考古學這座風車單挑的誘惑依舊極大，這是我的經驗談。在我選擇的這一行經歷運氣很好的數年後，我自己也曾碰過所選目標超出自身專業領域的「唐吉軻德時刻」。

不過且讓我們話說從頭。如果前述的大哉問讓你著迷，那麼了解一個人選擇考古學的初衷就很重要。對有些人來說，是家族事業。還有一些人是在大學時修了一門課，從此找到全新志向。大多數人是從小就知道，自己受到塵土和過去的召喚。但現實與任何好萊塢電影的奇想場景大相逕庭：你需要埋頭苦幹，做出種種犧牲，還得吉星高照，才能擔任考古研究相關職務，而在對著筆記型電腦研究或在塵土飛揚的洞穴裡刮挖多年之後，才可能有突破性的新發現，無論前者或後者通常都伴隨各種身體不適。

就連誰有資格自稱考古學家，都是讓人困惑的問題。令人難過的是，就我所知，在考古學界沒有什麼神仙教母會在你累積足夠經驗值時，用魔法幫你變出一把小平鏟。（不過，如果真有這位神仙教母，我想她會身穿皮衣皮褲。）北美洲的考古學家大多在大學時主修人類學、古典學、近東研究或藝術史。在英國，考古學和人類學是並列但不同的兩個領域。在歐洲和地中海區域許多大學，考古學則歸為主要研究專長如土耳其研究或羅馬帝國研究的一部分。世界各地的學生在攻讀考古學學位之外，多半會再取得觀光學學位，因為相比其他職業，考古相關工作的薪酬低得可憐。

考慮到未來的重重難關，如果你在想那又何必自找麻煩，也不能怪你。傅能瑞（Kent Flannery）是現今這個世代考古學家的祖父輩學者，他寫了一篇文章嘲諷他的一九八〇年代同行，文中描述一位英雄般的「老前輩」打從心底熱愛考古發掘，有一句名言是認為考古學「是你不脫褲子能找到最棒的樂子」。[1] 對我認識的許多人來說，考古發現以及保護文明遺產這個概念本身都令人心醉神迷，即使要付出收入不穩定的代價，也值得我們投入。

想要親自主持發掘計畫？

我遇見的一些人認為，擔任發掘主持人就表示達到了榮耀的巔峰。我只能說，許願時務必小心，因為這是一條孤寂的漫漫長路。剛開始你可能先志願參與發掘計畫，歷經幾個發掘季熟悉行規。你可能會成為區域坑位監督（area unit supervisor），之後晉升為發掘總監（field supervisor）或考古隊隊長（field director），負責管理所有發掘作業。依據個人於研究所鑽研的主題不同，可能擔任遺址現場的種子專家、動物遺存專家，或負責摹繪翻譯古代銘文的銘刻學專家。

最後，要是很幸運獲得經費補助，你會構思出具原創性的研究問題，可能會在指導老師研究的遺址中一個較小的部分或完全不同的另一處遺址自立門戶。如果是這樣，請節哀，呃，我是說恭喜！

我們大多數人都是這樣按部就班，一步一腳印地發展。在我終於能親自主持埃及的發掘計畫之前，很多年來我都是透過觀摩，向其他人學習。我很幸運，從我唸博士班之前到取得學位之後，都有機會觀摩葛瑞格在西奈和尼羅河三角洲主持發掘計畫。當時，我很樂於把握機會全神貫注在自己負責的坑位。整天下來沒有人會來打擾我，我可以專心和團隊一起工作、記錄、為遺址繪圖，還有看著葛瑞格處理一百件早知道我應該要多留心注意的雜事。

我並未意識到在埃及管理一個團隊有多麼艱難。等到我終於要帶頭主持生平第一項發掘計畫時，我從快樂的發掘者一下子淪落成了壓力過大的古代世界執行長，我想沒有任何人能做好萬全準備來承接這樣的職務。幸運的是，我在剛起步時已有一個小團隊，還有一個超棒的丈夫會在我淒慘受挫時伸出援手。

依照慣例，在每個發掘季開始前大約六個月，我會花將近一個月的時間整理發掘申請書。發掘團隊的每位成員都必須提供學術簡歷和護照資料頁，並填寫安檢申請表（security form）。文件往來若出了差錯，可能造成團隊成員無法參與發掘作業。接著是永無止境的聯繫接洽，舉凡居中協調、預先規畫以及安排來回班機和機場接送，全都是為了為期一個月的田野工作所做的準備。我很想在田野待久一點，就像從前那段還沒有正式工作、沒房子、沒孩子的日子，但是人生總是愈來愈複雜。

然後還得用 Skype 軟體和我的埃及工頭通話無數次，除了討論、規畫餐飲，還要確認工人團隊以及用品的運輸供給。小平鏟、Sharpie麥克筆、方格紙、手寫板夾、優良圓規等用品要在開羅買齊很費時間，必須從國外運來，即使是檢視用品清單，都會變成跨國來來回回沒完沒了的電子郵件討論串。上述一切都必須等我匯出的大筆款項到位才能啟動，而銀行總是在最後一分鐘才放款。你絕對想不到自己竟然還必須這麼斤斤計較，為了運回發掘到的物品又怕行李超重，還得將所有行李袋裡的東西乾坤大挪移。

接著就是疲於奔命的開羅生活。我提前四、五天抵達，安排好與所有相關政府單位人員見面的時間，要報告發掘季度計畫、聽取意見，並請他們簽署正式文件。此時，團隊成員正陸續從世界各地搭機飛來開羅，還能幫忙進行開挖前的大採購。我們的推車裡裝滿了各式各樣從平凡無奇到精挑細選的物品，有衛生紙和登錄人員用的牢固木頭書桌，也有成箱的通寧水。我的意思是，這裡是埃及，Egypt裡有G和T，每天很快就到下午五點。*我們要維繫優良傳統。

開挖之後，我就身兼旅館經理、餐飲規畫師、護理師暨外交官。我也負責管理預算，謝天謝地，有葛瑞格幫忙。每天我都會輪流和管理層級成員確認他們需要的所有用品是否到齊，還要和當日來訪的公家機關人員或同事碰面討論。

現場的餐飲棒極了，因為我們有一個優秀的當地廚師團隊，他們深以把我們餵得飽飽的為傲。我是個老饕，覺得「兵馬未動，糧草先行」這句話實在中肯。參與發掘時的住宿問題百百種，但就算是前一天還好好的房間，隔天也可能淹水變成免費的浴池浴盆。還有天氣的問題。啊，天氣。埃及四季都是晴天，假如你忽略狂風、沙暴和忽然下起的冬雨不計。

無論發生什麼事，都有人員需要照顧。團隊中的核心成員有十五人，主要的埃及專業發掘人員有八位，還有超過七十位工作人員，其中包括按日計酬的臨時工、警員和守衛。一切都由我負責。主持發掘計畫是我這輩子承擔過最重大也最令人心生敬畏的責任，而在長長的待辦清單上，親自掄起小平鏟挖土的優先順位有時可能低得令人大受挫折。

但重點來了：身為主持人，你做的一切全是為了激發團隊最好的工作表現。你整天的工作包括召集世界級專家齊聚一堂，確保他們健康開心，也確保團隊裡的發掘人員個個都獲得優渥酬勞而且安全無虞，因為要實現你的願景和夢想，終究需要很多人的大力幫助。所以你每次發表演講和論文時，一定會向勞苦功高的專業人員和發掘工作人員致意，而且你從未忘記，如果沒有他們，你也不可能做到。這是全世界最最最棒的工作。

一切都緊迫危急，你現在對於考古界的人為何如此拚命應該有點概念。我們總是在追求夢想的黃磚路上掙扎奮鬥努力前行：博士學位，博士後研究，正式工作，終身教職，升等，研究獎助。**大多數人工作一輩子，只為了能在晚年退休遊山玩水；我們考古學家一輩子努力工作只為了能一直發掘，我們全都願意無償工作。我們之中很多人有時候確實是無償工作，雖然我們不該這麼做。

*譯註：英美澳紐等地稱琴通寧（gin tonic）這種調酒為「G and T」。

**譯註：「黃磚路」（yellow brick road）典出《綠野仙蹤》，故事主角桃樂絲和伙伴依循指示沿著黃磚路前往奧茲國。

要是所有驚天動地的考古發現新聞報導，都能轉換成真實世界的研究獎助或大學經費就好了。名聲不是驅策考古學家的動力，雖然有所助益，但往往也會造成阻力。驅策我們的其實是永不滿足的好奇心。我們心裡的小孩不斷在詰問宇宙：為什麼？我們總是迫不及待想要用小平鏟再刮挖一下。誰知道呢。真的有可能啊。就這一次，碎片拼起來可能嚴絲合縫。

大膽前進……

大膽的聲明必須經過大膽的驗證。若要進行風險高的科學研究，你得提出可驗證的假說和扎實可靠的研究設計，並組成出色的研究團隊，藉此將贏得經費補助的機會從完全不可能提升到也許千分之一。關鍵是謹慎。儘管風險很高，你必須向所有利害關係人清楚表明成功的機率相當渺茫。即使乍看之下似乎很瘋狂，但獎賞是你有可能為歷史帶來些許貢獻。

讀者閱讀上一章時，可能會暗忖作者到底在做什麼，身為埃及學家，卻跑到冰天雪地的地方拍尋找維京人的電視節目，在此讓我補充一下故事背景。二〇一三年，我兒子還不滿周歲時，我剛和英國國家廣播公司合作拍攝完成一部講羅馬帝國的紀錄片。「歷史頻道」（History Channel）製作的《維京傳奇》影集（*Vikings*）才剛上映，而大英博物館的重量級維京文化特展和研討會當時正拉開序幕。英國國家廣播公司或許嗅到了時代潮流，提議要製作這檔新節目。

我寫了回信，客氣有禮地詢問他們是不是不小心忘了我的專長領域。我研究金字塔，不研究維京長屋。基於我研究的是羅馬帝國晚期，往東方、西方和北方移動一點點尋找羅馬遺址還算合理，但要我尋找維京遺址似乎有點誇張。我就實話實說了：由於家有幼兒要照顧，我的時間基本上都忙著找尿布和抹布。

我想這件事就到此為止，很快就將他們曾向我詢問意願這件事拋諸腦後。直到隔年夏天。我跟葛瑞格到倫敦拜訪摯友，英國國家廣播公司不知怎麼地聽到風聲，邀請我某天中午和執行製作人一起吃頓飯，順便討論節目企畫。在幼兒的大叫大嚷中，我們吃著炸魚薯條，執行製作人試圖向我推銷到加拿大和其他地方尋找可能的古北歐遺址的點子。我再次試著勸退對方。那時候我開了一門考古學概論，課程中有一個單元講維京文化，但僅此而已。接著對方吟誦起具有魔力的字句：「我們會支付所有研究所需費用。」

啊。我的軟肋。這樣的提議可不是天天都會遇上。也許我需要換個環境。也許是佐餐的蘋果酒——我確實喜歡喝一點蘋果酒。也許我還有時差，又快被幼兒搞瘋，因此一時神智不清。我不記得自己說了好，但我顯然這麼做了，因為等我們回到家，已經有各種與節目企畫預算有關的電子郵件等著我。

我在自家研究室已有一個團隊可以協助執行計畫。磁力儀專家戴夫．蓋辛斯（Dave Gathings）對於各種冷僻繪圖方法以及披頭四樂團（Beatles）全系列作品都瞭若指掌，還有剛從劍橋取得研究型碩士（MPhil）學位的科技神童闕斯．柴爾茨，他們隨時待命預備投入計畫。我家的先生也興奮莫名，他大學時代幾乎算得上是主修中世紀考古學，迫不及待要把握機會造訪維京遺址並協助進行背景資料研究。有數不清的古北歐專家可以當我諮詢請教和合作的對象。還可能出什麼差錯呢？

呃，任何差錯都有可能。

數以千計的探險家、冒險家和考古學家曾試圖尋找維京人曾經在北美洲活動的證據。在明尼蘇達州，有人宣稱找到維京人的盧恩符文石刻。[2]在緬因州的一處美洲原住民遺址曾合法發掘出土一枚維京人使用的錢幣，表示雙方可能曾有某種形式的接觸，或維京人可能曾在極短的時間內探訪新英格蘭。[3]很多人也相信在加拿大東部，或許還有沿著美國東北部海岸，都可以找到更多維京遺址。[4]他們的期望絕非毫無道理。

若要勾勒古北歐人從歐洲北部和冰島的峽灣向外擴張的情景，可以想像冰島是如何快速住滿農民，而農民的兒女又是如何拓荒開墾出更多的耕地。[5]接下來，自然而然會出現緊張對峙和彼此競逐。

有一位維京傳奇人物「紅髮艾瑞克」或「紅魔艾瑞克」（Erik the Red），綽號由來是他有一頭紅髮，脾氣又暴躁，據說他在一場嚴重鬥毆事件中殺死「惡毒者埃約夫」（Eyjolf the Foul）和「決鬥者赫拉芬」（Hrafn the Dueller）兩人。[6]艾瑞克因此於九八二年被逐出冰島[7]，他帶了一群人向西航行到格陵蘭，在當地建立了第一個古北歐聚落，仍有一座搖搖欲墜的教堂和房屋的石砌地基等遺存保留至今。[8]格陵蘭東部聚落和西部聚落（Eastern and Western Settlements）的居民超過三千人，他們在接下來四百多年適應新環境並想辦法生存。[9]由於氣候慢慢進入小冰河期，第一批移民的後代在氣候變遷影響之下，無法再維持生計，便在一四五〇年前後遷離原居住地，但在格陵蘭建立聚落仍然堪稱非凡成就。[10]但即使來到這塊新的土地，維京人向外探索的渴望依舊無法滿足。

拜冰島史詩傳奇（Icelandic saga）所賜，我們對於古北歐人前往北美洲的冒險經歷所知頗豐。[11]《紅髮艾瑞克傳奇》（*Saga of Erik the Red*）與《格陵蘭人傳奇》（*Saga of the Greenlanders*）中記述了西元九九九到一〇一七年之間的五趟旅程，目的地都是一個名為「文蘭」（Vinland）的地方。[12]另外在《殖民之書》以及冰島編年史書等文獻中，也提及文蘭這個地方。[13]

文蘭究竟是什麼地方，又位在何處，一直是古北歐研究領域中眾說紛紜的主題[14]，別說涉足其中參與辯論，我幾乎連伸出一隻小趾頭的膽子都沒有。覺得維京人很兇猛嗎？那你真該看看研究古北歐的專家吵架的樣子。

古北歐人從格陵蘭朝西方和南方航行，會來到三處地景截然不同的地方。第一處是「荷魯蘭」（Helluland），意為「板石地」，據說此地海岸嶙峋多岩，光禿無樹，現在的考古學家相信此區域的地景與加拿大的巴芬島（Baffin Island）相符。接著是位在荷魯蘭南邊的「馬克蘭」（Markland），意為「森林地」，此地連續數英里長的海岸線皆生長著茂盛林木，與今日的拉布拉多（Labrador）相符。第三處即為文蘭，據推算應在更往南的位置。[15]

地名本身的翻譯就引起不小的爭議。「文蘭」可能是一個古北歐人能夠種植釀酒用葡萄的地方[16]，也可能是因為該地長滿許多很適合用來釀酒的漿果而得名，在紐芬蘭島（Newfoundland）和聖羅倫斯灣（Gulf of Saint Lawrence）沿岸其他地方至今仍長滿這種漿果。也可能真的就是指藤蔓

（vines）叢生之地。[17]

目前確知的是，古北歐人從荷魯蘭出發向南之後建立了不只一處聚落，在紐芬蘭島就有至少一處。[18]很大的疑問是他們究竟向南航行了多遠，而往南建立聚落的腳步，即使只停留一季，最遠又曾到達何處。我和我的團隊決定利用衛星影像來探究這個問題。

初次接觸

許多人曾試圖搜尋古北歐遺址卻徒勞無功，但有一組人馬的成果遠遠超乎任何最瘋狂的想像——在過程中也改寫了北美洲的歷史。

一切始於一九六〇年挪威的海格和安妮·史坦·英斯塔伉儷（Helge and Anne Stine Ingstad）的發現。他們讀了古北歐史詩之後認為文蘭可能就是紐芬蘭島，因為維京人如果自拉布拉多向北航行，最先抵達的陸地照理來說會是紐芬蘭島北岸。[19]他們跟當地漁民喬治·戴克（George Decker）聊他們在搜尋什麼之後，對方帶他們去看一系列以草皮塊築成、長滿青草的地基，地基形狀與古北歐長屋相似。[20]這就告訴我們，世界各地的當地人都相當內行。

在接下來數個發掘季度，他們在這處「朗索梅多斯」（L'Anse aux Meadows）遺址的發掘成果實在太過驚人，研究古北歐的大群學者歷經數年才接受事實。[21]自長屋遺址出土了一件皂石製成的紡輪，是紡紗製作羊毛衣物不可或缺的工具。[22]鐵製的船艇鉚釘可能來自他們渡海而來時駕駛的較大船隻。[23]在其他區域發掘後則發現曾有一座煉鐵和鍛鑄鐵器的鐵匠鋪[24]，但直到發現古北歐典型的金屬環扣胸針（ring pin）之後，所有駁斥者終於心服口服。[25]

利用碳十四定年法檢測發現物品分屬西元一〇〇〇年前後不同時期[26]，建築物造型則與同時期的冰島和格陵蘭建築雷同。[27]英斯塔夫婦的發現可說是史上第一次找到古北歐人曾踏足北美洲的證據。

繼英斯塔夫婦之後登場的，是加拿大公園管理局（Parks Canada）派來的考古學界傳奇人物碧吉塔．華萊斯（Birgitta Wallace）。[28]她帶領團隊在遺址臨近海灘較濕軟的區域進行發掘，發現了經過人為加工的木塊。[29]他們發現了一棵白胡桃（butternut）以及白胡桃木材，這項發現意義重大，紐芬蘭島上並沒有這種白胡桃樹。上述發現顯示，朗索梅多斯的居民很有可能駕船橫渡聖羅倫斯灣，伐木取得造船出外探險所需的木材。[30]匯整諸般證據可推知，古北歐人在朗索梅多斯居住的時間很短，居民最多約有百人。[31]令人不解的是，考古發掘出土物中沒有任何鳥獸骨骸，也未發現任何曾築有馬廄的跡證。[32]

史詩傳奇中既然記述了多趟旅程，表示一定還有其他的聚落。朗索梅多斯有可能就是文蘭，而「文蘭」一名也可能是用來指稱整個地區。我們在深入調查之後確定，過去不曾有人利用遙測科技，有系統地搜尋北美洲東海岸可能的考古遺址。

該地區具備莫大潛力，不只在於有可能找到古北歐遺址。加拿大東岸和聖羅倫斯灣曾經孕育出令人著迷的古代原住民文化，包括多塞特（Dorset）[33]、貝奧圖克（Beothuk）[34]和濱海古文明（Maritime Archaic）。[35]如果能進一步發現這些古代部族的跡證[36]，就能為考古學界再添數筆珍貴的紀錄。

進行研究設計時，我們希望盡可能採用偏差最小的方法。我們不是要找任何特定的古代遺址，而是想要試試看遙測科技在辨認任何不特定時期的古代遺址的能耐。我和團隊成員針對古代原住民文化做了點功課，充分掌握搜尋時可能碰到的建築結構範圍與類型。我們也研究了冰島的古北歐長屋和農場建築，以及十八到十九世紀冰島定居者建造的標準建築物類型。

廣大土地尚待測繪

當時我們有足夠的預算，除了支付戴夫和闕斯的薪水，還能購買一些衛星影像。搜尋和測繪考古遺址時通常會專注處理一個小區域，若要取得整個加拿大東部海岸線再加上新英格蘭的高解析度影像，費用可能高達數千萬美金。我們必須尋找替代方案。

謝天謝地，還有Google Earth和微軟搜尋引擎Bing兩個開放取用的影像平臺，至少可找到約六成加拿大東部海岸線的高解析度影像資料。然而，人口密度偏低區域的影像品質可能差強人意，因為對於資料的需求極低。低解析度影像中則可以看到樹林，但沒有更清楚的細節。

接下來數週我們埋首搜索，連續數小時仔細檢查鄰近的海岸線、湖岸及河岸邊緣。發現任何奇特的形狀或可能的遺跡現象就加上標記，等待翌日團隊成員一起檢視。

在紐芬蘭島找出大約五十處引起我們興趣的場址，我們覺得這些地方是最有可能發現古代遺址的熱點。但是購買高解析度衛星影像的費用約為三萬美金，對我們來說還是太昂貴了，而我在政府的環境製圖機關發現有高解析度空照圖可供購買，要價一千美金，相當划算的交易。雖然這些影像並不包含多光譜資料，但解析度可達二十五公分，我們得以藉此評估發現的可能遺跡現象是否值得進一步探索。

於是從五十處場址篩選出六處，我們總算付得出六個地點的多光譜影像資料費用。更進一步檢視之後，其中四處很快遭到排除；可能是受到仰角或植被生長影響，空拍照中看起來很可能是遺跡的現象其實什麼都不是。最後剩下兩處場址：一處位在朗索梅多斯向西約二十英里處，另一處位在向南約七百英里處的羅席岬（Point Rosee），幾乎是紐芬蘭島的最南端。

這座岬角的植被較為稀疏，從一片茂密森林向

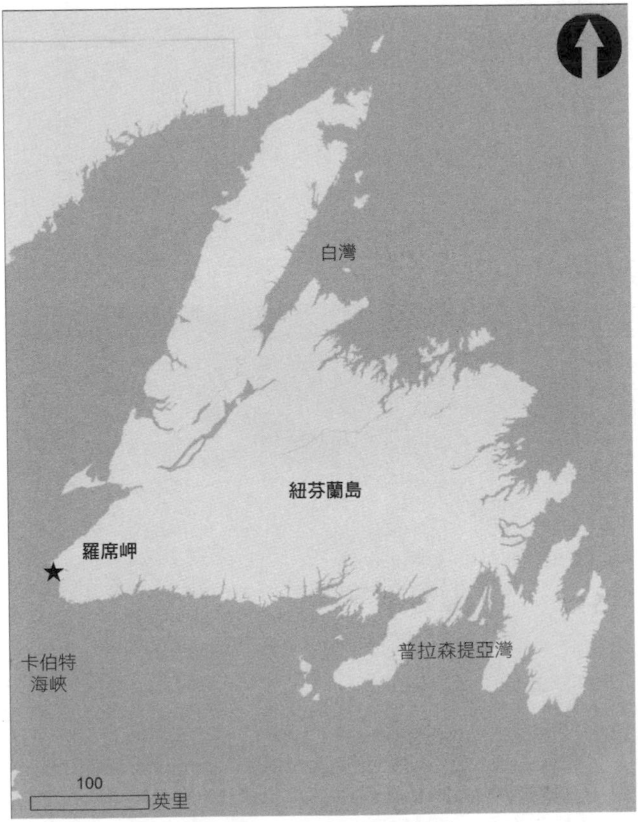

羅席岬位置圖（地圖提供：闕斯・柴爾茨）

聖羅倫斯灣突伸而出。在一塊寬一百二十公尺、長兩百四十公尺區域的衛星影像中，可以看到一系列濃黑色線條，可能是幾座寬八公尺、長二十公尺建築結構的模糊輪廓線。在南側和東側有一條狹窄的黑色虛線，虛線幾乎將所有「建築結構」圍繞其中，形狀看似保護農場的圍牆。在東側可以看到一些疑似田埂的跡象。

我們建議在地面進一步採用非侵入式調查，英國國家廣播公司予以採納。到了這個時候，我必須研究如何取得調查許可，當然不能直接跑到加拿大的某處場址開始進行調查，這是非法的行為。我寄信給紐芬蘭暨拉布拉多省省立考古辦公室（Provincial Archaeology Office of Newfoundland and Labrador）主任瑪莎・德雷克（Martha Drake），附上一份初步探查結果的報告。

我確信她會以為我發瘋了，所以很怕收到她的回信，但是我大錯特錯。瑪莎親切迷人，相當贊同我們的想法。她在電話中告訴我，她會支持我們不是因為她覺得我們可能找到什麼，而是因為我們可以在加拿大東部，尤其是紐芬蘭島，測試新的考古學方法。

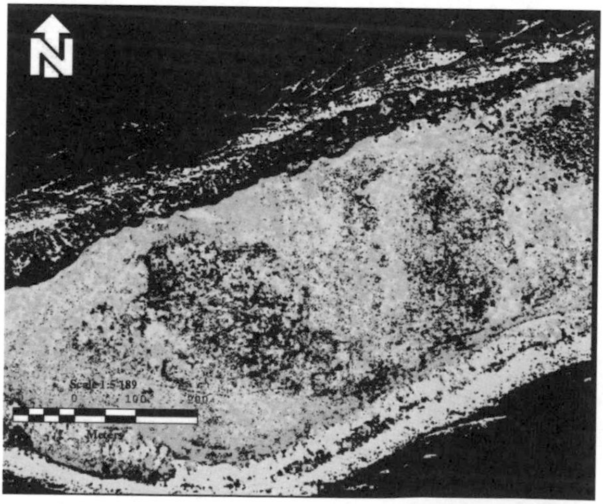

處理後的羅席岬WorldView-2衛星影像（圖片提供：「數位全球」衛星公司）

及時取得調查許可之後，戴夫和闞斯在那一年十月從阿拉巴馬州伯明罕搭機飛往鹿湖地區機場（Deer Lake Regional Airport），從機場到羅席岬還要開車約三小時。我並不看好在真實生活中將兩個同樣優秀但迥然相異的人放在一起的後果。闞斯是早睡早起衝勁十足的晨型人，而戴夫比較偏向靠咖啡提神醒腦的夜貓子一族。

就連找路抵達羅席岬都成了一場災難，要不是當地好心的店老闆艾德文・蓋爾（Edwin Gale）幫忙，他們可能一輩子也到不了羅席岬。當地人稱呼蓋爾為「霍基」（Hockey），他的商場裡從雜貨、魚餌到吉他什麼都有，他借戴夫和闞斯一輛四輪驅動車，還教他們沿路怎麼避開熊。紐芬蘭島仍屬荒野。還在家鄉備課教書忙翻了的我三不五時會收到闞斯傳來的簡訊，內容都很振奮人心，例如：「戴夫今天差點死掉。」我們在衛星影像中看到的森林基本上難以穿越，戴夫還幾乎被時速超過六十英里（約九十六點六公里）的強風吹下五十英尺高的懸崖邊。

沒人說過這是輕鬆差事。

戴夫和闞斯也不知想了什麼辦法，總之設置好了戴夫進行磁力儀調查必備的網格。[37] 戴夫按照標準程序將磁力儀繫在背上，發現自己儼然大風中的船帆，靈機一動改用比較安全的方式扛負磁力儀，和闞斯一起在精打細算的一週內完成安排的工作。幸好他們及時完工：他們離開紐芬蘭島的那天，羅席岬已經被數英尺深的積雪裹覆。

誘人線索

等到他們回來，謝天謝地兩個人都還活著，我們圍坐在電腦旁開始進行影像處理。抱著焦慮的心情，我們看到遺址各處顯現出一系列的深暗線條以及五、六個突波。這些突波與我們在衛星影像裡看到的相符。那裡有些什麼，值得我們前往調查。

我們在向瑪莎報告時附上資料，她建議我們進行一季的發掘，開挖有限的數個長寬各兩公尺的單位作為測試探坑，並介紹我們認識該地區的考古老手弗雷・史瓦茨（Fred Schwarz）以尋求規畫和發掘方面的協助。弗雷告訴我們，他認為我們找到的很可能是考古遺址，但需要知道是十八或十九世紀的聚落[38]，或是紐芬蘭島某個原住民族留下的遺跡。

我們也和麻州大學波士頓分校的道格・波倫德分享初步探查的結果，我們曾在冰島發掘作業中合作過。道格態度審慎但相當興奮，他解釋說無論如何，我們都發展了一套測繪紐芬蘭島潛在考古異常現象的健全科學方法。

發掘季度預計在二〇一五年六月展開，在開始前短短的一段時間，我們埋首研究紐芬蘭島西南部的聚落歷史[39]——身為埃及學家自然要先做功課。在任何地圖上都找不到鄰近羅席岬的住家或聚落。我們能做的只有祈望一切順利。

宏大冒險

葛瑞格、闕斯、戴夫和弗雷在發掘季一開始就投入作業，我晚了幾天才抵達紐芬蘭。在紐芬蘭島可能碰上非常劇烈的氣溫和天氣變化。我曾讀到此地會有「吹垮屋子的強風」，風力之強勁足以將火車吹到出軌，所以我有一點擔心。但是，紐芬蘭人的親切慷慨令我印象深刻，我也絕不會忘記海岸邊的空氣，聞起來就像海灘上的耶誕樹農場。紐芬蘭島的清新、乾淨和純粹的荒野教人屏息。

我們團隊每天從霍基的賣場出發，步行約三公里前往目的地，邁步踩踏過的是格外多變的地形。其中一名成員負責駕駛四輪驅動車載運物資設備前往遺址，其他人則邁步穿越林木疏落的丘陵，行經點綴著一抹抹粉紅、黃色和白色花朵的地景。我們沿著一條舊的林業道路向上爬坡，進入一片茂密森林，地面上有些腐爛的泥濘灘得跳跨閃避，接著，長滿青草的丘陵冒出來，連綿起伏的丘坡與海邊懸崖和幽深泥炭沼澤相接。

遠處的羅席岬向海中突伸。於是我們繼續跋涉，穿過海邊簇擁的茂密灌木和矮樹叢。下方岩石上，海豹群在晒日光浴。有一天天氣特別晴朗，我們還瞥見鯨魚群。最後我們進入目的地，高度及膝的野草和濕黏草皮層纏抓著我們的腳踝將我們向下拉。

考古學注重的就是細節，良好的發掘作業始於建置可供後續作為參考的網格系統。葛瑞格和團隊成員已經沿著場址西半部開始設置一百二十公尺乘以兩百四十公尺的網格，他們是依據一九七四年加拿大大地測量（Canadian Geodetic Survey）的標記，是加拿大政府百年來持續進行的測繪計畫成果之一。[40]我們發現很難在地面上精確定位磁力儀顯示的突波和衛星影像中可能的遺跡現象位置，無從挖掘測試探坑，但這難不倒我們。

我們一邊設定各種不同的發掘單位，同時戴夫利用磁力儀進一步探測。弗雷這人面冷心熱，在加拿大東部所有可能的遺址已有超過三十年的發掘經驗，他在衛星影像中並未出現任何特殊跡象的區域挖了一個測試坑位，以確立該處遺址的天然土壤分層。我和闕斯朝北側挖掘，發現寬一公尺、可能是「牆面」的遺跡現象。數天過後，戴夫確認了初步調查中的一項發現：磁力儀偵測到其他區域讀數在負二到正二之間，但有一個讀數達到兩百五十的主要突波。表示地下出現磁力異常；也許是焚燒區或溝渠。

羅席岬的沼鐵礦（葛瑞格·孟福德攝）

我們在該處設立另一個小型發掘單位，立刻就發現一塊尖端突穿地面的卵形巨石。移除厚重的草皮和根部層之後，我們發現這塊巨石上似乎有焚燒產生的裂痕，還找到一些看起來像是焊接在地面高度以下五公分處的深色金屬塊。

一開始我們沒有想太多。但是我和弗雷愈往下挖，有愈來愈多大小約同二十五美分硬幣的硬塊冒了出來。我們在附近找了一處清澈水窪將硬塊清洗乾淨。它們看起來像是焚燒過的沼鐵礦。沼鐵礦常見於沼澤環境，礦石會集結成塊狀。維京人會將這種含有雜質的沉積物加熱熔煉出鐵，用以製作鐵釘和工具。我們發現的其中幾塊看似含有氣泡——可能當作金屬經過加工的證明。弗雷告訴我們他在這個地區挖掘了這麼多年，從來沒有看過類似的東西。

對我們來說，這一刻無比重大。我們可能找到了一個過去曾有人刻意加熱沼鐵礦並遺留廢棄物的區域。為了追蹤堆積物，我們將發掘單位擴大。

深入發掘

從發掘季一開始，幾乎每天都下雨，伴隨來自北大西洋的海風，極為寒冷。遺址和我們的團隊幾乎從早到晚都濕答答的。我伸手搓摩了一下巨石，注意到有一塊黑色薄片自巨石表面脫落——也許是殘餘的木炭。地面的積水造成大量有機物質分解，土裡有數百塊類似細小木炭塊的小碎片，每次我的手掌磨到，它們就會在我手上留下黑色條紋。我們盡可能採樣那裡的所有物件。

我跟闕斯發現一個約略呈圓形的坑洞，周圍由石頭排列，位在一塊巨石旁，嵌入地面的石頭相距極近。環圈裡有近二十磅的沼鐵礦，位在地下二十公分處。我們注意到堆積物上覆蓋了灰色的薄層，看起來很像灰燼。大家努力

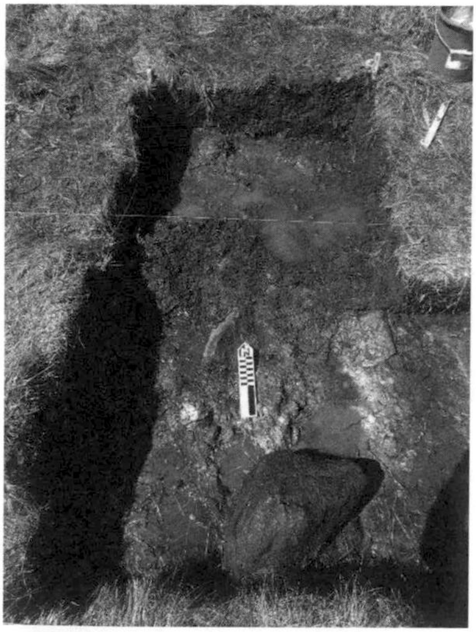

於羅席岬發現可能是熔爐的遺跡現象（作者自攝）

壓抑興奮之情。

但是弗雷認為難以解釋。已知的紐芬蘭島上所有古代原住民文化皆未使用沼鐵礦；已知的所有多塞特人和因紐特人的工具都是用隕鐵（meteoric iron）打造，如果此處是他們的其中一處遺址，肯定會留下其他原住民族活動如擊打燧石製造石器的遺跡。[41]來自歐洲的移民也不會熔鑄沼鐵礦，他們使用的鐵器是從歐洲出發時一併帶上船的。[42]如果遺址是一處十八至十九世紀的聚落，甚至是弗雷在我們開挖之前提出的獨棟屋宅，我們應該會挖到陶器[43]，陶片是紐芬蘭島上所有已知的法國和英國住宅遺留的標準碎塊。

如此一來，來源就只剩下一種可能：古北歐人聚落。

一公里外即是海灘，又是周圍有天然屏障的小海灣，這裡即便不作為暫時聚落，似乎也是建立小型營地的理想地點。我們開始幻想自己發現的可能就是古北歐人向西以及向南遷徙所占據最遠地點的證據。朗索梅多斯很可能並不孤單：有一篇北歐史詩提及一個稱為「霍普」（Hop）[44]的地方，該處位於周圍有屏障且與河流相連的小水灣附近的聚落，當地氣候較為溫暖，古北歐人得以在該地耕種穀物。巧的是我們進行發掘作業的地方卡德洛谷（Codroy Valley），正是現今在紐芬蘭島以農耕聞名的地區。一千年以前的氣候可能比現在更暖和，但還不到整個紐芬蘭島皆適宜農耕的程度。

很容易就能將蛛絲馬跡相互串聯起來。接著又出現更多跡證。葛瑞格在我們的「熔爐」南邊的坑位發掘。道格．波倫德在發掘季最後幾天加入我們的行列，他在葛瑞格的坑位和我們的坑位之間開挖了一區，在衛星影像中可以看見此區有一些深色的遺跡現象。他不停刮挖讓坑位的內容物顯露出來時，我們聽到他嘴裡喃喃唸道：「怎麼可能，我不相信。」

顯然他挖到了看似古北歐泥煤牆的遺存：呈波狀起伏的長條斜角褐色及黑色草皮塊。道格看過數以百計的草皮塊。後來我在冰島也看到了草皮塊，它們看起來跟我們在紐芬蘭島發現的一模一樣。

除了冒泡泡的沼鐵礦之外就沒有其他發現，卻在我們意料之中。我曾請教過的所有專家學者都說，古北歐遺址不會出現太多人工遺物，朗索梅多斯即為一例。我們精神抖擻地離開羅席岬，決心隔年夏天帶著更大的團隊回來。試掘季度看似出師告捷。

新的定年證據

我和葛瑞格帶著大批樣本回家準備寄送給專家檢視，葛瑞格接著花了數百小時撰寫發掘季結束之後的結案報告並分析資料。那一年冬末，我們收到取自岩石頂部的塊狀碳樣本的碳十四定年結果。當時為了採樣，我們將岩石頂部和側面明顯曾遭火焚的區域刮下碳化物質。現場沒有其他岩石有類似的跡象。

碳十四年代測定結果有百分之九十五機率落在西元一二五五到一二八七年之間，剛好落在我們希望的古北歐人活動年代範圍之內。測定的年代事實上比朗索梅多斯遺址晚了兩百五十年，但也留下一些餘地，讓我們推想古北歐人究竟在加拿大了停留多久。我們也收到另一個利用碳十四定年的結果，推估為西元七六四～八八六年之間。自地表之下採集的枯萎樹根樣本經年代測定為十七世紀初，表示這棵樹是在據知還未有歐洲人占據紐芬蘭島這個區域的時候就生根萌芽，而土地自此之後都不曾經過擾動。[45]

我們商請與我在同一所大學任教的地質學家史考特．布蘭德（Scott Brande）分析取自岩石頂部的類似「燒焦」物質以及岩石底側旁的沼鐵礦，希望得知不同區塊的樣本是否皆來自同一時期和同樣活動。確實如此。此外，長居伯明罕的史考特曾深入研究該市的鋼鐵工業，他告訴我們煉鐵的爐溫必須達到攝氏一千兩百五十度，遠遠超出草地野火延燒會達到的溫度範圍。[46]再者，在他測試的沼鐵礦和岩頂殘餘物樣本中，有一些樣本的鐵含量相當豐富，達到百分之七十五至八十五，很適合用於熔煉。

請教丹麥奧胡斯大學（Aarhus University）的古北歐冶金學專家湯瑪斯．柏奇（Thomas Birch）之後，我們才知道我們找到的並非原本以為的熔渣，初步檢測顯示可能是熔煉的第一階段產物：經焙燒的沼鐵礦。如果將沼鐵礦直接放入高溫爐火中，沼鐵礦會因水分含量高而爆炸。因此需要以較低溫焙燒的方式讓沼鐵礦中的水分蒸散，才能進入熔煉的下一階段。這似乎可以解釋為何我們找到的沼鐵礦中，有一些不像一般沼鐵礦放在手中輕輕揉壓就會粉碎成塊，而是含有氣泡且很難壓碎。

是的，看起來我們真的在羅席岬發現了可能曾有古北歐人活動的初步線索。但這是科學。有時候，科學可能很殘酷。

重返紐芬蘭

在將結果與幾位古北歐專家以及瑪莎・德雷克的辦公室分享之後，我們帶著大隊人馬重回現場，同行的有土壤科學家、古北歐聚落專家、一位研究古代植物遺存的權威、一位考古定年專家、專攻花粉的學者以及額外新增的一位調查人員。我們花費數個月研擬發掘和調查計畫，確定所有計畫都經過專家審核。

而接下來，我們原先構築出來的紙牌屋卻土崩瓦解。將「熔爐」周圍的坑位擴大之後，我們發現原本看似泥煤牆、與衛星影像資料顯示寬度相符的現象持續延伸。一直延伸，無止無盡。原來它終究不是什麼泥煤牆，而是結合水的流動和基岩梯度所形成的罕見土壤特徵，熱心的當地考古學家布萊爾・鄧波（Blair Temple）說他以前從未在加拿大東部看過類似現象。我們大失所望。不久之後，我們全得靠布萊爾熱情不懈的加油打氣才能勉強堅持下去。

「熔爐」遺跡處在夏季我們第一次發現時就嚴重積水，當時我們相信是木炭的遺跡證據已經不復存在。那時候，我們每天都必須三番兩次自坑位撤離，堪稱考古團隊所能遭逢最具破壞性的歷程。該處遺跡無法提供任何進一步的線索。

我們找到更多沼鐵礦，在「熔爐」周圍分布最為密集，但因為是天然形成，散布的區域比我們預期的更大。其他所有在衛星影像中看起來像是牆面的遺跡現象，原來都是天然形成，包括一塊輪廓清晰的直線形深綠色植被在內。影像辜負了我們的期望，發掘季在喪氣失望中結束。

樣本、樣本、整理不完的樣本——我們帶了半座紐芬蘭島回實驗室測試。我們主要將五件含有「經燃燒的」砂岩和石英的沼鐵礦樣本寄到華盛頓大學（University of Washington）詹姆斯・費勒斯（James Feathers）主持的頂尖實驗室，請他們利用熱螢光定年法（thermoluminescence）和光激光定年法（optically stimulated luminescence）測定樣本年代。[47]對於考古學家來說，這些技術無比珍貴。熱螢光定年法可以告訴考古學家，一塊礦物最近是在什麼時候加熱至超過攝氏五百度，表示可能是有人刻意燃燒。光激光定年法則可用來測定石英的類似情況。

到二〇一八年春天為止，我們只收到「爐床」遺跡現象的碳十四定年結果。我們知道如果取自同樣脈絡的樣本光激光和熱螢光定年結果都在約略相同的時期，那就可以說是有人刻意在一個寬約四十公分、自然形成的碗狀凹坑裡燃燒沼鐵礦。假如是範圍較廣的灌木叢火災或閃電雷擊，在碗狀凹坑以外應該也會出現「燃燒」跡象，但我們並未發現任任何足供辨認的類似跡象。

二〇一八年四月下旬，我們收到費勒斯博士以電子信件傳來的光激光和熱螢光定年結果。我得承認，被二〇一六的發掘季傷透了心之後，我已經不期不待，也做好心理準備要面對更多壞消息。

只不過，結果完全出乎我們意料。紋理較細樣本的第一個光激光定年結果為西元九二一年的前後一百三十年，表示可能落在西元七九一到一〇五一年之間。第二組樣本取自紋理較粗的物質，定年結果為西元一二〇〇年的前後三百年，或西元九〇〇～一五〇〇年之間。但很可惜，光激光定年分析並未確認火燒是刻意放火焚燒巨石本身，或是發生在「爐床」遺跡現象鄰近區域的火燒。因此，沒有任何確鑿證據可以如我們所希望的證明沼鐵礦或遺跡現象曾經過加熱或加工處理。

古北歐人，是也？非也？

定年結果不啻投下一顆震撼彈，但也讓我們大惑不解，根據定年結果可以說來自同一考古脈絡的四個時間範圍各自獨立但大致相符，都在西元七六四～一五〇〇年之間——但確實也有數項碳十四定年結果落在較早的年代。裹覆岩石頂部的物質是最可能與「古北歐人」有關的材料，與較低矮的「爐床」遺跡現象之間無疑有些關聯。

該地植被究竟為何能誤導我們作出完全錯誤的解讀，我至今毫無頭緒，我們仍在尋找解答。基於某種緣故，整處場址生長的草類和古怪的「泥煤牆」土壤都更為健康，並呈現某種線性模式。也許是土壤中含有什麼東西，某種礦物質成分或是植物之間的互相作用；呈條狀的這種土壤含水量似乎確實比周圍土壤更高。或許只是巧合，場址北側區域有可能是長屋留下的形狀，剛好和其他已知的長屋大小、形狀和坐向相同。重要的是挑戰極限，思索某些事物為何出現或並未出現，還有很多事都值得我們深思長考。

已有足夠的證據顯示，最晚在距今約一千年前，曾有一群或不只一群人來到羅席岬，他們或搬移或蒐集來的沼鐵礦足以覆滿岩石頂部和填滿邊緣的石塊凹坑。我們從初步觀察中推知，他們利用木炭產生足夠的熱，將不少的鐵燒烙或嵌入岩石，不過留存下來者所剩無幾。我非常清楚自己親眼看到了什麼。

也許我們找到的，是最早的當地美洲印第安人（Amerindian）或多塞特部族刻意燃燒沼鐵礦的證據。那就會是一項重大突破。或者，我們找到的也可能是古北歐人短暫停留，蒐集足夠的沼鐵礦焙燒再運往他處熔煉製作幾根修理船隻用的鐵釘，之後便撤離，如此就不會留下太多可供後人發現的殘跡。

以發現朗索梅多斯遺址著稱的碧吉塔．華萊斯很親切友善，她偕同先生羅伯一起來到羅席岬。他們都是超棒的好人。碧吉塔是考古學界的偉大女性——她親切大方又無比睿智，也是好幾個世代的考古學家的導師。發掘季最末，她要我坐下來和她聊聊，告訴我雖然遺址的發掘調查結果不如我們預期，但是我們為該區域未來的考古調查設下了很難超越的高標。

「你們找到什麼並不重要。」她說。「重要的是你們運用尖端科技，制定出絕佳的發掘策略，而且讓相關的專家學者齊聚一堂。你們已經用盡所有可用的方法探索遺址，這是近來其他尋找古北歐遺址的團隊都沒能做到的，你們應該抬頭挺胸感到自豪。」

她的一番話發人深省。假如真的發現明顯證據指出羅席岬為古北歐遺址，就表示需要在該遺址進行多年考古發掘作業，也需要申請大筆經費以及和加拿大政府密切合作，才能發展該區的觀光，上述一切都不會是壞事。我們還是需要針對可能經過焙燒的沼鐵礦和呈現古怪模式的植被另外進行分析。但就目前來說，充其量只能說在這處遺址發現一些間接證據，也可能一直維持現狀。進行完相關研究之後，我覺得文蘭指的不是單一的地點，而是整個紐芬蘭島和聖羅倫斯灣。

運用光達等空載雷射測繪技術可能可以在更靠內陸、鄰近優良農地且距離羅席岬不遠，但目前仍有植被掩蓋的區域，發現古北歐營地甚至聚落。

科學立基於可重複實驗得出結果的研究取徑，而不只是驚天動地的大發現。測繪技術日新月異，加上偶有的意外發現，或只是更進一步的搜索，我相信下一個十年在加拿大會發現更多古北歐遺址。也有可能，紐芬蘭島西海岸沿岸的一些現代聚落就建立在古北歐遺址之上。畢竟時隔三百年甚至更久的移民有可能跟從前的古北歐人一樣，盡可能挑選最優良的居住地點，而且人群通常會繼續居住在一直以來皆有人煙之處。

我和葛瑞格都非常想重回紐芬蘭島。如果風車夠閃閃發亮，我會跟唐吉軻德一樣發動攻勢。有了光達的輔助，加上我們目前掌握的知識，我想我們能以更快的速度檢測可能的遺址。是的，我樂於承擔更多風險和失敗的可能，不過，是在我累積許多經驗之後。聽同行說，我們這次的搜索行動重新激發考古學界在這個區域尋索古北歐遺址的興趣，對於熱情好客的當地民眾來說也是美事一樁，他們非常想多了解紐芬蘭島的過去。遊戲已經開始，有驚喜等著大家。

第五章 挖錯地方

有時候你會對某個考古遺址念念不忘，它在你腦海中縈繞不去，愈鑽愈深，無以撼動。除了《國家地理》雜誌和圖書館裡的書籍之外，我第一次「見識」考古活動是從電視上看來的，包括公共電視頻道偶爾播放的紀錄片和《法櫃奇兵》之類的電影。我對埃及癡迷不已。七年級時要交一項作業，我把冰箱紙箱改造成石棺，畫上正確無誤的裝飾圖樣，再把自己全身上下用捲筒衛生紙層層裹覆。課堂上我從紙箱起身開始展示木乃伊內臟，全班同學半是驚駭，半是好笑。我並沒有尋求專業協助，而是選擇邁向專業之路，句點。

小時候看《法櫃奇兵》，我最愛的就是塔尼斯（Tanis）那一幕——在地圖室裡，一座失落的城市在眼前開展，其中祕密隱藏著失蹤的「法櫃」（Ark of the Covenant）。儘管納粹布下邪惡陰謀並四處大肆挖掘，印第安納・瓊斯的朋友薩拉（Sallah）只要簡潔扼要的一句話就能將他們的考古工作全部抹煞：「他們挖錯地方了。」

你可以說我在許久以前就把塔尼斯放在心裡，在存放童年夢想的地方慢慢醞釀。

塔尼斯的故事

好萊塢電影裡呈現的塔尼斯不怎麼正確。塔尼斯即聖經中的瑣安（Zoan），位在埃及尼羅河三角洲東部，從開羅往北約三小時車程的地方。該城沿著尼羅河支流塔尼提克河（Tanitic）發展，位在特彼拉所在的門德斯河以南。根據文獻證據可知，在塔尼斯成為新首都之前的舊都皮拉美塞（Pi-Ramesses）位於鄰近塔尼斯的坎提爾（Qantir），是從第十九王朝（Dynasty 19；西元前一二九六～一一八六年）開始遭到占據，但我們幾乎沒有發現任何早於第二十一王朝（Dynasty 21；西元前一〇七〇～九四五年）的塔尼斯考古證據。[1]

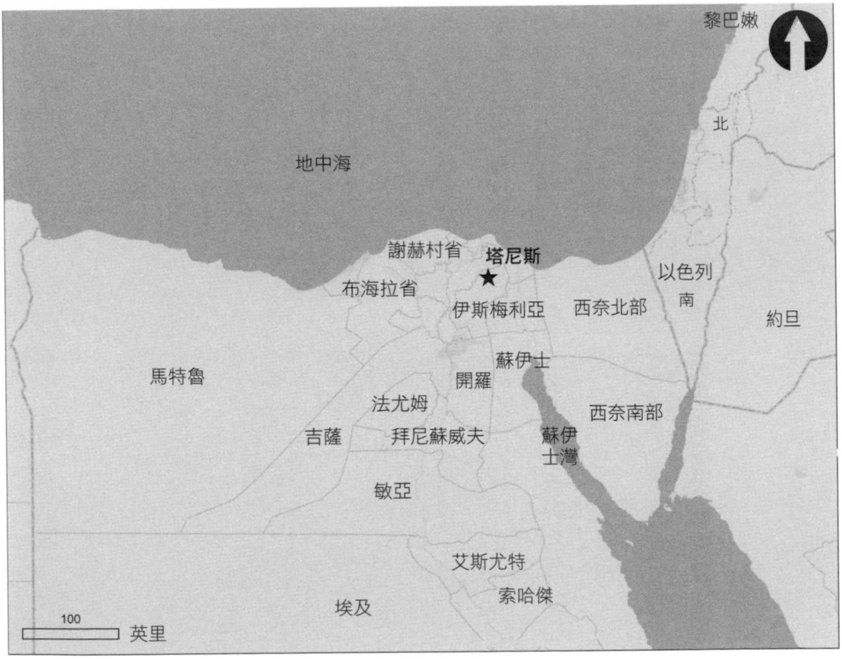

塔尼斯位置圖（地圖提供：闕斯．柴爾茨）

在古代塔尼斯部分城區之上如今坐落著現代社區桑哈傑爾（San el Hagar），曲折的街巷中車輛穿梭往來，任誰絕對想不到自己有可能置身一座荒廢已久的大都會之上。出了城鎮，迎面所見是一座看似雜亂無章的白色度假小屋。通往入口的走道兩側開滿豔麗的桃紅色九重葛。走到後頭的露臺時……你會在一瞬間忘了呼吸。在你眼前連綿延伸的沙丘如汪洋般一望無際。在沙丘丘腳，白色石塊形成巨大的神廟建築群。

在埃及類似塔尼斯的遺址已所剩無幾。遺址在Google Earth 中看到的形狀宛如傾斜的南美洲，沒有任何磅礴大氣的形容詞能夠加以描述：這是一座荒棄頹圮的巨型都會。遺址長超過兩公里，寬一點五公里，我估計地面上的量體約為兩千兩百萬立方公尺。以一個季度發掘四座面積十平方公尺的標準坑位的速度計算，考古學家需要花五萬五千年才能將遺址發掘完畢。

靠近遺址中間處時，會看見四處立著積至十到十五公尺高的碎泥磚堆。覆蓋在遺址上的淤泥

塔尼斯地景概觀（作者自攝）

層很軟，可能寸步難行，尤其是雨季，你的登山靴靴底會黏上厚厚一層爛泥變成「恨天高」。

主要的宗教區域位在遺址北端，此處的地形微微隆升。在此有奉祀典型的父神、母神、子神三神阿蒙－拉（Amun-Re）、姆特（Mut）和孔蘇（Khonsu）的神殿，有可能是太陽神拉（Re）信仰的中心。[2] 到此地展開特別的一日遊行程的遊客，有機會在筆直林立著四公尺雕像和石碑的廊道間漫步。

自西元前一〇七〇至七一二年的三百五十餘年來，從埃及第二十一王朝、第二十二王朝直到第三中間時期初期的歷代法老皆定都塔尼斯。[3]

隨著堪稱古埃及帝國的新王國國力逐漸式微，利比亞人開始入侵埃及的西部沙漠（Western Desert）。憂患紛擾之中，城鎮百姓築起防禦工事以抵抗外敵。[4] 第二十王朝（Dynasty 20）末代法老拉美西斯十一世（Ramses XI）以位在塔尼斯南方約二十公里的皮拉美塞為政治中心[5]，尼羅河三角洲則由法老的左右手大祭司斯曼德斯（Smendes）掌管。

拉美西斯十一世的衰微王權宣告終結時，斯曼德斯於埃及北部稱王，為第二十一王朝揭開序幕。他遷都至塔尼斯時算是將舊城完全搬空，塔尼斯的建築師將皮拉美塞的石塊和其他建材徹底回收利用，以至於考古學家長久以來皆誤認兩城。[6] 其後，法老蘇森尼斯一世（Psusennes I；西元前一〇三九～九九一年）首開先例，將自己的陵墓建造在塔尼斯神廟群之中，利用神廟群為陵墓提供額外保護以及相關的崇拜儀式。就古埃及的標準而言，算是相當激進。[7]

儘管埃及內戰仍未平息，外部則有利比亞人於門德斯和三角洲西部步步進逼，第二十二王朝的首任法老舍順克一世（Sheshonq I，西元前九四五～九二五年），即聖經中的示撒（Shishak），仍舊在塔尼斯修築了新王宮。[8]一步錯，步步錯。到了第二十四王朝（Dynasty 24）時期，西元七一二年前後，塔尼斯已不再適合作為首都。[9]

早期的塔尼斯探索行動

塔尼斯遺址的探索行動豐富得簡直不可思議，最早是十九世紀初隨拿破崙前來的專家群。一位名為皮耶．蒙泰（Pierre Montet）的考古學家承襲了法國考古發掘的傳統，達成我們考古學領域公認有史以來最偉大的埃及學發現之一。[10]

時值二十世紀初，蒙泰和他的團隊在塔尼斯已經奮力發掘了十一個季度，希望找到皮拉美塞——如我先前所說，是被誤認為塔尼斯的城市。他注意到阿蒙神廟的外部圍牆並非很齊整地和神廟牆壁平行，而是轉向西南方延伸。看起來相當離經叛道。探究該處角落的泥磚結構之後，他們發現了九座陵墓，其中五座為法老陵墓。考古團隊愈挖愈深，也有了更多新發現。

其中一座即為蘇森尼斯一世的陵墓，不僅在結構上富有新意，且大部分仍保持完好。這個時代的法老駕崩後是長眠於銀棺之中；當時黃金可由古代的努比亞進口，但銀僅能從地中海東部或西亞取得，因此比黃金更為珍貴。[11]

蒙泰發現一具純銀打造而成的棺柩。塔尼斯木乃伊早在古典時期即已腐爛，陵墓曾遭到小規模劫掠，但其中仍藏有無數金銀珠寶，華麗程度絲毫不遜於圖坦卡門之墓。[12]從金碗、獻祭供桌、項鍊、手鐲，到佩戴於脖頸如奧運金牌般垂掛於胸前的胸飾（pectoral），全是考古學家夢寐以求的寶物。大多數皆作工講究，鑲嵌著青金石、紅玉髓和綠松石，並刻繪著細膩的象形文字或聖甲蟲形象。我最喜歡的一件是獵鷹造型的黃金胸飾，其上嵌有一根根的鳥羽。[13]

但是蒙泰碰上最不好的時機。當時是一九三九年，全世界的注意力都放在德國納粹，塔尼斯遺址驚天動地的人發現就此沉寂無聞。

等到全世界逐漸遺忘戰爭的恐怖並重新振作，塔尼斯只留在大眾依稀有點印象的新聞報導之中。如今觀光客參觀位在開羅的埃及博物館（Museum of Egyptian Antiquities）時，往往漏掉擠在圖坦卡門王寶藏後頭的塔尼斯文物。塔尼斯文物是館藏中的隱藏版珍寶，不過話說回來，我是有點私心才這麼說。

與已知的其他古埃及首都諸如孟菲斯、阿瑪納（Amarna）或皮拉美塞相比，我們對於塔尼斯的聚落幾乎一無所知。通常像這樣的一處遺址，我們要處理的是多重生活層，這些生活層可能層層堆疊，或是像打散的拼圖全都混在一起。在不知道生活層分布的情況下，想要建立關於城市的聚落、行政、人口、社會階級、日常生活等的假說，就困難許多。如此一來，要了解遺址重要性的難度，就等同是在沒有紐約或華盛頓特區（Washington, DC）地圖的情況下試圖理解美國東海岸（Eastern Seaboard）。

然而，塔尼斯與其他諸多遺址不同之處在於，曾有人類聚落的證據並未埋沒在現代城鎮下方。塔尼斯位在空曠地帶，大部分地區仍未經過調查，充滿無限的可能性。

考古學領域的傳統既讓我們站穩腳步，也讓我們裹足不前，尤其是碰到像塔尼斯這樣情況複雜的大型遺址。直到一九七〇年代，埃及學家仍以發掘神廟、陵墓和金字塔為主，專門研究古埃及日常生活的考古學家堪稱稀有動物。其後，隨著考古學研究在思維和實踐上數次轉向，開始有學者投入以研究古代聚落為主的聚落考古學[14]，也出現更多聚焦於埃及城市的研究計畫，即便大多數計畫仍以研究神廟和陵墓為主。在聚落考古學持續發展之下，我們對於古埃及人的生活有了全新的理解。這個分支領域已有五十年的歷史，至今仍有許多複雜難解的謎題，畢竟在一處遺址重建數百個生活層絕非易事。但研究的趣味也就在此。

直擊地圖室

第一次從太空觀看塔尼斯是在二〇一〇年，是在我大學時第一次走訪塔尼斯十年之後。猶記得那時候對於遺址占地之廣，回收再利用的拉美西斯二世時代雕像暴露於戶外的數量之多，留下了深刻的印象，但僅此而已。換言之，我並未期待會有什麼大發現；也許就是在其中一座神廟裡多找到幾間房室。

當時，高解析度衛星影像的費用仍居高不下。由於影像資料要價不菲，只有極少數考古學家運用衛星影像尋找隱藏於遺址表面之下較小的遺跡現象。「數位全球」衛星公司為我這樣的教育版使用者提供相當優惠的價格，情況也因此大大不同。

不過數位全球公司的資料庫裡雖然保存許多圖像，但是該公司當時在軌道上的衛星數量和類型與現今不可同日而語。對於影像資料我可沒辦法挑三揀四，只能有什麼就用什麼。

先前曾使用低解析度資料進行分析，我發現從冬季數個月中拍攝的影像比較容易偵測到整座遺址。我想同樣的理論也適用於尋找遺跡現象，我運氣很好。在WorldView-1和WorldView-2衛星於二〇一〇年一月所攝影像資料庫中，出現了兩幅影像。WorldView-1衛星通常能提供零點五公尺解析度全色態（panchromatic）影像，不過和看到名稱會直覺想到的剛好相反，全色態影像是黑白的；WorldView-2衛星則提供多光譜（multispectral）影像，涵蓋近紅外光波段等八個波段，解析度稍低於前者，為一點八四公尺。多光譜影像可以呈現較多細節，但必須是比雙人床還要大一點的遺跡現象才看得到。

我在任教大學的實驗室及辦公室裡下載影像資料，久到好像要一輩子。等待下載的同時，我打開考古學書籍裡的塔尼斯地圖，上次翻開已經是好幾年前的事了。遺址中央和南側部分的大片空白區域立刻顯得十分突出。整座遺址都在北邊神廟群的陰影籠罩之下。如果是外行人，一定會以為遺址就是進行宗教崇拜的神聖空間，別無他用。

終於下載完資料之後，我將WorldView-2衛星的多光譜影像載入到我主要使用的ER Mapper衛星影像處理軟體，接著開啟遺址和周圍田野的影像。將影像慢慢放大之後，可以看到阿蒙－拉神廟的牆面，有一點模糊，中央的石灰岩塊呈現亮閃閃的白色。我捲動影像頁面，目標是南方一座已知的荷魯斯神廟。

在神廟輪廓線向南約一百公尺處，我依稀可以看出模糊的一堆線條，表示地面之下可能有建築結構。我接著用各種方法處理影像，嘗試不同的光波波段組合，可以再多看到一點細節，但影像基本上仍舊曖昧難辨。不過在我看來，已經算是有點成果。影像顯示在一塊長八百公尺、寬六百公尺的區域中可能埋藏著一些牆面，這塊區域據我從地面調查經驗所知，可能是一片毫不起眼的褐色淤泥。

接下來，換WorldView-1衛星的JPEG圖像登場。我決定不處理黑白的影像資料，而是採用一種英文名稱聽起來很像某種廚藝殊死戰的「全色態銳化」（pansharpening）技術。[15]其實是這樣運作的：一點八四公尺解析度的資料無法呈現較小的遺跡現象，但是將影像和解析度較高的全色態資料結合就能加以強化，於是能得到解析度較高的多光譜資料。我知道，聽起來像是施了什麼魔法，真的有點像。

或者這麼想：低解析度彩色影像顯示農田裡的植被，而高解析度黑白影像顯示農田內部的分區。將兩種影像結合，就能同時獲得植被資訊，以及以相同解析度呈現的重要農田分區資料。不同解析度的地理區域資料集甚至不需要完全相符，軟體就會對符合的區域自動進行全色態銳化處理。

等待影像融合時，我並未抱著太大的期望，我將融合後的新影像放大，從北邊開始檢視。影像中的神廟牆壁看起來稍微變清晰了，但是石灰岩依舊閃閃發亮。衛星是在上午拍下這些影像，所以對於亮色的岩石會反光這件事，你也無可奈何。

塔尼斯赤裸現身

我向下捲動。接著我幾乎從椅子上跌下來。我以為是自己的幻覺：螢幕上跳出來的是一座完整的古代城市。原本在多光譜影像中模糊隱約的線紋，這下子全都清清楚楚，建築物、街道、郊區……一覽無遺。

身為考古學家，一輩子如果能有一次這樣的發現，人生就真的是幸福美滿，夫復何求。但我還有法寶尚未使出來。全色態銳化之後，接著是微調處理，就像聽廣播時調整頻率以盡可能接收最佳的訊號。有非常多方法可以運用，多到令人無所適從。但我也有備而來，了解影像拍攝的季節、解析度、遺址的地質資料和土壤種類，以及要尋找的建築結構大小和所用建材，就能縮小選擇範圍。

要按哪些鍵，取決於上千個資料點。有些技術可以突顯相鄰畫素在亮度上的細微差異，還有些技術可以擴大單個畫素的整體明度範圍。[16]此外，可能有的技術用於處理局部影像的效果很好，但用於處理整幅影像未必同樣有效。

從下午一直到晚上，我試了數十種不同的處理技術，最後得到一張呈現塔尼斯主城區輪廓線的清晰影像，只要再多運用一點想像力，幾乎就像《法櫃奇兵》裡的地圖室場景。我的版本的太陽神拉頭飾是一顆多光譜衛星，而我的表情就跟印第安納．瓊斯一模一樣，對於偉大的古代奧祕在耐心的考古學家面前自行顯現大為驚奇。

如今透過Google Earth，任何人都可以看到塔尼斯中部和南部的建築結構輪廓線。目前的衛星影像解析度是零點三公尺，比一般用的筆記電腦更小，但二〇一〇年時情況並非如此（記得嗎，當時的解析度是零點五公尺），告訴我們科技是如何突飛猛進。

我回到家要讓葛瑞格看影像，將筆電從包包取出時兩手不停顫抖，幾乎失手摔了筆電。

「怎麼了？」葛瑞格問我。我打開筆電，調出影像。

他瞪大了雙眼。然後說：「這是什麼？」

「你覺得呢？是塔尼斯！整個塔尼斯！」

他抓起我的滑鼠，開始瀏覽處理過的衛星影像，一下子放大，一下子縮小。我指出所有細節和它們在埃及學研究上的意義，此時葛瑞格提醒我，早在一九八八年他就開始在埃及考古了。唉。

我們討論接下來要如何逐步進行。首先，我們必須將資料數位化，在電腦上個別繪製出每一座建築物，才能將它們看得更清楚。城市面積為八百平方公尺，我以為我可以用滑鼠和ArcGIS軟體的畫線工具繪出整座城市的地圖，ArcGIS軟體可供使用者儲存含有不同圖層及人口普查資料等相關資訊的地圖。

我試了。結果一敗塗地。將影像縮小時，線條看起來是直的，但是將影像放大後近看，線條變得粗細參差不齊，且邊緣浮凸變形。努力六小時卻只是搞砸一切後，我放棄了。一定有什麼更簡單的方法可以捕捉各種不同的細節。

葛瑞格提出了簡單但很高明的方法，手繪整個城鎮地圖，很老派的方法。我們會印出一張整個城市中央區域衛星影像的巨大海報，然後將透明塑膠片蓋在上面，用筆畫出所有細節。這是埃及學家記錄石塊或神廟牆面上場景所用的其中一種方法。我帶著影像資料去影印店，請他們盡可能將影像在單張紙上放到最大。還得看店員擺臉色。

最後我們印了一張長兩公尺、寬一公尺的地圖，大到可以覆蓋我們家餐桌。我們一次畫一小部分，花了超過兩個月繪製出全市地圖。葛瑞格讓我負責填上牆壁線條。他不是歧視女性——只是要保護他的畫作。從我用ArcGIS軟體畫得歪歪扭扭那件事，大家或許猜得出來，我會操縱先進科技，但是我不會畫圖。

繪圖費時約八週，我們估計工時大概超過五十個小時。在討論過很小的細節，確認清楚的遺跡現象都畫了下來，模糊難辨的部分也以虛線畫出來，我們就沒有其他事可做了。與已發表的相關研究結果相比，畫出的地圖讓我們能更進一步洞悉個別建築物內部，以及深入了解塔尼斯市民生活的三個時期。

勝過地面調查——至少比較省錢

我跟葛瑞格決定比較運用衛星影像和進行地面調查的效率，只是覺得會很好玩。我們選擇磁力儀探測作為例子，也就是我們曾在紐芬蘭島用於進行地下調查測繪的技術。一位優秀的磁力儀調查人員加上一位助理，在一個正常工作日內可以測繪八十平方公尺的區域，前提是遺址是平坦的，而且沒有植被擋路。測繪製圖作業每進行五天，專家群就需要花一天來處理調查所得資料。

塔尼斯城的中央區域占地六十四萬平方公尺，南側另有兩萬平方公尺的區域顯然存在建築結構，總計六十六萬平方公尺。

所以共需要一百零三天才能調查完畢。這類技術專家多半還有其他要務在身，通常不可能長期參與考古調查工作，假設一季工作一個月，一百零三天就是整整五個季度。進行磁力儀調查的平均成本約一天一千美金，包含專家團隊的機票錢、食宿錢以及國內差旅費，調查整個塔尼斯聚落的價格就是二十萬美金。

前提是已經向埃及政府申請到地面調查許可，有合作的報關行協助進口必要設備，設備送抵後一切功能齊全，而且調查專家群全程保持身強體健。以上都不保證萬無一失。

相比之下，購買衛星影像的費用兩千美金，而我們花費的工時就算是六十小時。即使磁力儀調查結果可能會再詳細一點，相較之下，運用衛星影像資料還是值得熱切鼓勵。還有啊，想想看從六百英里遠的外太空能在自家餐桌上看到多少東西。

在塔尼斯截然不同的生活層位，有道路、分屬財力不同族群的房屋，以及大型行政場所建築群。有些建築結構必然是豪宅或宮殿，不僅更大，也比遺址中其他建築物更加華麗講究。看起來至少有三棟這樣的建築物。

根據衛星影像繪製的地圖讓我們得以穿越時空回到過去，而且第一次有機會真正理解這座城市可能是如何運作。其所蘊涵的意義深遠，主要是因為塔尼斯是古典時期其中一座遠近馳名的龐大都城。

向下發掘

無論從太空觀測發現什麼，必定要藉由發掘或調查來實地驗證。即使繪製的地圖看起來無比精采，而且很清楚地「呈現」事物，還是必須確認我們從塔尼斯地面上看到的與埋藏在地下的是否相符。一個由考古學家菲力浦・布里索（Philippe Brissaud）[17]帶領、二〇一四年整年皆在塔尼斯進行發掘的法國團隊答應與我們合作，我們終於有機會驗證所得的資料。

我立刻就和菲力浦聯絡。為了實地驗證，菲力浦必須向埃及政府申請在塔尼斯南方進行試發掘的許可，他以前從未使用過衛星影像，對我們的研究結果半信半疑。

我在秋季工作季度如火如荼時抵達遺址現場。塔尼斯裡裡外外，無處不是沉甸甸的歷史餘緒。法國團隊的發掘營屋已有近百年的歷史，牆上掛著歷來曾來此地進行發掘的考古團隊照片。發掘主持人菲力浦熱情外向，以合宜的法國待客禮儀招待我。午餐固然美味，不過送上來的那碗雞爪我碰都沒碰，尤其是在他拿起一隻雞爪送到我面前，同時團隊其他成員哄堂大笑之後。

菲力浦幫我做了精采的導覽，他帶我去看目前在姆特神廟進行的發掘作業，他們發掘出一系列具有雕刻的華麗石塊。我最喜歡的部分是走訪遺址現場的儲藏室，裡頭滿滿的全是過去百年來法國考古團隊所發掘完好無缺和經過重建的陶器。陶器述說的不僅僅是遺址的歷史，也是該處遺址的考古發掘歷史——蒙泰本人也曾親手捧起其中幾件嗎？

在中央區域，就在荷魯斯神廟南側的地方，可以清楚看見有一座長寬各二十公尺的房屋，團隊為了發掘出厚達兩公尺的牆壁已經工作了好幾天。在房屋中央有一個較小的房間，僅一公尺寬——也許是儲藏空間——在衛星影像中並未呈現出來。真令人好奇。我問菲力浦對於衛星影像的看法。他望著我，滿面笑容。

「效果很好！應該有百分之八十的準確度，我想。只是沒有拍到比較小的房間，還有在牆壁邊緣和真正的邊角之間有二十到三十公分的誤差。」

團隊已經在每個房間中下挖約一公尺深，發現不同時期的房屋結構，其中一些符合我們在自家餐桌上看到的房屋周圍遺跡所屬其他建築時期。

我們也檢視了發掘單位的邊緣和表面淤泥的深度，想判定是什麼特質讓這些建築物在影像中很清楚地顯現。與尼羅河三角洲其他大多數聚落廢丘相比之下，覆蓋塔尼斯遺址的淤泥含有較多的沙。沙質土壤與泥磚地基崩解後的碎粒形成對比，而泥磚在多雨的冬季吸收水分後，會呈現更為鮮明特出的顏色。雖然我知道在這處遺址的效果很好，不表示應用在其他遺址也能達到同樣效果，但在那次造訪塔尼斯之後，對於運用衛星影像，特別是對於開始重建這座古城，我更有信心了。

塔尼斯的日常生活

塔尼斯的居民形形色色：國王和王后、祭司、行政官員、匠師、建築師、士兵，還有修築維護神廟、宮殿和主城鎮的大批工人。[18] 正如同現今任何一座大城市，塔尼斯也有繁忙的中心區域。尼羅河支流塔尼提克河沿著遺址東北部蜿蜒流過，方便運送神廟和工匠作坊需要的雕刻巨石。考量其地理分布，在古代必然有不只一座港口區[19]，河流沿岸則分布著一座座市集。在市集裡，船長和商人可以兜售來自帝國各地、從北部以色列到南部努比亞的商品。我們知道在與帝王谷相關的埃及南部城市盧克索，就有類似的市集。[20]

祭司住在位於城市北區的房舍，離神廟很近。[21]根據神廟的人小可推估約有數百名神職人員，包括大祭司、他們的助手以及清潔人員。神廟從早到晚都會有民眾獻上食物和供品；每逢節慶，會有數以千計塔尼斯人湧入神廟區域的外部中庭，希望能親眼瞥見法老或獲得神祇賜福。[22]

在遺址中央部分、荷魯斯神殿南邊，我們發現一區遍布屋宅，林立街道兩側的房屋每棟占地二十平方公尺。房屋內似乎包含四到八間房間，其中至少有一間大於其他房間。屋宅看起來類似阿瑪納的朝廷官員府邸，阿瑪納是在塔尼斯成為

於塔尼斯與菲力浦・布里索的團隊一起發掘（作者自攝）

首都之前三百年的埃及首都。

如果前往一位塔尼斯官員的府邸談事情，你會被帶到中央房室或建築物的公共區域。除了官員本人之外，還會有書記員在場，他們會在你們會談之後草擬必要的信件。四周牆壁很可能刷了白料並上漆，天花板以石柱或木柱支撐。[23]僕傭在一旁待命，準備好為你送上自巴勒斯坦進口的葡萄酒解渴。[24]

屋邸後側為私人區域，包括廚房和數間臥房，甚至還有一個分隔開來的沐浴區[25]——就三千年前的標準來看滿不賴的。這些房屋就和阿瑪納的一樣，可能不只有地面上的一層樓。由於這些府邸皆位處市中心，最棒的是屋主只要沿街道散步五分鐘就能抵達神廟和行政場所，要前往王宮只需走路兩分鐘。在屋中可以享受自尼羅河吹來的習習涼風，因此塔尼斯這個區域的氣味會比其他較貧困的社區更加宜人。此處是精華地段，得要財力足夠才能入住。

在這個令人豔羨的社區南邊是各有二十至三十間房間的宮殿和別墅區，是菁英階級以及埃及兩個王朝歷代國王和王后的住所。[26]在附近的作坊，匠師辛勤工作打造華美懾人的珠寶和精美物件[27]，還有廚師以來自地中海周圍各地的辛香料和食材烹煮佳餚，隨時都能舉行盛宴。[28]來自外國的使節等待首都的最高層官員接見，希望緊急的外交事務能夠上達法老。皇室居所位在遠離朝臣窺伺耳目之處，王后和皇室成員皆居住在此。

王宮大殿的地板可能飾有美麗的尼羅河沿岸鳥禽動植物以及象徵埃及統治外邦的符號等彩繪圖案，法老與滿朝文武在此議政，簇擁在法老周圍的有宰相（vizier）、財政大臣、大將軍以及無數書記員。[29]即使是在古埃及的最後一次中間時期（Intermediate Period）晚期，法老依舊等同神在凡間的化身，努力讓宇宙之中的各種力量達到平衡以保障埃及的福祉。[30]

遺址最南端的部分，即廢丘末端，是一道嘴狀沙洲，在此可以看到數十棟八公尺見方的房屋，以比較有機的方式毗鄰而建。一下子就能看出來，這個區域的富裕程度不如市中心。[31]每棟房屋似乎都有一或兩間房間，所以也許家庭成員會住在相鄰的一房式住屋。這些房屋有可能是王宮工作人員的居所。在發掘之前尚無法判斷，但我們可以很有信心地說，這個區域是塔尼斯最貧窮的一區，與就住富裕精華地段門口的所有便利設施相距遙遠。這個社區看起來也確實有所區隔，與衛星影像資料中觀察得到的第二建築時期相符。

重建城市地景及人口

根據衛星影像要估算出這個繁忙社群的人口數，進行起來比較複雜。我們知道像亞歷山卓這樣年代比塔尼斯晚了約七百年的大城市約有五十萬居民[32]，這些數字可以作為線索。在塔尼斯遺址可以看到數十棟房屋，而且我們知道市中心區域的總面積。由於現代城市的發展以及農民採掘土壤，在尼羅河三角洲有大量考古遺跡消失不存，所以我們只能揣想塔尼斯的範圍究竟有多大。

在城市周圍的田野，很多地表之下可能的建築結構跡象都顯現作物痕跡。有些線條顯示為較早期的現代田地邊界，另外一些痕跡則勾勒出與衛星影像中清晰遺跡現象大小、形狀相同的建築結構輪廓。我詢問周圍村落以及桑哈傑爾的農民，他們都詳細描述了挖土時發現的泥磚結構以及分布密集的陶器片屑。

在可取得優良的日冕計畫衛星影像的十年前，一九六〇年代的塔尼斯遺址似乎比現今的塔尼斯遺址大了約百分之五十。遺址北部和東部地勢較低的部分有現代農業活動進占，桑哈傑爾的範圍則擴張了百分之五百。我們也失去了東邊和南邊古代水道殘存的證據。

兩百年前拿破崙率遠征軍抵達時，這處遺址看起來應該很不一樣。遠征隊的專家學者後來於一八〇九至一八二九年間彙整出版共二十三冊的《埃及記述》（*Description de l'Égypte*），提出關於整個埃及的詳細調查報告。這部曠世鉅著現今已有線上版可供閱覽。[33]雖然只是粗略估算，但線上版地圖裡的塔尼斯遺址看起來是現今的兩倍大。

如果我們想像三千年前塔尼斯周邊的地景，其中有許多較小的場址形成維繫首都生活圈的莊園和村莊網絡，或許會有一些幫助。每年尼羅河氾濫時，塔尼斯主城會成為一座由諸多較小島嶼眾星拱月般環繞的大島。我們無從得知這個網絡的範圍大小，除非考古學家在塔尼斯周圍實行一連串鑽探和其他非侵入式調查，而這類調查需費時數年才能完成。

宏圖大觀

埃及和近東是現代城市生活最早奠基之處，了解塔尼斯的本質和擴張範圍以及周邊社群，對於相關研究的有著非比尋常的涵義。埃及最大且定都時期最長的首都的地圖首次建置完成，我們的衛星影像研究工作可說是填上了一大塊失落的拼圖。但是當我們更仔細觀察，會看到還有其他片拼圖等待補上。對於該座首都的聚落空間建構和都市生活本質，我們可以隨心所欲提出各種假說，但是要再進一步探究，就必須謹慎小心地發掘。

我們考古學家對於世界各地的重要遺址提出了許許多多的假設。但隨著衛星科技日益進步，我們才發現自己知道的少之又少。我們團隊最近取得 WorldView-3 衛星拍攝的解析度零點三公尺影像，進一步獲得中紅外光波段的資料，看到的塔尼斯遺址中建築結構是 WorldView-2 影像資料中顯現的兩倍之多。

舉例來說，我們原本利用手邊資料分析法國團隊發掘的房屋時，只看得出屋內有一間小房間。但是利用更強大、解析度更高的 WorldView-3 衛星資料，就能看到同一座房屋以及塔尼斯其他房屋內有非常多小房間。根據原本的資料，我們以為遺址各處有一些部分空無一物，但更新資料後才發現坐落著數白座房屋和建築結構。我們現在忙於繪製新發現的塔尼斯房屋的 3D 立體重建圖，將有助於讓遺址顯得更為鮮活如生。

但是沒有任何單一資料集能夠囊括所有資訊，在不同季節，或在旱季與少見的霪雨期所攝影像有所差異等原則依舊適用。原始影像中顯現的宮殿遺跡讓我們得以想像三千年前的埃及王室日常生活，但在解析度較高的 WorldView-3 影像資料中卻付之闕如。又要再次歸因為影像拍攝的季節以及天氣；最新的影像似乎是在一年中略為乾燥的時期所拍攝。

或許是要讓我們繼續努力揣想，在新的資料集的市中心部分，確實跳出了先前未曾見過、屬於其他時期的建築遺跡。在比對新舊資料之間的差異之後，我們想要測試於不同季節所拍攝、解析度高低各異的影像資料。這麼做需要時間。如今我們還有WorldView-4衛星影像資料尚待測試[34]，以及數十幅新的塔尼斯影像。我們的太陽神拉頭飾有著多元面相，不像印第安納．瓊斯的那一件那麼方便，只要裝設在長度適切的桿子上就能使用。

至少，功效比較強大的影像讓考古學家得以更謹慎地挑選發掘地點，效果也更佳。隨著影像資料品質有所提升，我們在確立發掘季度目標時就能更加準確，也就能將研究計畫寫得更好，或漸漸有更多機會向私人贊助者提出更好的提案。要是我們能夠這麼說：「團隊將於本季度發掘塔尼斯的兩棟菁英階級宅邸及兩棟較窮困居民的房屋，以比較富裕城市中不同的生活條件和取得食物及物資的方便程度」，接著呈現選定屋宅的確切輪廓線……對於有興趣的任何一方想必會很有說服力。

洞察現代城市及其未來

透過像塔尼斯這樣的城市，我們得以洞察自己所處的社會，並揣想我們自己的城市崩毀之後，會留下什麼樣的廢墟殘跡供未來的考古學家發掘。如果自以為我們的社會能夠永存不朽，就太傲慢狂妄了。看看如今的塔尼斯，再想像一下在西元前一〇〇〇年時告訴塔尼斯人說，整個城市的覆蓋區（footprint）都將遺失不存。

我們的城市會不斷演變，而我們對於何謂城市、關於城市有什麼值得保留的概念也會不斷演變。在我撰寫本書期間，美國從底特律、納許維爾到伯明罕，有許多城市正歷經復甦，但我們還不知道原因為何。或許是四十歲以下的青壯年回到市中心創業，也或許是精釀啤酒運動大力帶動這些最不可能起死回生的地方重新發展。或許是外來投資。等我們確實釐清這樣的有機過程，從前咸認步入衰微無可救藥的城市可能具備無限潛力。

但是如今鄉村地區的城鎮反而正在沒落衰亡，而整個社會正在辯論究竟要拯救它們，或是就讓我們發展成一個城市之國，都是大哉問。而我們只能藉由潛入深厚的人類歷史，來建構回答這些問題的框架。

✣ ✣ ✣

從我在如今已走入歷史的ＶＨＳ錄放影機中發現一座古城開始，再到我透過來自穹蒼有如神的視角在筆記電腦上看著古城本尊現身，我的好萊塢童話故事有了圓滿結局。我學到了以新的方式理解過去的威力，在於在如何利用新科技，以及如何提出更好的問題以挑戰科技的極限之間達到平衡。有時有效，有時沒有效，沒有關係。

提出問題之後，我們偶爾能得到答案，或許是從小平鏟的一下刮擦，吸量管裡的一滴，或是應用一種新的演算法，但是答案倏忽即逝，就像塔尼斯大熱天裡的一絲涼風。我們唯一能做的，只有希望自己挖對地方。

第六章 壯遊

走在阿拉巴馬州伯明罕的街道上，我最喜歡做的其中一件事就是朝人孔蓋裡窺看。我真的應該培養一個更棒的嗜好，但是我好愛看從以前堆疊到現在的街道分層。在我住的城鎮周圍還保留幾段鋪石路面，每次步行經過，我都會想像許久以前的馬匹、手推車和人群在其上往來穿梭。無論我們置身何處，腳下幾乎都潛藏著一段歷史。

我們或許沒有意識到，埋藏在沙漠和密林之中、還未被考古學家發現的遺址，甚至過往文明的數量有多麼驚人。在一處已知或者全新的遺址尋找一個新的遺跡現象是一回事，但時至今日，利用太空考古學科技，我們一次就能找出數以百計、千計甚至萬計的新遺址和遺跡現象。

因應如此大規模的發現，考古學研究也飛速改變，我們也必須隨著構思新的研究問題。一百年甚至二十年前的考古學家，絕對無法想像如今要處理的資料集規模。進行類似的大數據分析本身就是相對年輕的領域，但是資訊科學家已經開始與考古學家更密切地合作，一同開發測繪和建模的方法。

尋索未知事物

此外，對於還有多少事物尚待發現，我們根本毫無頭緒。當然，考古學家會查考銘文、古代文獻以及莎草紙卷，尋找任何關於失落的宮殿或是某座國王陵墓所在位置的線索。德國考古學家海因里希·施里曼（Heinrich Schliemann）自年少時就對史詩《伊利亞德》（*Iliad*）著迷不已，長大後致力尋找特洛伊城（Troy），堪稱透過研讀古代文學尋找考古線索最知名的例子。施里曼立定志向要找到特洛伊，於一八七一年開始在土耳其一處名為西撒勒克（Hissarlik）的遺址開挖，在發掘作業中破壞了許多年代較晚的生活層位。現在我們知道該地即是特洛伊城遺址，而至今依舊可以看到那道巨大的「施里曼探溝」（Schliemann trench）。但文字紀錄能夠告訴我們的仍然有其局限。

我們掌握了羅馬時代埃及的稅務紀錄，其中羅列數十座古代城鎮名稱，但是與現代城鎮的名稱可能差異過大，無從提供線索指示古老城鎮可能的位置。如果連地位重要足以列入稅務卷宗裡的城鎮都難以尋得，那麼想要找到其他小到微不足道的地方，真的就只能祈求好運了。其實常有人問我，古埃及還有多少遺址尚待發現。這是一個不可能有答案的問題——我最喜歡這種問題。

如果目前發現較豪華的古埃及陵墓僅占全部的百分之一，我們很容易就能據此推算所有已發現的較簡陋墳地、聚落、消失的神廟、工業區、採石場和軍事哨站的占比。接著只要以同樣比例去推估全世界，套用在中東、非洲、中亞和遠東地區尚未有人探索和無法企及的地域，想想看中南美洲的雨林、加拿大的荒野地帶、美國西南部的沙漠以及北極的平原。如今深埋於海洋之下的區域，有數百萬平方公里在冰河時期曾暴露於外，而後又因為氣候變遷或地質力量而再次遭到海水淹沒。[1]

我們對於自己所住星球表面可說無知得驚人，所以對於每週都有考古學家公開新的發現，舉凡龐大墓葬群，先前未知的古代城市，甚至尼安德塔人（Neanderthals）曾創造洞穴藝術的證據，真的都不用太過驚訝。[2]

尚待發現的美國考古遺址

只消從自家附近開始探究，就可以對於世界上其他地方還有多少待發現的遺址有個初步概念。即使是最早來到美國居住生活的歐洲人留下的遺跡，至今仍有部分尚待發現測繪。一五四〇年以赫南多．德索托（Hernando de Soto）為首的探險隊於佛羅里達州登陸，一路深入北卡羅萊納州[3]，在喬治亞州的麥克雷（McRae）也出土了一些探險隊可能曾到訪的證據。[4]即使到了現今，一些遺址的確切位置仍充滿謎團，聽說更是阿拉巴馬州（University of Alabama）每年研討會上足以引發研究者激烈爭辯甚至拳腳相向的課題，例如位在阿拉巴馬州某處的馬比拉（Mabila），德索托即是在此與傳說中的塔斯卡盧薩酋長（Chief Tuskaloosa）交戰。[5]

我們所住城市裡摩天大樓聳立的鋼筋水泥叢林，不過三百五十年前還是真正未經馴化開發的荒森野林。早在歐洲人殖民北美洲之前，原住民在北美洲居住生活的歷史可追溯至一萬八千年前。粒線體DNA證據顯示，當時只有一批人移居南北美洲，而所有現代美洲原住民都是這批人的後代。[6]目前已知曾有人類居住生活的遺址，其年代約在一萬四千年前。[7]美洲原住民與歐洲人最早相互接觸並有文獻可考是在一四九二年，在此之前曾有六百個世代，也就是數千萬人在美洲居住。

從地圖上可以看到其中一些原住民族群原本的名字和所在地點，也有一些族群的名稱至今已然佚失，表示這塊大地上各處都曾有人跡。[8]有些族群每季會遷徙至不同的獵場或漁場，族群文化的分布範圍因此得以擴張，也可能留下更多活動跡證。[9]在北加州，僅錫斯基尤郡（Siskiyou County）一地就有超過一萬處遺址[10]，而該郡面積僅是加州的二十六分之一。假設整個加州的遺址分布密集程度相似，表示僅僅在加州就有可能發現二十五萬處考古遺址，而全美可能有數千萬處。

現今在美國，共有五百六十七個經聯邦政府認證的原住民部族，其中有兩百二十九族居住在阿拉斯加。[11]加拿大的第一民族（First Nations）則包含六百三十四個部族。[12]美加兩國面積各為近千萬平方公里，北美大陸有超過百分之四十的土地遍布茂密森林，還有綿亙的崇山峻嶺，以及一年中有數月積雪不化的區域，相當不易搜尋遺址。[13]

自十八世紀初開始，來自歐洲的移民不斷向西遷移，造成數百萬原住民流離失所，也導致無數原住民族遺址毀壞殆盡。[14]直到現在運用遙測技術，我們才開始領略過去究竟失去了什麼。考古學家梅蘭妮·萊利（Melanie Riley）與約瑟·提弗尼（Joseph Tiffany）受聘於喬治亞州自然資源部（Georgia Department of Natural Resources）及愛荷華大學（University of Iowa）附設愛荷華州考古專家辦公室（Office of the State Archaeologist），他們在愛荷華州登錄為國家歷史名勝的圖斯博羅廢丘群（Toolesboro Mounds National Historic Landmark）大量使用光達找出新的觀點。研究圖斯博羅的團隊在尋找的西元二〇〇～三〇〇年間林地時期中期文化（Middle Woodland culture）一座曾留下相關記載的圍牆，以及遭毀棄湮埋的廢丘遺跡。

他們成功了！他們找到那座圍牆和八座廢丘，或許可以再加上第九座，以及兩處異常遺跡現象。[15]遺址地景大致皆被森林覆蓋，只有兩座明顯可見的廢丘。確實，研究結果告訴我們不能光憑遺址遍布林木的外觀妄下評斷，也不能光憑考古遺址當下暴露於外的部分來判斷它的規模大小。

再往南，在佛羅里達州的大沼澤地（Everglades），遍布蓊鬱的松林、長滿克拉莎屬植物（sawgrass）的草澤以及茂密的紅樹林，考古學家幾乎完全無法進行標準的地面調查，但借助光達，就能找出西元一〇〇〇到一五〇〇年間的土築工事。[16]遙測技術可說潛力無窮，讓我們得以更進一步理解原住民文化是多麼豐富多樣。同理，拜近年來無人機攝影科技的躍進，以及愈來愈多由公家機關開放使用的低價或免費光達資料，我們對歐洲移民擴張活動的了解也突飛猛進。

利用此類開放取用的光達資料，考古學家凱瑟琳・詹森（Katharine Johnson）和威廉・韋梅特（William Ouimet）得以辨識出新英格蘭地區南部數處先前未知的十八世紀至一九五〇年代建築地基、農場圍牆以及古老道路。[17]這塊區域如今遍布森林，讓人不禁想問林中究竟還藏著幾千座其他類似的農場。

諸如此類的發現可以為我們的社會史上幾段晦暗不明的時期帶來光明。固然已有一些莊園蓄奴的文獻紀錄，但是關於美國莊園的考古研究結果，讓我們對於奴隸的日常生活大開眼界。借助光達資料，學者也繪製出馬里蘭州的鬱金香丘莊園（Tulip Hill）*和懷伊莊園（Wye Hall）兩處遺址的3D立體圖。新揭露的遺址包括一座可能為露臺的設施、路堤、奴隸居所以及園圃，負責的考古團隊也強調需要試掘才能夠確認這些新發現。[18]

儘管已有上述例子，但相較於世界上其他區域，目前考古學家在美國和加拿大完成的遙測作業仍然極為稀少。隨著情勢有所轉變，我們也學到非常多。

準備啟航

考古學家已搜尋遺址並進行測繪的區域面積很可能只占全球陸地的百分之十，而曾測繪過的海床區域比例則遠低於此。還有許多地方尚待探查，所以我們不妨簡單了解一下來自全球各地的研究結果，並探索我的考古同行們在美國以外地區形形色色、範圍出奇廣泛的新發現。我想你很快就會跟我們考古學界一樣興奮，看好太空考古學領域未來的發展潛力。

十八、十九世紀時，歐美家境優渥的年輕人會前往地中海地區和中東展開壯遊，驚奇於古代世界的種種，帶著滿滿的啟發返回家鄉。我們無須畫地自限，我們的旅遊方式可以很有個性，可

*譯註：莊園得名自園區內高大的北美鵝掌楸，這種樹因花朵形似鬱金香而俗稱「鬱金香樹」（tulip tree 或 tulip poplar）。

以走海路搭豪華郵輪，也可以走空路。晚餐時間沒有任何服裝要求，別一絲不掛就好。好好享受登船或登機後送上的琴通寧——當然是為了它的保健功效囉。

測繪馬雅

請折疊躺椅上的各位躺倒放鬆，不過也別太久！現在要前往的區域據稱是催生考古遙測新發現的溫床，在最近幾年占據考古相關新聞報導的大部分版面，而且實至名歸：在知名古代遺址找到多達數萬處遺跡現象可不是常有的事。我們正朝南航行，目的地是中美洲。

馬雅文明即坐落在此，位在占地超過三十萬平方公里的區域之中，該區域有百分之四十三皆被茂密雨林和其他植被覆蓋。[19]

由於該區域的地景特性，考古學家必須利用光達資料來尋找遺址，而且正在和時間賽跑。毀林（deforestation）破壞的不只是環境，還有考古遺址，這一點令人擔憂。我們可以追蹤遭盜伐而失去的樹木，可以追查農藥用量和毒品產銷，但是我們無從得知有多少古代遺址消失不存。

如先前所述，光達帶動的變革始於查斯夫婦亞倫和黛安於貝里斯的研究。研究中有一部分是利用光達測繪墨西哥中西部的安嘉穆科（Angamuco）遺址周圍九平方公里的區域，這處遺址是由與阿茲特克人（Aztec）敵對的普雷佩查人（Purépecha）所留下。他們發現了一個主要城市聚落，其中有數百個與紀念建築相互連通的住宅區。[20]繼如此驚人的發現之後，其他馬雅文化專家很快就獲得進行光達測繪相關研究的經費。

接下來容我邀請各位登上直升機，一同鳥瞰馬雅文化區域的懾人地景。朝內陸飛往瓜地馬拉途中，會飛越貝里斯的雨林。向下俯瞰蒼翠樹海，你就會明瞭為何有美洲豹和粗鱗矛頭蝮為伴的田野工作絕不適合膽小人士。我在大學時曾有機會參與貝里斯谷考古探勘計畫（Belize Valley Archaeological Reconnaissance Project），在熱鬧愉快的兩週中居住在雨林裡，幫忙測繪馬雅人用於舉行墓葬和儀式活動的洞穴系統。就算只是穿越板根、藤蔓和匍匐莖，都得費好一番功夫。

進入瓜地馬拉空域，逐漸接近堪稱該國最著名的提卡爾遺址（Tikal），你會看到一座座自樹冠層突聳的石灰岩金字塔，儼然《星際大戰五部曲：帝國大反擊》（*Star Wars: The Empire Strikes Back*）裡的場景，只不過加上嘈雜紅金剛鸚鵡群這樣的優美點綴。電影就是在這個景觀彷彿異世界的地方拍攝。在現實世界裡，不用擔心帝國風暴兵出沒，但千萬提防更恐怖的馬蠅（botfly），牠們的蛆蟲孵化後會鑽進你的皮膚裡頭。

除了紀念建築物以外，其他幾乎什麼都無法從空中看見，但來到地面，遺址其他部分全都掩藏於茂密植被之下。二〇一八年年初，以該區域為主角的重大消息公諸於世。研究團隊利用規模空前龐大的光達資料集，分析中美洲馬雅生態保留區（Maya Biosphere Reserve）之內總面積總超過兩千一百平方公里的十個區域，目標主要放在提卡爾、霍爾穆爾（Holmul）和瓜地馬拉其他較大的馬雅遺址。到目前為止，他們已經新發現並測繪超過六萬座建築物。[21]

或許你心裡也在想，這個規模瘋狂極了。我看到新聞時大叫一聲，我先生還以為家裡的貓跳到我背上了。

上述是由帕庫達姆光達計畫（PACUNAM LiDAR Initiative）規畫一項三年專案的部分研究結果，該專案預計在瓜地馬拉測繪一萬四千平方公里。主事的非營利組織帕庫納姆基金會（Fundación PACUNAM）以推動馬雅生態保留區的保育和研究為宗旨，擔任專案共同主持人的法蘭西斯科・艾特拉達－貝利（Francisco Estrada-Belli）如此向我形容在霍爾穆爾進行地面調查遭遇的困境。

他睡到三更半夜驚醒過來，充氣床墊下面有東西在動。他將床墊抬起來，發現一尾長五英尺的蛇就蜷縮在他的頭剛剛枕的位子下方。最糟糕的是：他得先將床墊放回蛇身上，穿上長褲之後才能呼救。驚險刺激的何止考古挖寶！[22]

假設遺跡現象的分布密度相近，那麼僅僅在調查區域就可能有多達四十萬處未知的建築結構。馬雅文明於西元八〇〇年左右發展達到巔峰，幅員超過三十萬平方公里，表示在中美洲的蓊鬱雨林之下可能埋藏著將近八百六十萬處的潛在遺址和遺跡現象，其中甚至還不包括馬雅人曾成功重塑的廣袤地景。套用一句我的學生們會說的：嚇歪。

亞馬遜的祕密

了解諸多待發現的新遺址之後，接下來請在船上小憩片刻，我們將沿著巴西海岸航行，行經占地約六百萬平方公里的亞馬遜雨林區。[23]自百餘年前起，考古探索的全新紀元在雨林中多樣化的區域扎根。其中最廣為人知的故事，莫過於珀西・佛斯特（Percy Fawcett）為了尋找位在亞馬遜雨林某個神祕地方，即他所謂的「Z城」，而在一九二五年失蹤一事。[24]

佛羅里達大學學者麥可・赫肯伯格（Michael Heckenberger）發現，無論佛斯特的遭遇為何，他的想法有部分正確無誤。赫肯伯格的團隊與原住民族群合作，在亞馬遜河源頭辛谷河上游（Upper Xingu）找到二十八座以廣場為中心的城鎮和村莊。[25]這些聚落皆築有一系列溝渠，過去曾藉由古代道路相互連通。[26]該團隊的發現雖然並未用到衛星影像，但是展現了前哥倫布時期人類在亞馬遜流域居住生活的密集程度。簡直難以想像在該地區利用遙測技術會有多少新發現。

在亞馬遜雨林另一處、巴西西部的阿克里州（Acre），赫爾辛基大學（University of Helsinki）的馬第・佩西寧（Martti Pärssinen）率領的研究團隊利用空照圖和Google Earth新辨識出超過兩百處地畫。納斯卡線和其他地畫皆是人類藉由清除石頭或利用石頭等自然素材刻畫，在地面上所創造規模無比龐大的圖像或地理圖樣。阿克里州的地畫顯示，在西元二〇〇到一二八三年間可能存在一個「新」文明。團隊利用在森林遭砍伐之後拍攝的衛星影像，得以測繪更多遺址相關細節，並發現直徑從九十公尺到三百公尺不等，大小與一到三座美式足球場相當的奇異形狀，可能為儀式或禦敵性質，或兩者皆俱。學者進行地面研究調查後認為，在這個原先咸認太過邊緣、不適合重度開發利用的地區，可能曾有超過六萬人居住。由於Google Earth涵蓋的面積有限，團隊相信他們目前發現的只占該地區遺跡現象中的一成，這表示該區域可能還有另外將近兩千處的紀念結構物。[27]

由此可知，該區域的考古相關研究極具發展潛力。亞馬遜雨林過去可能一度如同中美洲的馬雅地區一般有著稠密人口。希望很快就能在該區域運用光達，相信會有躍上頭條的新發現。

接著航行繞過合恩角（Cape Horn），船上的情況可能會變得不太穩定。備妥足夠的暈船藥，因為我們正朝祕魯前進！你或許對於海勒姆・賓漢（Hiram Bingham）一九一二年探查馬丘比丘（Machu Picchu）的傳奇故事耳熟能詳，馬丘比丘如今已成為南美洲的頭號觀光聖地，但也只是序幕，重頭戲還在後頭。[28]

在高解析度衛星影像和無人機輔助之下，在祕魯各地有了更多新的考古發現，但也辨識出有許多古代遺址遭到盜掘。[29]祕魯的盜掘事件長久以來層出不窮，令人難過的是，在許多古代墓葬區可以看到數以千計的盜掘坑。盜墓賊會搜遍每座墳墓盜取色彩鮮豔的織品轉賣，而且多半能夠得手。我最近在eBay拍賣網站上用「祕魯織品古物」當關鍵字搜尋，很快就看到數十筆結果，奇穆（Chimú）、瓦里（Huari）和錢凱（Chancay）文化的織品全都有得買。搜尋結果列表中的商品全都沒有標明地點位置，表示來源很可能大有問題。

藉由定位測繪祕魯遺址，考古學家終於能夠開始保護這些遺址。羅莎・拉薩波納拉（Rosa Lasaponara）的團隊結合捷鳥衛星（Quickbird）和WorldView-1衛星影像，辨認出在納藍哈達金字塔（Piramide Naranjada）可能埋藏著泥磚遺跡現象的證據，之後再利用透地雷達和磁力儀探勘確認。[30]另外，曾任祕魯文化部副部長的考古學者路易斯・詹姆・卡斯提洛（Luis Jaime Castillo）則利用無人機繪製出數十處遺址的3D立體模型，模型成品優美懾人，祕魯也因此成為全世界無人機測繪完成比例最高的國家之一。[31]

對玻里尼西亞的成見

在過海越洋之前，我們還有一點時間可以休息，在我們登陸玻里尼西亞其中一座以考古發現著稱的島嶼，展開下一個遺址探訪行程之前，不妨先來一段背景介紹。復活節島（Easter Island）現今屬於智利，在僅一百六十三點六平方公里的島嶼地景之中，矗立著九百餘座聞名於世的巨大人形站姿「摩艾」（moai）石像。我很喜歡復活節島考古研究的歷史故事，原因之一是故事告訴我們，衛星科技是如何推翻長久以來關於島上的拉帕努伊（Rapa Nui）文明是如何以及為何「崩潰」的種種假設。很多事情實際上往往比表面上看起來更加複雜。

在島上漫步繞行，只見翠綠地景的輪廓與背景的太平洋形成懾人心魄的鮮明對比。整座島似乎與世隔絕，尤其是在看過瓜地馬拉的地景之後。一尊尊石頭哨兵下頷方正，堅忍屹立，似乎在挑戰我們，要我們揣想它們究竟有何來歷。

歐洲人在一七二二年某一天來到島上，之後在一七七〇年復又登島，發現島上約有三千人。一般對於島上拉帕努伊人的遭遇有所假設，並認為是如今我們應記取的教訓：他們占據全島之後過度開發天然資源，伐木毀林，造成動物全數滅絕。早期的考古學家認為，復活節島最早有人定居的年代是在西元四〇〇至八〇〇年間，但是賓漢頓大學（Binghamton University）的卡爾・利波（Carl Lipo）和奧瑞岡大學（University of Oregon）的泰瑞・杭特（Terry Hunt）利用碳十四定年法分析種子，確立一二〇〇年之後有人移居島上的證據。[32]

透過高解析度衛星影像，利波和杭特測繪出古代將摩艾石像運送至島上各處所用的道路。[33]進行調查作業期間，他們在從來源採石場通往其他區域的道路沿途發現了六十二座摩艾石像。依據石像的靜止位置，團隊證明了石像是由人力在兩側牽引之下以立姿「行走」、而非拖曳運送到最後定位的假說。[34]這項研究發現也推翻了原先認為拉帕努伊人為了製造搬動石像所用的滾輪，而大規模伐林的既定主張，島民並未濫用森林，而是善用巧智來搬動他們最傑出的藝術作品。

農耕開墾會對森林造成破壞，而拉帕努伊人懂得將火山岩搗碎加在園圃中當成覆蓋物，藉此維持地力。[35]根據近年的地理空間資訊分析，拉帕努伊人似乎是在靠近淡水水源的地方修築稱為「阿胡」（ahu）的巨石平臺，並在其上設置摩艾石像，可能與有限的自然資源以及地盤劃分有關。[36]拉帕努伊人的覆亡並非咎由自取，而是染上歐洲人帶來的疾病而滅絕。[37]

離開島嶼續往前行，獨自置身茫茫大海之中，或許可以思索還有哪些歐美世界對於全球各地原住民族的看法，是基於根植在殖民主義者思維的先入為主成見而造成的誤讀。看起來，遙測技術能夠提供更實事求是的解讀。

絲路

橫越海洋進入亞洲，只見眼前地景無盡綿延，伴隨著施展遙測技術的無窮機會。亞洲廣闊無垠：絲路涵蓋的大片區域至今仍未經過測繪，不過中國考古學家已經匯整中國二十五省的遺址地圖建置了資料庫，收錄的五萬一千零七十四處遺址年代從西元前八〇〇〇年到西元後五〇〇年。[38]

絲路的歷史超過一千五百年，自中國開始延伸到印度和印尼，穿越伊朗，經過中東，一直到東非和歐洲，沿途跨越陸地和海洋。絲路並非一條道路，而是經年隨著可取用的水源和其他資源有所變動的多條路線。絲路沿途所有遺址的完整規模以及整個絲路網絡的數量，直到目前才逐漸明朗。只用衛星影像，不需進行地面調查，就可以依據形狀和大小區分出許多不同時期的絲路遺址，因此遙測考古在未來具有極大發展潛力，可以在絲路沿途區域新發現數百座珍貴考古遺址並判定其年代。

陝西師範大學的胡寧科與中國科學院的李新兩位考古學家合作，運用日冕計畫和Google Earth影像資料，在中國西北部居延綠洲一帶發現年代主要在一〇二八到一三七五年之間的七十處遺址。[39]想像一下絲路沿途其他的綠洲、貿易站和路線交會點，這些地方仍待測繪發現。

一路向西航行，經過泰國、越南和柬埔寨，富麗堂皇的高棉（Khmer）寺廟至今依舊林立。泰國和越南雨林地區尚待測繪，但我已經聽說有學者預備在該地實行新的光達探勘計畫。精采冒險即將揭幕。

印度河河谷考古的全新開始

接著我們來到印度。這個古老國度多采多姿又生機盎然，是全世界最具有遙測技術運用潛力的國家之一。印度遙測考古的前景之所以看好，很大一部分原因在於印度河文明相較於古老的埃及和美索不達米亞文明，衛星影像資料相對較少。但是印度河文明分布區域卻較上述兩者更為廣闊，涵括今印度、巴基斯坦以及其外地區。

最近的測繪結果，讓我們期待更多令人驚奇的發現。劍橋大學（University of Cambridge）的卡麥隆．佩特里（Cameron Petrie）率領的團隊利用遙測和地面調查，將印度西北部[40]古代遺址與鄰近河川之間的關係以圖像化方式呈現出來。團隊利用中解析度衛星影像資料集測繪古代河道，測繪面積超過一萬平方公里。他們建置出地景的3D立體地形模型，並好心地將編碼提供給所有研究者使用。[41]

另一個團隊則以印度理工學院坎普爾校區（Indian Institute of Technology, Kanpur）的阿吉特．辛格（Ajit Singh）和倫敦帝國學院（Imperial College London）的桑吉夫．古普塔（Sanjeev Gupta）為首，他們根據利用雷達資料建置的高程模型和陸地衛星資料在印度西北部找出克格爾－哈卡拉河（Ghaggar-Hakra），即薩特萊傑河（Sutlej River）的一條古代河道，消息轟動全球。考古學家一百多年來都相信，印度河河谷人口最稠密集中的城市聚落是依靠一條自喜馬拉雅山脈發源的主要河流為生。他們很有自信地宣稱，當該條河流乾涸或河道移動，這些城市聚落逐漸衰敗，並在西元前二〇〇〇到一九〇〇年之間荒廢。

故事簡潔俐落，但是被遙測研究和隨後的鑽探調查及定年結果徹底推翻。新的研究發現證明，該條河事實上在西元前六〇〇〇年就已乾涸，遠早於印度河文明於西元前三〇〇〇年興起的時間。這意味著印度河河谷聚落的形成是由於殘留河道相對穩定，不用擔心難以預料的河水氾濫。[42]

對於接下來幾年在亞洲各地可能會有的新發現，我萬分期待。在橫越印度洋前往南非的航程途中，我們可以坐下放鬆，好好思索這點。需要喝幾瓶葡萄酒，才能消化這股興奮。

最早的老祖宗

來到處處沙塵飛揚而且炎熱的非洲大陸，這裡有許多地區至今仍未經過考古測繪探索。自從最早的智人出現以後，曾在非洲生活的族群文化之繁複多元，僅是細說從頭就需要鴻篇鉅著。再往前追溯，我們的系譜樹似乎更像是一叢茂密灌木，有時甚至會在意想不到的地方發現古老人類祖先化石的遺址。關於人類的起源，我們目前僅略知皮毛，而我認為非洲是全球考古發現最壯闊的前線。

世界上其中幾處最知名的遠古人類化石遺址就坐落在非洲東部和南部，而利用衛星影像探索這片廣大區域的時機已然成熟。在此留下人類生活痕跡的並非人工遺物，而是植物。南非金山大學（University of the Witwatersrand）的古人類學家李・伯格（Lee Berger）利用Google Earth，找出通常生長在南非洞穴入口附近的野生橄欖樹和俗稱「臭木」（stinkwood tree）的樟科甜樟屬樹木。[43]這種洞穴或許是為人類老祖先提供庇護的理想場址，有可能在此發現新的早期人種。

在肯亞的圖爾卡納盆地（Turkana Basin）周圍，世界知名人類學家路易斯和瑪麗・李奇夫婦（Louis and Mary Leakey）的兒子理察（Richard）和妻子梅芙（Maeve）的多項發現遠近馳名，如今他們的女兒露易絲（Louise）承襲家業。在高光譜相機和其他遙測工具輔助之下，探索人類演化的學者或許更有希望找出其他遺址。在連續大雨之後或由於地面侵蝕，會造成化石露出地面；假如化石是散布在多達數百平方公里的區域之中，以地面調查為主的專家想要發現化石就只能祈求好運和偶然的驚喜。

然而，利用高光譜相機建置出的高解析度地圖，能夠顯示其他化石可能出現的確切位置，方便專家按圖索驥。我很榮幸能夠在一項計畫中與露易絲．李奇和她的團隊合作，協助進行圖爾卡納盆地的測繪。雖然測繪所得只是大致的初步結果，但高光譜相機確實偵測出與化石蘊藏豐富區域呈現相同光譜特徵的區域。在這類新資料的輔助下，真的令人難以想像未來我們對於人類演化的理解可能會有什麼樣的進展。

辛巴威的成就

接下來朝北方和東方前進，歷經陸路上的漫長跋涉，我們來到下一站。大辛巴威（Great Zimbabwe）是辛巴威民族的首都，遺址中遍布巨大的石頭廢墟，已登錄為聯合國教科文組織世界遺產，近年則由專家利用高解析度衛星影像重新測繪。大辛巴威遺址有五個不同時期的生活層，年代在西元前三〇〇到西元後一九〇〇年之間。不幸的是，由於政治局勢使然，當地考古工作被迫在一九九〇年代完全停擺。

在開普敦大學（University of Cape Town）學者夏列克．席里庫雷（Shadreck Chirikure）及其團隊的努力下，大辛巴威的考古工作最近重啟，而根據衛星資料也已發現先前未知的梯田、未經測繪的牆面，以及通往遺址主要丘坡群的三條路線。[44]利用衛星影像進一步調查，或許可以讓我們更了解兩百餘處「小辛巴威遺址」（smaller Zimbabwe），意即馬培拉丘（Mapela Hill）等辛巴威西南部其他石砌圍牆遺址，這些遺址顯示該地區在政治上的重要性超過學者原本所推估。[45]

再次回到非洲中部的樹蔭之下，占地數百萬平方公里的雨林由喀麥隆、加彭、剛果、烏干達一直延伸至中非共和國。而非洲西部的地景同樣密布植被，大部分地區皆未經過考古探查，相關考古研究在近五十年才剛起步。

由於戰亂頻傳，疫病肆虐，且缺乏基礎設施，在該區域進行地面調查的難度相當高。但考量該地豐富多元的歷史，以及近年在大西洋兩岸雨林新發現的諸多遺址和遺跡現象，確實很需要在該區域進行光達調查作業。誰知道會發現什麼；也許有可能發現大規模農耕的遺跡，甚至其他暗示可能存在前所未知文明的跡象。要是讓我挑選世界上任何一個地方施展我的考古全視之眼，這裡就是我的目標。在非洲的新發現，可能完全顛覆我們過往對於這片大陸的認知。

熟悉的疆域

沿著非洲東海岸北上，我們來到浮潛聖地紅海。晶透澄淨的海水中生長著大量珊瑚，大群色彩鮮豔的鸚哥魚和神仙魚在水中悠游，此地的海鮮也是一絕。分別位在沙烏地阿拉伯和厄利垂亞沿海的法拉桑群島（Farasan Islands）和達赫拉克群島（Dahlak Archipelago）上有超過四千兩百處貝塚遺址，而馬修·梅瑞迪－威廉斯（Matthew Meredith-Williams）的團隊利用雷達和高解析度衛星影像研究的結果讓我們對於遺址有了全新的理解。

這些貝塚是由數十萬片貝殼堆積而成的丘坡，最高的高度可達六公尺，常見於世界各地大量食用海鮮維生的地區。考古學家原本僅知道二十處貝塚遺址，而該團隊的研究帶來豐富的新情報。貝塚的年代各異，但最有可能是在五千多年前形成[46]，表示過去生活在該區域的人口有可能比原本假設的更多。

朝內陸前進，穿越沙漠裡下切岩石和沙地的乾谷（wadi）*，我們來到位於今蘇丹和埃及最南部的古代努比亞。古代努比亞是非洲最偉大的文明之一，目前受到的關注較少，已完成的衛星影像分析結果也少於北邊的有名鄰居。由於蘇丹的水壩工程導致水位上升，促使各方於一九六〇年代展開大規模調查，也因此發現多處考古遺跡。如今有多片廣大土地都可能因為類似的水壩工程遭受影響，而考古學家也再次面臨調查時間有限的壓力。

蘇丹首都喀土穆（Khartoum）往北三百五十公里處的考古遺址凱里邁（Karima）和博戈爾山（Gebel Barkal），若是運用衛星影像在此處偵測，有很大的機會可以發現遺跡。考古學家找出尼羅河殘存河道的位置，建構高解析度3D立體遺址分布圖，在博戈爾山發現豐富的遺跡現象，有待後續考古季度進一步調查。[47]在蘇丹境內這個區域運用衛星影像進行研究的迫切性不言而喻——此地可能還有數百處未知的遺址，而開採金礦等經濟活動卻會對遺址構成嚴重威脅。[48]

經由蘇伊士運河行經埃及時，我們可以向西眺望尼羅河三角洲。在埃及進行調查作業期間，有好幾回驚險刺激的體驗，其中有一次還碰上一個男人要求我嫁給他家沒有牙齒的兒子，相信這輩子每次參加晚宴都不愁沒話題。我告訴對方他兒子不會喜歡吃我煮的菜，這位父親立刻答腔：「別擔心！他可以喝你煮的湯！」

過了三角洲之後是荒瘠的西部沙漠，此處是通往撒哈拉沙漠的門戶。此處幅員廣達九百萬平方公里的大地曾經歷無數次氣候交替更迭，從潮濕多雨到半乾旱到乾旱，然後再次往復循環。撒哈拉沙漠橫跨十個國家境內，有大片不毛之地根本無從深入探索，所以搜索這些區域最好的方法就是從太空尋找隱藏其中的寶藏。除非你剛好是駱駝，是的話，那就親自上陣吧。

萊斯特大學（University of Leicester）的大衛・馬汀利（David Mattingly）和馬丁・史戴利（Martin Sterry）率領團隊在利比亞西南部持續進行研究，目前已經在沙漠中發現超過一百八十座墓園以及一百五十八座聚落遺址。根據高解析度衛星影像以及利用無人機和風箏拍攝而得的照片，研究團隊對於所謂失落的加拉曼特文明提出嶄新見解，加拉曼特人（Garamantes）活躍於西元前三〇〇年到西元後五〇〇年之間。[49] 團隊在利比亞和突尼西亞的調查發現，尚有其他數千處碉堡、聚落、道路以及開墾區域，由此可知該區域曾有人類生活範圍的真正規模。

戰火中的遺址

沿著以色列、黎巴嫩和土耳其的海岸一路航行，眼前是突飛猛進的遙測技術一展長才的大好

＊譯註：「wadi」也稱乾河，是指乾涸的河道或河谷，僅在雨季時有水。

風景。中美洲是運用光達探測技術的最前線，研究中東的考古學家則以令人瞠目結舌的速度發現新遺址[50]，而考古界甚至還來不及開始判讀所有新資料。僅僅在敘利亞東北部兩萬三千平方公里的區域，哈佛大學的一個研究團隊利用低解析度衛星影像，以及根據由不同季節取得的資料集製作的數位高程模型，就偵測出一萬四千處考古遺址。[51]有鑑於敘利亞、伊拉克部分地區以及阿富汗戰亂衝突頻仍，端賴可貴的遙測技術，考古測繪作業才不至於中斷。

至於阿富汗境內的考古，則有澳洲拉籌伯大學（La Trobe University）的大衛・湯瑪斯（David Thomas）專精於使用Google Earth進行遺址測繪和規畫。他在二〇〇八年指出，阿富汗僅有四萬六千平方公里的國土具有Google Earth高解析度影像，僅占全國的百分之七。在這麼小的區域裡，已經發現的考古遺址約兩百五十處，其中僅有三十三處具備詳細的考古圖面資料；阿富汗全國考古資料庫目前僅收錄一千三百處遺址。[52]

在像阿富汗這樣的國家進行考古研究的風險極高。湯瑪斯曾講述二〇〇五年碰到的一次事件，他的團隊預訂包機要回到喀布爾，但時間到了，包機卻未出現。他們只能開車回喀布爾，路程將近五百公里，途中行經一座村落外面，一片漆黑中差點撞上隨意留置在道路中間的一門大炮。他詢問航空公司為什麼包機沒有來接他們，得到的答覆是：「難免會有小狀況。」[53]我可不覺得這是什麼「小狀況」。

湯瑪斯的團隊探查了四十五處中世紀遺址，並利用衛星影像繪出位在地面上方的遺跡現象，四十五處中僅八處已有圖面資料。他們另外新發現了四百五十一處遺址，包括營地、堤壩、圍牆、住所和小村莊，僅僅雷吉斯坦（Registan Desert）沙漠地區的遺址分布密度就高達每平方公里零點三二處。阿富汗全國總面積為六十五萬三千平方公里；如果全國各地從前皆達到同樣人口密度，那麼可能還有二十萬九千處遺址尚待發現。

一點都不令人意外。阿富汗位在東方和西方的十字路口，從古至今皆是各方霸主必爭之地。[54]在芝加哥大學（University of Chicago）「阿富汗遺址測繪計畫」（Afghan Heritage Mapping Project）的研究人員持續努力下，已經新發現數處聚落、商隊驛站以及殘存河道，已知遺址的數量因此增加至原先的三倍之多。[55]

隨著商隊西行抵達約旦，這個國家的面積僅為阿富汗的八分之一左右，但是歷史同樣精采豐富。在此我們可以看到西澳大學的大衛．甘迺迪和牛津大學的羅伯特．布雷（Robert Bewley）過去三十年來運用數以萬計的空拍照所累積的研究成果[56]：在約旦西部有一個地區，約旦文物部（Jordanian Department of Antiquities）原先僅收錄八千六百八十處遺址，而他們在該區發現了超過兩萬五千處，並估計該區遺址數量可能有十萬處。[57]

如今幾乎約旦全國皆有高解析度Google Earth影像，甘迺迪和布雷透過「中東與北非瀕危考古遺址計畫」（Endangered Archaeology in the Middle East and North Africa project）持續進行研究。該計畫以牛津為根據地，目標是測繪記錄該地區各地遺址如今持續受到的威脅。[58]由約旦文物部贊助成立的「MEGA－約旦」地理資料庫（MEGA-Jordan，全稱為Middle Eastern Geodatabase for Antiquities, Jordan）[59]收錄已知遺址兩萬七千多處[60]，表示遺址分布密度達到每平方公里零點三處，而這只是目前已經發現的遺址數量。

全世界測繪完成比例最高的國家

航程接下來繼續向東，在羅馬停下來享用義大利麵和義式冰淇淋。這時不妨展現一下走在船上如履平地的能力——我們已經航行了大約六萬公里！

義大利各地數千年來皆有大量人口居住生活，基本上是一處龐大的考古遺址。環境分析方法研究中心（Istituto di Metodologie per l'Analisi Ambientale）的羅莎．寇魯齊（Rosa Coluzzi）和羅莎．拉薩波納拉率領的研究團隊運用光達，在義大利南部發現一座中世紀村莊，團隊發現埋藏於地下的結構物[61]並測繪了阿普利亞（Apulia）地區的古代河道。[62]另外，專家利用多光譜影像及空照圖結合地面型遙測技術，也確立了威尼斯潟湖（Venice Lagoon）附近的羅馬古城阿爾提努（Altinum）的詳細輪廓線。[63]

運用遙測資料集在歐洲學界已有相當長的歷史，許多最早應用衛星影像的考古學家皆來自歐洲。儘管歐洲諸多廣大區域皆已經過詳細測繪，還是不時會發現像是丘堡（hillfort）、古羅馬別墅或中世紀教堂之類的驚喜。

接下來橫越地中海繼續向北航行，這段旅程也即將進入尾聲。

若說英國人熱愛地圖和測繪，可能有那麼一點點輕描淡寫：聯合王國是全世界測繪最為詳細的國家之一，這個國家甚至強迫所有想在倫敦開計程車的人將「知識大全」（Knowledge）倒背如流並接受測驗，「知識大全」的內容包含超過兩萬五千條街道名稱以及兩萬個景點名勝，加上來往前述所有地點的三百二十條路線[64]，學員需要受訓三到四年才能通過測驗。

英國的考古遺址數量之多也就一點都不令人意外了，登記有案的考古遺址超過十九萬處[65]，就一個面積為二十萬三千平方公里的國家而言，真的是多得不得了。還有更多尚待測繪的呢——試試看測繪蘭開郡（Lancashire）長十七公里的羅馬古道。[66]如今英國大部分地區皆已有可追溯自二〇〇八年的光達資料，解析度則從二十五公分到兩公尺。資料集的出現不僅讓學者能夠對已知遺址提出新的看法，也正在改變英國的考古學研究。二〇一八年夏天的降雨量異乎尋常地稀少，全國各地的田野出現大量作物痕跡，這些線索稍縱即逝，考古學家於是趕在它們消失之前出動無人機拍攝記錄。[67]

在英吉利海峽另一邊的比利時，專家同樣運用光達技術，在森林底下發現了一座可能屬於鐵器時代的丘堡以及凱爾特人的田地及墓崗複合區（field-and-barrow complex）。法蘭德斯文化資產署（Flanders Heritage Agency）的團隊也利用光達技術，將野生動物管理與古代遺跡現象保存工作相互結合。[68]

水下考古學

在橫越大西洋回到紐約途中，請將視線投向海洋深處。要是沒有指出水下考古學（underwater archaeology）及其無窮潛力，就會錯過堪稱「第八大陸」的海洋了。水的流動加上水面會反射光線，因此衛星無法透視水域深處，然而先進水下遙測技術的應用如今已大有進展。我聽聞專家估計，全球尚待發現的沉船約有三百萬艘之多。在較深的水域搜尋沉船以及因地震或水位上升而淹沒的遺址，可能會面臨種種挑戰，而衛星和無人機可能是搜尋各種水下遺跡現象最為經濟實惠的工具。

Google Earth 這個工具很簡單但十分寶貴，曾在乾潮期間拍攝到威爾斯外海的千年石滬。[69] 美國太空總署的科學家已經成功展示如何利用免費的低解析度陸地衛星八號影像辨認懸浮沉積物形成的水舌（plume），即海水流過淹沒在海中的物體上方時從海底挾帶推送到海洋表層的泥沙流，進而找出沉船下落。[70] 現今在美國北部，也有研究者利用無人機尋找休倫湖（Lake Huron）湖底的沉船。[71]

由於前述此類影像只能捕捉靠近水岸的遺跡現象，目前已有開放原始碼的 OpenROV 水下無人機[72]*，OpenROV 的大小與行李箱相當，可供任何人購買使用，對於考古發現和沉船測繪將會有莫大貢獻。未來若有涵蓋更多光譜的衛星影像，也可能提升海面和湖面之下測繪作業的成效。如果要在希臘群島進行任何相關調查工作，我願意第一個過去支援。大家應該都知道，我這樣是犧牲小我。

所以剩下什麼還未發現？

讓我們換句話重述本章一開始提出的問題：我們能夠估算出全球仍待發現的遺址總數嗎？這

樣的粗略估計可以讓新一代探險家燃起熱情，並促進考古科技持續發展。

粗估如下。從亞洲先前未經測繪區域的大規模考古發現，到新的光達資料集在測繪完成度相當高的國家新揭露的遺跡現象，我們看到目前可說已有極為豐富繁多的新發現。而這些只是透過遙測技術可看出的較大型遺跡現象，並非進行地面調查以銳利目光才搜尋得到的小規模遺址。

地球上有將近四千萬平方公里的土地可供人類居住生活。只要看看各國較大型遺址的平均分布密度，在先前討論過的區域或其他地方，平均每平方公里的遺址數量為零點三到接近一，但也取決於個別國家如何定義遺址的構成要素。根據已公開發表的較大型區域調查資料，即使我們採計從太空可偵測到的遺址分布密度最小數值，並將範圍放大到全球，粗估可能就有一千兩百萬處遺址尚待發現。

依據這個數字以及據我所知接下來幾年將會發表的研究結果去推算，我要冒險提出很極端的主張：

我相信全球有超過五千萬處未知的考古遺址尚待發現，包括陸地上以及水底的主要聚落以及小型營地，這還只是保守估計。

考古發現的規模之大，步調之快，而我們也因此得以提出全新的大哉問，我們無疑躬逢考古學的黃金時期。放眼未來以更優良的感測儀器可能達到的成果，目前的發現更是相形失色。想像

＊譯註：ROV即水下遙控無人載具（Remotely Operated Vehicle）。

有朝一日能使用類似光達的太空型雷射測繪系統，我們就能測繪上地球所有植被覆蓋區域底下的空間。

自從發展成大致辨認得出現代人類的模樣以來，人類已歷經約一萬三千八百個世代，五萬年以來可能曾有一千零八十億人在地球上生活過。[73]表示全球留有大量的人類活動痕跡。我估算考古學家已經探索過的地表面積占全球的百分之十，所以仍有將近三千六百萬平方公里的宜居區域尚待探勘[74]，還不包括沉船或沉入海洋河湖之中的遺址。順帶一提，我也可能錯得離譜；未知遺址的數量可能遠遠超出或低於我的估算。我指望讀者之中有人能證明我是錯的。

當我們對於全球考古遺址的分布範圍和類型能有更周全的了解，也能從遺址表面和地底蒐集資料，新的發現有助於激發全新的見解，讓我們洞悉文明是如何又為何萌發、興盛、崩毀以及以無比的韌性復興。

第七章　帝國覆滅

走訪完世界各地的考古發現，我知道你還在調時差，且讓我們在米納宮飯店（Mena House Hotel）停留休息，點一杯飲料，欣賞綠意盎然旅館庭園後方聳立的吉薩金字塔群。拉一把鋪有厚軟墊的椅子到低矮的黃銅桌子旁。頭戴紅色塔布什帽（tarboosh）的侍者會來幫你點餐；結束在田野的漫長一天之後，我喜歡來一杯冰涼的洛神花茶，新鮮爽口，酸中帶一點甜。

回顧過去，以及帶給未來的一課

金字塔群屹立至今已有四千七百年，原本的石灰岩外層已脫落不存，但即使是在霧濛濛的日子裡，依舊牢牢吸引著身處五英里以外開羅市區的我們。金字塔群讓我們提出許多疑問，關於古埃及，也關於我們自己，包括為什麼規模如此龐大的金字塔的建造工程停止了，為什麼埃及文化在舊王國時期興盛，最終衰微，到了中王國時期卻又復興。

我們也揣想，現今這個時代有什麼東西，能夠在未來數千年長存不朽。在金字塔群之前，我們的短暫無常暴露無遺；如今的世界似乎愈來愈動盪，而金字塔群為現世試圖站穩腳步的我們帶來寶貴教訓。

這些紀念建築物仍沿著尼羅河畔矗立，有如閃閃發光的白色哨兵時，埃及人肯定未曾想像過它們最終會成為空洞的永恆廢墟。埃及人很忙碌，他們忙著打造建築、買賣交易、籌謀計畫、學習新知，在日益複雜的世界裡為了生而為人的日常俗務忙得團團轉。他們和我們一樣，會在牆上寫字，也愛貓如痴。

在從太空向下探看並蒐羅各種見解看法之後，試著將心比心想像自己是穿涼鞋的古埃及人，可以帶來不同的視角，特別是當你坐在米納宮酒吧眺望外頭的沙漠，沙漠中的廣大陵墓裡隱藏著無數關於古代生活的線索。

將線索織成故事

從一個人的遺骸，我們可以織構出其人的生平，例如這個來自埃及尼羅河三角洲東北部易卜拉欣阿瓦德廢丘（Tell Ibrahim Awad）遺址的可憐女孩的故事。我們就叫她玫莉特（Meryt），意思是「摯愛」。我們只發掘得到一具成年女性的骨骸，不知道她的真實姓名。你永遠想不到自己在地下會發現什麼，或是這項發現會讓你說出什麼樣的故事，尤其是在幾杯米納宮滋味絕佳的琴通寧下肚之後。

✣ ✣ ✣

玫莉特將紙莎草莖綁成一束，雙腳泡在運河裡隨意擺盪。只要她再扭絞一下，就能將紙莎草舟的船頭鎖緊固定，就可以划船。或是賽船。

「小妹快點！我們的早就好了！」

玫莉特大喊要特提（Teti）先出發。比她大兩歲的特提無論如何都想搶先，他駕著船駛經有許多鳥禽棲息的濃密紙莎草叢，來到河岸淺灘，國王的牛群會來此飲水。「玫莉特，現在就出發！不然我要過去大力踩妳的船了！」

遠遠傳來砰的一聲：玫莉特的大哥塞涅（Seneb）不知用什麼東西打了特提一下，但是特提還在咯咯笑。

「你敢的話，我就揍扁你！」玫莉特大聲回嗆。就算是五歲時和哥哥們拿棍子對打，她也完全不落下風。她讓船滑入沉靜的汩汩水流之中。

到了下游河岸，只見整片牛尾擺動、牛角崢嶸，還有毛皮閃閃發光，牛群在她父親手裡的趕牛棍戳刺下前進。她揮了揮手。

「小子啊，別讓妹妹被鱷魚給吃了。」他大喊。「也別忘了該收割草料了。要是想要有東西可以交換肉，你們就得幫忙割完。」

「是的，父親。」他們嘟囔埋怨。特提將他的小船拉上岸。

「你之前還說自己家有田會很好。」

塞涅翻了個白眼，用力扭絞短裙裙襬。

「所以沒東西可以賣給地主比較好囉？」特提認真思索這個問題。一起出發時，他心不在焉地揉揉肚子，玫莉特伸手勾住他的手臂。

他們家就在附近，經過王室的牧草地、棗椰樹林和他們家的小塊田地就到了。一座座泥磚屋顫巍巍地沿著市區城牆向上坡而建，遠離每年河水氾濫的範圍。數千戶民宅緊挨著神廟和省長莊園。

驢子在建於屋上的廄舍裡打盹，塞涅抓了些草料給牠。母親正在屋裡準備午餐。等父親回到家，全家人一起坐下吃麵餅和燉蔬菜。

「霍特普（Hotep），你會帶玫莉特一起去城裡嗎？」母親問，邊朝大口扒完最後一些豆子的特提露出微笑。她朝屋內僅有的另一個房間瞥了一眼，目光落在蓋在織布機上織了一半的亞麻布，男主人點了點頭。

稍晚，玫莉特緊抓著父親的手，父女倆穿越狹窄曲折的街巷，朝省長莊園大門旁的努比亞士兵走去。其中一名士兵朝她揮手，但並未離開崗哨。

「來繳稅？」一名書記員看到他們進門時問道。

在草木扶疏的中庭裡，父親俯身朝向玫莉特。

「孩子，待在這裡，別惹麻煩。」他輕聲交代。

霍特普個子並不矮，但置身一棟屋高是自家房子的三倍、屋寬超過他們家田地的宅邸裡，他看起來十分渺小。玫莉特蹲下來，看著書記員盤腿而坐，橫在懷裡的是記帳簿。他們穿的短裙布料採用昂貴費工的織法，母親曾試著教她這種織法。一名身穿亞麻布衣的男子走出來，身上的亞麻布無比精緻，以至於布料下肚臍凹陷處彷彿開了個空洞大口。

男子站在書記員身後，胸膛上飾有金珠的衣領閃閃發光。

「陛下對於今年的稅收十分滿意。他會賞賜一塊薩卡拉（Saqqara）的墓地給你的領主。」一名總管邊指導屬下修正新增的紀錄，邊抬起頭。

「真的嗎，大人？敝省惶恐，不勝感激。」但是總管並未站起身，很快又埋首於數字之中。官員尷尬地愣了一下，離開前緊張地瞄了士兵們一眼。

「走吧，玫莉特！」父親彎身將她抱到臂彎裡。她笑了起來，咬了一口父親放在她手裡的蛋糕。「是省長招待的。」父親說，滿面笑容。「那麼，要不要來比賽划妳哥哥的船？」

興隆昌盛的舊王國

玫莉特一家生活在舊王國晚期相對和平繁榮的時期，約西元前二七〇〇到二二〇〇年之間。在這段漫長的歲月裡，我們看見國家權力逐漸增長鞏固，國王坐鎮今日開羅以南的孟菲斯[1]，以神在凡間化身的地位統治全國，並監造各種一統全國人民和資源不可或缺的基礎設施。[2] 埃及的著名官僚制度慢慢發展成形，書記員、行政官員、建築師和工匠皆成為埃及社會結構的重要部分。

重大的金字塔建造工程於第四王朝展開，首先完工的是由國王斯尼夫魯（Sneferu；西元前二六一五～二五八九年）後於達蘇爾（Dashur）興建的紅色金字塔（Red Pyramid），而金字塔形式也成為之後王室陵墓設計的精髓。隨著國家快速成長，加上國內大興土木，埃及必須向外擴張：斯尼夫魯數次派兵遠赴西奈以取得銅和綠松石，前往努比亞取得黃金，並赴黎巴嫩取得雪松木。第五王朝（西元前二四九八～二三四五年）統治者則將眼光放得更遠，甚至遠至朋特（Punt）等地，朋特很可能位在今厄利垂亞境內，商人和使節到此蒐羅黃金、薰香料和狒狒。

埃及自家也有大量財富湧入。於尼羅河三角洲新建置了牧牛場，牛肉於是成為王公貴族和金字塔工班的固定食物來源，而玫莉特家和其他家庭連續數個世代也能夠以牧牛為業。王室所轄農業聚落包括特別保留給喪葬禮儀所用，生產了大量糧食，供應多達數萬名勞動人口之外還綽綽有餘。[3]

為了管理愈趨繁雜的國家行政組織，以及更重要的全國稅賦，埃及全國劃分為類似省或州的行政區（nome），上埃及分為二十二省，下埃及則分為二十省，各行政區的首長稱為「省長」（nomarch）。[4]各省最初有可能是依照牧草豐美的區域來劃分指定，例如玫莉特一家人居住的地方。由此可知牛群和牠們的健康福祉有多麼寶貴。

但在王室權力鞭長莫及之處，地方官員也開始培養自己的勢力。國王傑德卡拉（Djedkare Isesi；西元前二四一四～二三七五年）在位期間，權力重心有所轉移，逐漸去中央化。各省的省長不再藉由在王室金字塔周圍修築自己的陵墓來壯大勢力，而是在各自統治的省分修築陵墓，下葬時舉行私人喪葬儀式。平民百姓也開始享有從前專屬王公貴族的宗教特權。

而在更南方，努比亞人開始宣示武力。第六王朝時期，新的努比亞文化興起而且更為強盛，與埃及之間的外交不再由國王的官員執掌，改由亞斯文的幾名省長主導。

及至佩皮一世（Pepi I，西元前二三二一～二二八七年）即位，地方首長藉由修築宏偉華麗的陵墓自誇功績，肆無忌憚展示自家財富和勢力，反而是國王修築的金字塔規模一代不如一代。皇家墓室一面又一面牆壁上刻滿的深奧禱詞「金字塔文」（Pyramid Texts）是至高無上的榮耀。[5] 儘管如此，刻金字塔文所費人力較少，而且平常無從得見，宣示威權的效果幾乎無法和先前龐大無匹的陵墓相提並論。

既然打不過，乾脆加入，國王佩皮最後迎娶上埃及阿比多斯（Abydos）一名省級官員的女兒。聽起來相當精打細算，但是佩皮的作風並不一致：國王有權從任何王室喪葬祭儀收取相當高的稅金，是不可輕言放棄的寶貴資產，他卻賜予代赫蘇爾的斯尼夫魯喪葬祭儀免稅特權。

佩皮二世（西元前二二七八～二一八四年）即位時年僅六歲，他在位的近百年間可說是「淤泥淹滿沖積扇」*，埃及陷入一片混亂。大量免稅優惠造成國庫空虛，中央行政陷入癱瘓，而各個地方首長則變成世襲制，不再由國王親自派任。更不妙的是，佩皮二世派往努比亞和西奈的軍隊遭到屠殺。所有向外擴張的企圖都成了痴心妄想。

最後的邊疆

在西奈西部海岸線、紅海一處海灘上的舊王國要塞，就是埃及向外擴張任務於國境之外中止

*譯註：原文為「the silt hits the alluvial fan」，應是作者將「when the shit hits the fan」（字面意思為糞便落在風扇上，比喻災難一發不可收拾）的俚語巧妙改寫。

的絕佳證據。我很幸運能在葛瑞格於二〇〇二至二〇一〇年在該地進行研究期間前到該地工作，不過後來埃及開始動盪不安，可說是進入現代版的「中間時期」，西奈的局勢也變得很不穩定。要塞遺址非常優美——我們非常希望有一天能夠再回去。遺址是一座圓形石砌結構，直徑為四十公尺，牆面厚七公尺，北側牆面高度超過三公尺。從前的埃及遠征隊每季前往西奈開採銅礦和綠松石時，就是在該要塞中紮營。[6]

埃及在許多方面發展繁盛，對於異國的原料需求極大。所有富人都想要綠松石製成的護身符或珠寶，因為綠松石是掌管愛及富裕的女神哈索爾（Hathor）的聖物。銅更是民生必需品，從石匠的鑿刀、木匠的工具、刀劍斧頭、鏡子剃刀一類的個人用品、進行祭拜儀式所需的雕像容器等設備，甚至化妝品，無一不需要銅，埃及不是由石塊築成，而是由銅礦築成。銅礦的取得至關緊要。

我們在這座獨特要塞進行田野工作期間，估計在一場破壞力極強的暴潮造成要塞半毀之前，埃及遠征隊至少有四或五次以要塞為據點。顧名思義，「暴潮」是極端天氣事件發生時在紅海掀起的狂暴海浪。該要塞面海的牆壁皆裹覆一層如同水泥的鹽沫，而西側的稜堡（或碼頭）則有部分經過海浪劇烈翻攪，破損建材的塊屑中混雜著海灘礫石與貝殼。

埃及人在西元前二二〇〇年之前拆除要塞的一部分，也許是為了預防對他們懷有敵意的當地人將要塞納為己用，也許只是要另尋新址。他們將南側牆面縮減至二十公分厚，在西側門口通道加砌牆面，用和葡萄柚差不多大小的礫石將內部的入口通道封住。要塞之後便遭廢棄。

事後看來，一切都在意料之中。考量要塞的重大損害（假定是由暴潮所造成）無法修復，而埃及本土派人支援的希望愈漸渺茫，遠征隊決定把握時間緊急撤離，回到家鄉面對不確定的未來。想到可能找到了埃及舊王國覆滅前最後數趟西奈採礦之旅的證據，我們不禁開始認真思索。

佩皮二世在位末期，埃及政權愈發脆弱不穩，只需要最後一根稻草就能壓垮中央政府。

✣ ✣ ✣

「玫莉特，不是那裡。」塞涅大力抽回鋤頭，同時玫莉特正從一座淤泥丘跳到另一淤泥丘上。「也不是那裡。」

特提將溝渠刮挖乾淨，咧嘴笑了起來。他嘴裡另一顆前排牙齒最近掉了。玫莉特咯咯笑著，向下跳進乾涸田地。

「兒子們，」父親喘著氣說，「我們今天得把這搞定。」精瘦結實的他因為燠熱暑氣而渾身是汗，他將鋤頭用力鋤進跟他晒傷的皮膚一樣黝黑的泥土裡。「玫莉特，請幫忙拿水過來。」

她在一棵埃及無花果（sycamore fig）樹下找到水罐。提供灌溉用水的運河一直延伸連接河道。土丘群是用來在水位上升時留住寶貴的河水；早在塞涅出生之前，河水在氾濫同時也會為田地帶來補償。

那天晚上，母親端出多一點啤酒來慶祝。她將深色鬈髮向後梳盤成髮髻，聽著丈夫講很蠢的笑話大笑出聲，油燈照亮了她的笑臉。玫莉特沉沉入睡之際，疑惑自己的牙齒為什麼蒼白平滑，而母親牙齒上卻布滿沙褐色的線條。

✣ ✣ ✣

「小妹，起床了。」

她眨了眨眼。距離就寢時間已經過了好久。

「特提？」他扶她坐起，指著窗外。

「妳看。索普德特*又升起了，河水很快又會開始氾濫——我們來比賽一路划船到無花果樹下。」玫莉特撐著沉重的眼皮，盯著空中最明亮的一顆星——索普德特從來不騙人。

然而隔天，當全城鎮的人都聚集在河邊，祭司檢視河邊立柱上的水位刻痕時，河水卻絲毫不見氾濫的跡象。

一週之後，在同一地點，民眾將孩子緊緊牽在身邊，壓低聲音竊竊私語，祭司群看起來面無血色。玫莉特一家人回家途中，經過一艘停靠在碼頭的船，船上載了香甜好聞的木材。甲板有一半是空的。一名高官和一支分遣隊神色嚴肅地下了船，朝省長的圈圍土地前進，同時一名甲板水手將繫泊用的樁柱固定。玫莉特的父親驚訝地歡迎來者。

「納赫特？我們多久沒見啦？」

「霍特普！」兩名老友相互擁抱。「好多年了。自從我上次坐船去比布魯斯（Byblos），已經好多年過去了。」他皺眉看著雪松木。「我不知道我們幹嘛還要大費周章。搬出陛下名號就有用的時代已經過去了。」

「孟菲斯那邊，已經這麼亂了嗎……？」

塞涅晃到附近，側耳聽著，而玫莉特用力拉了拉特提的手。他們沿著石階向下走，在立柱旁蹲下來，張開拇指和小指測量水面到第二低的刻痕之間有幾扠。

「媽！快來看，水位好低！」但是母親似乎不想來看。她凝望著河水下游墓園的方向。

父親和塞涅爬石階上來時，伸出一手按著塞涅的肩頭。年紀較長的男孩就和官員一樣一臉凝重。

「特提，別管那個了。我要你們倆跟我一起去穀倉。」

「可是穀倉還很滿呀。」塞涅說。父親搖了搖頭。

「你們該學著怎麼仔細地量穀子了。」玫莉特抬頭看向母親，感覺母親牽著自己的手扣得好緊。

「我也得教妳織布了，寶貝女兒。」

尼羅河三角洲的聚落分布模式

此時，我們需要將鏡頭拉遠，以便了解故事中設定為玫莉特家鄉的易卜拉欣阿瓦德廢丘的重要性。我在二十一世紀剛開始的十年於尼羅河三角洲實行遙測計畫，而研究結果只是更深一層了解先前發掘和調查得知的七百處考古遺址。二〇〇三年夏天時我們在特彼拉廢丘進行發掘，週末

＊譯註：索普德特（Sopdet）是埃及神話中代表天狼星的女神。

會展開短程旅行，從地面實際驗證自己的研究發現，我因此有了寶貴機會，得以探索遺址方圓五十到六十公里範圍內較宏觀的聚落分布模式。

我並未將注意力局限在衛星影像所突顯的「新」遺址，也探索了其他已知的遺址；有太多處遺址，我們所得的資訊僅僅是地圖上的一個點，沒有任何定年資料。前往這些「一片空白」的遺址步行調查很有助益，可以蒐集、記錄地面上陶器碎片或其他任何可見的物質文化證據並加以定年。

接著我會在其他遺址尋找類似證據，藉由我自己的調查區域以及整個尼羅河三角洲中遺址所提供的已知定年證據，進一步佐證我的發現。這是考古學界第一次針對尼羅河三角洲提出大範圍聚落分布模式概觀。發現的模式令人大惑不解。

根據在三角洲東部蒐集到的所有證據，我們知道在二十九處考古遺址有舊王國的遺存。[7]聚落證據證實了古代文獻所載，也顯示埃及在國力逐漸穩定、邁向繁榮昌盛的時期逐步向外擴張。但是當我檢視舊王國結束後餘波時期的遺址證據，卻只在四個聚落遺址找到證據。在整個尼羅河三角洲從東到西，我們看到三十六處屬於舊王國時期的遺址，而西元前二一六〇～二〇五五年之間、第一中間時期（First Intermediate Period）的遺址則減少至僅十一處。

在我調查的區域裡，曾發生某件事導致埃及人大規模棄城棄村，僅聚集在四個地方掙扎求生。門德斯是特彼拉廢丘以南地區的首府，在此地發現一個住宅區年代與此時期相符[8]，另外在夏盧法廢丘（Tell Sharufa）地面發現了陶器碎片[9]，在艾克達廢丘（Tell Akhdar）[10]也有類似發現，而玫莉特一家人的家鄉易卜拉欣阿瓦德廢丘則有一座墓園。[11]我開始仔細檢視所有考古資料和文獻，想查出為什麼這幾個地方還有聚落，而答案隱含的意義令人震驚，牽涉到埃及偉大的金字塔時代為何以及如何結束。

✣　✣　✣

男人接力傳送水罐，澆水灌溉乾渴的農作物。就算牛隻所剩無幾，也必須找點什麼來餵剩下的幾頭。牛皮在牠們流失肌肉的肩胛和臀髖上虛垂著，皮上破開的鮮紅瘡口彷彿怒目瞪視。

這年特提和塞涅分別是十歲和十二歲，兩兄弟合力剛好搬得動父親傳過來的巨大水罐。人力運水流水線再過去的田地裡看起來好像什麼作物都沒長過，只長了不能用來餵牛的荊棘和粗硬草類。工作日結束，太陽下山之後，他們就沒辦法再摸黑幫田地澆水。

從前種植草料的地方，如今只見遍地塵土。每次有微風吹起就帶走更多塵土，玫莉特沒空幫忙，她從日出到日落都在織布，她的織布機與母親的織布機並排。

氾濫水位過低的一年很難熬，直到索普德特終於在前一年夏天將水引出河床時，穀倉已經空空如也。接下來的一年稍微比較好過，百姓總算能喘息片刻。一個月之前，索普德特的星芒為整個城鎮帶來希望，卻絲毫不見河水開始氾濫。

省長沿著接力運水的人龍踱著步，一名書記員跟在他身後。他停步站住。

「你的提議我考慮過了，霍特普。」他低聲說。霍特普躬身低頭。

「謝謝您，大人。要是我們可以修復上游的運河……」省長點點頭，書記員將捲起的空白莎草紙攤平，沾濕筆頭，等待省長裁示。

「灌溉牧草地的運河屬於王室牧場所有。」霍特普閉緊雙眼，大力將又一罐水傳給塞涅，瘦削的雙肩緊繃。

「很抱歉，大人。草民不該——」

「要是陛下不派人來修理，我認為沒道理我們不該自己維修。」霍特普抬起頭。

「這樣一來，我們就能從運河開闢一條新的支道，將水引回比較高處的田地？」但是在省長表示首肯時，特提傳水罐時雙手一滑，將水潑濺在省長雙腳上。塞涅低聲責罵，特提滿臉漲紅，向省長深深鞠躬道歉。省長微微笑了一下，打量兩個男孩的手腳，比瞪羚的四肢還乾瘦少肉。

「霍特普，如果要讓你的兒子做男人的活，就應該讓他們享有跟成年男人一樣的配給。」他向書記員打手勢比劃著，邊朝人龍另一端走去，書記員飛快記錄。

數天內，省長就籌畫好運河工程。很快地，作物開始生長，牧草地也恢復綠意。收穫季來臨時，由於許多人都投入修築新運河，家家戶戶的穀倉都獲得豐厚配給。

玫莉特在菜圃裡除雜草，蔬菜在父親和塞涅新闢的分支溝渠灌溉之下十分濕潤。瘦弱的她很快就覺得疲累。她深呼吸好幾次，黑色的溝渠水反映她露出的犬齒。牙齒上條紋斑斑，跟母親一樣。玫莉特微笑起來；又有事可以跟母親分享了。她已經在三年內成為技藝嫻熟的織匠，即使她幾乎沒有長大多少。

「妳好了嗎，寶貝？來幫我穿經紗。」門內響起的呼喚聲穿過空盪的畜廄傳到耳裡。

「來了，媽媽。」她再戳挑掉一株會偷喝水分的雜草，站起身來。

她瞇起雙眼。田地另一邊的道路上揚起大片煙塵，好像鴕鳥的羽毛。

「媽！媽，快來！」

她們匆忙爬上平坦的屋頂向外眺望。北邊和西邊的道路上都擠了滿滿的人。是一家又一家的人，或者該說各個家庭僅存的成員；有些人手裡緊抱家當，但大多數人筋疲力竭。每個人都已經是皮包骨。母親伸手緊掩住嘴。

「玫莉特，妳記不記得我們在墓園是怎麼供奉妳的姑姑們？」玫莉特皺起眉頭。母親壓低的話聲聽起來好怪異。

「還是小女孩的姑姑們？」

「是的，寶貝。她們年紀跟妳差不多。妳現在知道為什麼了。」她抹了抹眼角。「來吧，我們都是尼羅河的孩子。我們必須整理食物，送到城鎮入口處。」

「但是塞涅說我們的穀倉還不到半滿……」

「妳希望我們的心臟在天秤上秤起來很沉重嗎？我們絕不能讓瑪亞特（maʾat）那一端向下掉……」*她轉身走向樓梯。「就算國王陛下沒能維持正義。」

*譯註：瑪亞特是埃及神話中掌管真理與正義的女神。

當尼羅河不再氾濫……

你很可能聽說過，所謂埃及是古代世界的麵包籃。如果真是如此，那麼尼羅河就是烘焙坊。長久以來，埃及的國運都與尼羅河、相連的運河，以及尼羅河谷兩側的農田和沙漠資源密不可分。[12]

藍尼羅河的源頭是位在衣索比亞高原（Ethiopian plateau）的塔納湖，白尼羅河的源頭則是更偏南的維多利亞湖（Lake Victoria），兩條源頭河流在今蘇丹首都喀土穆匯流。[13]赤道附近的湖泊區域幾乎終年有雨，因此尼羅河不會枯竭[14]，但是前述兩座湖泊位在撒哈拉沙漠以南，湖水僅靠每年五月下旬至六月間於亞洲生成後向東吹往非洲的季風帶來的雨水挹注。兩座湖泊的水位高漲，造成尼羅河眾多支流氾濫。

在一九〇二和一九七〇年建造完亞斯文的水壩以控制洪氾之前，季風帶來的降水會向北大量湧入埃及的尼羅河。直到現今，在亞斯文古老的象島（Elephantine）仍然可以看到測量水位高度用的尼羅河水位計，而從開羅的羅達島（Rhoda Island）上裝飾華麗的伊斯蘭時代（Islamic Period）的尼羅河水位計，可知洪水一直具備重要地位。每年的洪水水位無論高低都會記錄下來，平時的水位也都留有紀錄。

氾濫水位過高時會釀成災害，而適中的氾濫水位卻能為土壤帶來水分，並藉由淤泥為土壤補充養分，讓農作收成更好，漁獲量更多，牧草更豐美。稅金多寡是依據氾濫水位高低來決定，因此也直接影響王室財政。

有了良好規畫的溝渠和運河系統，原本可以擴大適宜耕種的土地範圍，但在氾濫水位很低時，溝渠和運河系統也隨著失靈。如果從印度吹來的季風帶來的降雨不多，衣索比亞高原地區的最高峰水流量也會大幅減少，而埃及的河水氾濫水位就會降低，造成農作物減產。饑荒未必難以避免：地方首長和領導者深以有效管控稀缺水資源的政績為傲，在預先寫下的陵墓銘文中少不了大肆頌揚。

尼羅河朝北流入地中海，其七道支流於三角洲形成複雜地景，而沉積的淤泥每一千年將沖積平原抬高約一公尺。這項證據十分重要，證明尼羅河每年都會很可靠地發生氾濫，沖刷土地的同時也滋養土地。[15]古代聚落在河道周圍密集分布，以便享有肥沃農地、臨近貿易路線，以及當地和區域交通運輸等地利之便。

如果尼羅河氾濫水位並未達到理想的高度，沿著支流分布的較小聚落有可能像四肢缺乏血液壞死一樣衰微凋亡。[16]

✣ ✣ ✣

河水並未氾濫。一年過去，河水仍未氾濫。省長手下的石匠在他的陵墓裡建造了另一間恢宏的墓室，同時霍特普為特提挖了一座墳。

霍特普盡可能挖得很齊整，但是如岩石一般堅硬的地面已被太多從老墓園向外延伸的墓坑占據。在城牆外面，難民聚居巷弄中的小屋附近，禿鷹盤旋，野狗繞圈打轉。

「我兒子不會落到那個地步。」霍特普咬牙切齒地說，邊將鎬頭尖端磨利。他已經沒有東西可以用來換一把比較好的鎬頭；到處都缺銅。

日落時，母親將她親手織的亞麻布緊緊裹住的一個捆包放入土裡。明明是十三歲的男孩，卻輕若無物。

他們將每塊石頭的填充粉料封住時，一個人影大踏步走上山坡，後面跟著一隊士兵。

「霍特普，我的繪圖員告訴我了。是哪一個……？」省長的目光投向霍特普身後，落在塞涅空洞無神的臉孔，落在塞涅的妹妹顯眼的脆弱顴骨。她的身高跟八歲小孩差不多，但她其實剛滿十二歲。她的深色雙眸眼神空洞，但她直直盯著省長，哀傷中藏著狂怒。

「是我的小兒子，大人。」霍特普說，他彎身行禮之後緩緩起身。塞涅的雙眼死盯著石頭堆。

「但是我分配了多一點糧食給你們……」

「我們非常感激，大人。但是經過這麼久，早就不夠了。」

「願眾神慈悲。你為什麼不跟我多要一些？」

「那又要從誰家餐桌上搶走那一些呢？」省長望向城鎮另一頭，玫莉特的目光讓他很不自在。

「大人，一位祭司告訴我，他們不再供奉蛇女神了。田裡沒有蛇了。因為沒有老鼠，全都被吃光了。」母親已流不出眼淚，一臉憔悴的她伸出手臂環住父親。

玫莉特看著省長咬了咬牙。他喃喃說了些話。微風輕拂，將一名士兵頭帶上的鴕鳥羽毛吹得微微抖動，玫莉特拉起母親的手，憶起那天在屋頂上看到的情景。那時城鎮慷慨救援，但是徒勞無功。省長嘸了嘸唾沫。

「我們必須向盟友請求支援；他們的運河還有水。霍特普，你帶著全家往南走，幫忙保住我們全城的穀糧。我知道你是正直的人。」

霍特普全家隔天啟程，帶著寥寥幾件家當。玫莉特回頭望著墓園，向特提許諾她一定會回來。

舊王國的覆滅

佩皮二世在位長達九十一年，跨越四個世代的統治於後期陷入僵滯，宏偉的王室建築工程已是遙遠的回憶。那些建築結構如今在我心目中，象徵著權力和榮耀轉瞬即逝的本質——舊王國的統治者曾經大權在握，但他們將權力耗用殆盡。繼位者只能將就湊合。目前已知第八王朝（西元前二一八一～二一六一年）僅留下一座小金字塔，墓主是國王夸卡瑞．伊比（Qakare Ibi）。[17]

埃及全國陷入動盪，接著分裂形成兩個政權，地方首長擁兵自重。第八王朝定都孟菲斯，第九和第十王朝（西元前二一六一～二〇一〇年）則以開羅向南約一百公里處的赫拉克里俄波利斯（Herakleopolis）為首都，[18]另外在盧克索（底比斯〔Thebes〕）和更南方的莫阿拉（Mo'alla）、艾德符（Edfu）等地也有新興地方勢力。[19]這些地方統治者彼此之間聯姻結盟，將累積的財富用於贊助藝術，各地因此發展出用色特殊、性質各異的多元風格。國王大權旁落，已無關緊要。

埃及從此不復往昔樣貌。

一個時代的終結

論及舊王國是如何和為何終結，埃及學家激烈爭辯，莫衷一是。[20]我們看得出社會、政治和經濟因素皆牽涉其中，但是情況無疑十分複雜。[21]有一種說法是逐漸乾旱的氣候推了一把。

我們進行的聚落調查發現，三角洲東部的遺址遭到荒廢，起因可能是尼羅河連續數年氾濫水位過低。埃及以及更遠處的考古證據和文獻顯示，尼羅河扮演的角色可能遠遠超過先前學者所假定。[22]為了了解尼羅河不只是一或兩年氾濫水位過低，而是持續缺水造成的影響，我們必須查考年代更晚的文獻紀錄。

雖然沒有祭司將尼羅河水位計量測數值刻在石頭上留存，不過伊斯蘭時代的水文學者倒是幫了現代研究人員不小的忙。在西元一〇五三至一〇九〇年之間，四十年之中有二十八次氾濫的水位偏低，造成通貨膨脹、饑荒、人相食以及瘟疫。在一百年內，埃及人口從兩百四十萬減少至一百五十萬。西元一〇六八年的紀錄中，有人描述自己親眼見證挨餓的婦女願意拿珠寶交換一點點小麥。[23]

罪魁禍首：四點二千年事件

在舊王國終結之際，陷入天災人禍的不只有埃及，古代近東和地中海諸國也都未能倖免。來認識一下響亮好記的科學專有名詞：「四點二千年事件」（4.2 thousand years Before Present event），或同行朋友圈會說的「4.2 ka事件」。*大約在西元前二二〇〇年，一件驚天動地而且糟糕透頂的大事發展至最高峰。這次重大事件包括季風模式和地中海的西風發生改變，引發非洲和亞洲各地進入乾旱和寒冷化時期。[24]但若是埃及可能發生過的一場旱災，在肯亞和衣索比亞的圖爾卡納湖和塔納湖（Lakes Turkana and Tana）又能找到什麼證據呢？

關於埃及在四點二千年事件時所受的影響，有一些絕佳證據來自衣索比亞高原的降水紀錄。圖爾卡納湖以及衣索比亞高原的阿貝湖和茨威－夏拉湖（Lakes Abhe and Zway-Shala）的環境鑽探調查結果顯示，在西元前二二〇〇年前後的水位較低，表示當時印度的季風較弱。[25]由於為白尼羅河帶來水量的雨雲南移，也可以看到河流的基流量（base flow）和流量（discharge level）降低。[26]反之，雨雲再次北移時，埃及的洪水量就會增加。[27]

在顯微鏡下檢視於尼羅河三角洲各處深入鑽探取得的一系列樣本，可觀察到大量的氫氧化鐵，是氾濫平原土壤經歷極度乾旱之後所留下的礦物質殘留。植物生長過程中會吸收鐵質，但在乾旱時期，苟延殘喘的植被無法吸收養分，土壤中的鐵質就保留了下來。[28]含有氫氧化鐵的土壤樣本年代經鑑定，很恰好地落在西元前二二〇〇至二〇五〇年之間——就在舊王國覆滅前後。[29]

脆弱的植被無法防止土壤流失。風吹雨打都會造成嚴重的土壤侵蝕：在三角洲有一處遺址布

*譯註：「距今計年」（Before Present）係指利用放射性碳十四定年法所估測出之絕對年代，科學家將「今」定為一九五〇年，即最先開始運用碳十四定年法的那一年，因此「距今四二〇〇年」（4.2 ka BP）即西元前二二〇〇年。

陀（Buto）[30]，發現了厚一公尺的貧瘠沉積層，不含任何陶器碎片或其他物質文化證據，可能與舊王國晚期有關。[31]萬物難以存活，唯有沙漠生機蓬勃。在孟菲斯[32]和達蘇爾[33]，紀念建築遭到沙塵吞沒，這種沙漠化過程與氣候變遷有關，今日非洲北部撒哈拉沙漠的擴張亦屬相同現象。[34]四點二千年事件的相關證據，與地中海和近東地區各地甚至更遠處的鑽探樣本分析結果相符。

印度的河流浮游生物氧同位素分析顯示，該時期的季風偏弱，可能就是問題的根源。以色列的洞穴沉積物相關研究則發現雨量減少，而土耳其的湖泊沉積物則充滿風吹來的乾燥淤泥和沙粒，很少樹木的花粉。在同一時期，位於今敘利亞和伊拉克一帶的阿卡德帝國（Akkadian Empire）滅亡，而美索不達米亞北部的農地荒廢，據知難民逃往美索不達米亞南部。世界大亂。將近二十筆截然不同但皆與重大氣候模式相關的紀錄，都顯示可能曾發生一次延續長達數年的全球氣候事件。[35]

埃及人卻無法從氣象學的角度理解這樣的噩運。對他們來說，索普德特（我們的天狼星）升起，預示河水會在夏至前後開始氾濫，但只有眾神的眷顧才能讓河床漲滿河水。國王的主要職責之一就是與眾神對話，維繫「瑪亞特」，或神聖的平衡。氾濫水位過低表示「瑪亞特」遭受嚴重擾亂，埃及人相信這是因為國王失職，讓人民陷入脆弱無助的境地。

從現代人的角度來看，整件事顯得無比諷刺。埃及人以信奉太陽神拉著稱，太陽神是最重要的神祇之一，但事實上，太陽卻可能是釀成一切劇變的禍首。氣候專家認為，四點二千年事件可能是太陽輻射量有些起伏變化，影響了地區的氣溫，進而導致季風模式產生異常。[36]有鑑於此，或許可以說，舊王國的滅亡確是太陽神拉怫然不悅所造成。

✣ ✣ ✣

從城市的神廟附近的紡織作坊望去，農田十分遙遠，玫莉特只見濛濛的一片綠。到了南方，大河廣闊無垠，她 開始見到時嚇壞了。

「這條大河怎麼可以背叛我們？」她喃喃埋怨，在父親向省長請求提供糧食救濟時幫母親的忙。「我要走到河邊朝它丟石頭！」母親露出微笑。但是母親很少開懷大笑了。

父親花了很長的時間與省長交涉。當地有太多士兵和百姓都需要糧食，而已經活了好久好久的國王終於歸西。這裡的省長只能自立自強。

玫莉特坐在窗邊座位上，看著努比亞代表團下船上岸，他們高大自傲，身穿色彩繽紛的皮衣，戴著黃金和黑檀木做的耳環。看到一名代表牽著一頭獵豹，她不禁瞪大了眼睛。絕不能什麼都沒討到就被人打發走。

「玫莉特。注意自己是怎麼穿梭子的，不然織出來的亞麻衣連布偶都穿不下，更別說祭司了。」玫莉特大笑。

她們很少見到塞涅。之前北方家鄉的省長來信，信中答應讓塞涅進入生命之屋（House of Life）當書記學徒。霍特普為此感到無比榮耀，好幾個小時都說不出話。如今塞涅到了很晚還點著油燈用功，練習繁複的書法；他畫下所有以牛為主的符號要送給妹妹。

在他們抵達南方城市一個月後，玟莉特去河邊送別父親，霍特普要將第一批穀糧運回家鄉。

「眾神會看顧妳們的，寶貝。」他說，但是玟莉特垂眼望著靠近水面的沙洲，打了個哆嗦。

歲月隨著河水流逝。父親南北奔波，帶來家鄉的消息，老家的城鎮還過得去，不過墓園區一直在擴大。某天下午，玟莉特走在分布於神廟邊緣有如白蟻丘的穀倉之間的曲折巷道，要送亞麻布到生命之屋。到了門口，只見塞涅正在和一名士兵閒聊，士兵手裡的弓幾乎比玟莉特還高，塞涅朝她揮了揮手。

「小妹，過來一起聊聊。這位是我的朋友，英特夫；這是玟莉特。」她滿心疑惑，抬頭看著年輕的努比亞人。

「英特夫？可是……」她結結巴巴，不知道如何措辭。「那是埃及人的名字。」士兵的笑容很燦爛，光滑的前排牙齒間露出一道大牙縫。

「我的綽號啦。省長說看到我就想到他的兒子英特夫，我們一起受訓。」

「你不會想家嗎……？」

一名禿頭老祭司匆匆忙忙走出來，接過玟莉特抱著的整捆亞麻布。

「好啦，塞涅，祭司的勤務輪值表可不會自己生出複本。」

「當然了，師傅，我剛剛只是……」祭司輕笑著拉他進屋，一手按著年輕人的肩頭。

「孩子，陷阱設好以後，得讓它自己發揮功效。」塞涅露出微笑，回頭望去。玟莉特被英特夫說的話逗得大笑，將深色髮綹塞到耳後。

後來她終於告訴他，自己童年時在牧牛場的生活，兩人結婚時，英特夫送給她一只美麗的碗，上面雕刻的牛群打磨得鮮亮肥美。

「我的同胞也很珍惜自家的牲畜，玫莉特。我們不會忘記故鄉，雖然現在這裡就是我們的家鄉。」

索普德特升起復又落下，河水氾濫的水位有時夠高，有時不夠。省長以及後來接任的兒子，都很努力讓糧倉不致空虛。

英特夫和塞涅在母親的房子上方增建出自己的房子，後來老母親就在自己的孩子工作時幫忙照顧孫子女。玫莉特很感激，她織出最精緻的亞麻布，用來交換鴨群、藥材，還在塞涅讓最大的外甥特提進入生命之屋那一天換了一只慶祝用的綠松石戒指。

玫莉特擺出午餐飯菜，她的父親此時正在屋內中庭那棵棗椰樹下休息，看著妻子抱起一個小女孩，女孩露出大牙縫的燦爛笑容和英特夫一模一樣。母親眼周的魚尾紋比灌溉溝渠更加深邃。玫莉特不禁嘆息。故鄉田野的那些朋友能活到這把享清福的年紀嗎？

玫莉特最小的女兒結婚的那年夏天，她的兒子特提幫忙塞涅在老祖母的棺柩上塗繪文字，不過數個月後，輪到老祖父霍特普的棺柩。英特夫和兒子們將棺柩搬進西邊崖壁中鑿岩而成的石墓。

玫莉特拍去他髮上的塵土，一頭細密鬈髮如今已顯斑白。

「謝謝你，親愛的。」她喃喃道。「這麼隆重的葬禮，想到他們這輩子吃了那麼多苦……」他輕捏了一下她的肩頭，深色眸子眼神篤定。

「我們的家族很壯大，一起分攤就負擔得起。」接著英特夫露出笑容。「還有塞涅當祭司的人脈，總算有點用處。」她大笑了，邊抹去眼角的淚水。「去吧，親愛的。我會等妳。」

她帶著多年前委託製作的木船向下走入墓室，室內僅有一盞油燈亮著。雙親的物品都堆放在一起，堆得很小心整齊，碗盤比母親平常在家裡用的還多。陪葬品中糧食充裕，供他們來世享用不盡。並排放置的棺柩閃閃發光。

塞涅的兒子們光著頭、身穿祭司法袍，一臉肅穆唸誦封閉墓門的禱詞時，玫莉特朝北方望去。朝向下游，她的二哥特提獨自長眠之地。

易卜拉欣阿瓦德廢丘的真實故事

易卜拉欣阿瓦德廢丘從前是重要的聚落，而在乾旱期間其他城鎮的居民棄城時，似乎仍勉強維持運作。或許就像現今陷入危機的城市，易卜拉欣阿瓦德廢丘成了收留逃難百姓的避難所。附近的門德斯無疑受到尼羅河支流門德斯河和賽貝尼提克河（Sebennytic）的低水位影響[37]，但它是三角洲東部區域的中心，地位如此重要的大城可能成為避難地點，甚至在其他地方資源稀缺時還有資源可供調配。它的周邊鄰居可能多少因此受惠。

逃到此地的民眾僅能克難度日，這一點或許不怎麼令人意外。有些考古學家相信，當整個社會文化遭遇天災，人們會離開受災城市，散居外地並過著比較簡樸的生活——你可以說是競爭資源人數較少時的某種早期生存主義。如此一來，三角洲上這些大型聚落裡要餵飽的人口就變少了。[38]

儘管如此，要存活下來依然十分艱難。已有可能的證據顯示，在玫莉特曾居住過以及最後長眠的易卜拉欣阿瓦德廢丘，曾因饑荒或疾病導致大量人口死亡。在一座從舊王國、第一中間時期到中王國時期皆持續使用的墓地中，發掘出了七十四名死者，玫莉特是其中之一。

分析各時期共七十四人的平均死亡年齡，舊王國晚期為四十五歲，第一中間時期則下降至三十六歲，主因是營養不良。[39]另外也發現，中王國早期許多成人有較高比例的牙釉質發育不良問題，牙齒上可看到條紋或凹痕，表示牙齒發育過程中健康狀態不佳，或許反映了他們在第一中間時期晚期的童年嚴重挨餓。玫莉特和母親在成長時適逢舊王國覆滅前後，在她們一生中的每次微笑，都會露出艱苦童年留下的印記。

而在他們身上，同樣看得出之後情勢好轉。考古學家注意到，於第一中間時期下葬的死者中，有百分之三十一到三十二皆有陪葬品。墓中有陪葬品的比例到了中王國時期初期增加至先前的兩倍，反映埃及各地比較富裕的下層階級的生活逐漸恢復榮景。[40]

雖然舊王國末期發生旱災，但上埃及似乎並未陷入很嚴重的景況。廣闊的尼羅河主流水量豐沛，比三角洲的分支河道多出不知數十億加侖。其他城市如位在盧克索南方約九十公里處的艾德符，在第一中間時期似乎發展蓬勃，甚至有些尼羅河谷城鎮的人口增加了。事實上，舊王國逐漸式微之際，上埃及聚落的勢力和影響力不減反增，更一躍成為區域中心。

即便如此，許多銘刻文字仍清楚表明這段時期百姓生活的艱辛困苦，物資嚴重短缺，政局動盪不安，四處陷入危機，而這段時期留下的文字，也是現有古埃及文獻中數一數二驚人的篇章。至少七篇銘刻文字直接提及乾旱以及「沙洲時期」（time of sandbanks），指的是尼羅河水位低到連河床都裸露裂開。地方首長的紀錄中述及為流離失所的難民提供糧食[41]，而省長很可能向同一地區的其他省長求助並獲得支援。

✣ ✣ ✣

「母親，您年紀大了，這麼遠的路程，身體會吃不消的。」特提皺著眉頭，兩手插腰，高大的他有一頭跟父親一樣富有光澤的細密鬈髮。他的肚子變圓了一些。他的小兒子在他身後點頭，身著誦經祭司（lector priest）短裙的他身材細瘦，儘管玫莉特很努力地餵他吃烤鴨。她每天都感謝眾神的慷慨賜福。

「我還沒有老到走不動。」她說，邊用亞麻網將美麗的牛圖案碗皿包起來。廚房門口，一名身材魁梧的年輕人挪了挪揹在肩上的弓。

「祖母，打消主意吧。現在赫拉克里俄波利斯跟孟菲斯之間起了衝突……我們單位會在索普德特升起之前進行部署。」

玫莉特微笑。「那麼我也許可以陪你去北方？」他咬住下嘴唇。祖父以前不就總是說，跟祖母爭辯是白費唇舌嗎？特提嘆了口氣。

「父親生前一定想要妳陪著他吧？」他說。玫莉特將麵餅和煮好的牛肉放入陶杯，準備好一壺啤酒。

「親愛的，他沒有開口要求。」

她的髮絲轉灰再轉白，從前英特夫很常將她的髮絡向後撥，凝望她的臉孔，但是始終沒有開口問她。她輕撫手指上膚色蒼白的一圈，那裡以前戴著綠松石戒指。戒指如今和英特夫相伴。

她帶著裝了供品的織袋，走過喧囂熙攘的城市，經過神廟前面。從前她在這個社區裡織布的時候，街道還沒有這麼擁擠。但是如今，在愈來愈多人逃離無情的旱災來此避難之後，一棟棟緊挨修建的房屋儼然形成半自給自足的村莊，一個家鄉之外的家園。那些新來乍到者說的故事，仍然會讓玫莉特半夜驚醒，大喊家人的名字。

一名渡船夫划船載她到西岸。從山坡向上爬一小段，就到了她父母親墳旁的石碑。

「我摯愛的英特夫。」她說，邊為他和她的雙親倒了啤酒。「塞涅的兒子們會幫你主持祭拜。我們的孩子也會來看你，在他們還在的時候。」

獻祭的禱詞她早已熟記於心。她腳下的墓室填得很滿，繪上了源自他的家鄉和南方的生動圖案。她伸手撫過刻在石碑上的文字，但她不知道哪些字符是英特夫的名字。沙漠的風吹過沙粒和岩石隙縫，呼咻作響。

「我會在蘆葦地與你團聚。」*她緩緩地、僵硬地站起身來，走下山坡。一路上都不曾回頭。

---

*譯註：蘆葦地（Field of Rushes）或音譯「雅盧」（Aaru），即古埃及神話中的天堂樂土。

不久之後，玫莉特站在一艘船上，帶著和瑪亞特的羽毛一樣輕盈的心臟，準備與眾神相見。她的行囊也很輕：幾顆新挖出的紫水晶，預備作為代辦簡單葬禮的酬金，以及數封要交給她記憶中那名好心省長的孫子的引薦信。南風從她身後大力吹著。在她腳邊，有一個盛載她畢生記憶的碗，和一盒沙伯提人俑*，上面刻著霍特普之子特提的名字。

她會去運河幫他採集紙莎草莖。也許她還沒有忘記該怎麼製作紙莎草舟。

一個時代的終結

我們非常肯定，舊王國的政權覆滅。考古證據顯示，氣候變遷在國家層級的政權崩解，以及在故事中玫莉特的人生，扮演了舉足輕重的角色。從地方首長留下的陵墓[42]可以看出他們是如何在中央政府形同虛設之下填補權力真空，而各地勢力的崛起也一直持續至第一中間時期。可以確定的是，上埃及等地區僅憑自身的繁榮，仍不足以支持跨國遠征採石、挖礦和貿易活動。這些活動停擺之下，加上勞動人口營養不良，就不可能再建造金字塔。假如中央政府國庫殷實、強而有力，或許能夠減緩乾旱造成的影響再支撐幾年，但是我們只能想像舊王國面臨旱災時究竟有沒有延續下去的可能。

在埃及學家眼中，第一中間時期顯得名實相符：介於兩段強盛時期中間的一段動盪混亂時期。雖然付出的代價極高，但舊王國的終結實際上為接下來實驗和革新的年代鋪好了路，幾乎像是民間的創造力先前都被王朝所扼殺——中央政府必須先瓦解，埃及的其他地方才能自長期依循的傳統獲得解脫。

從墳墓規模變大以及陪葬品的品質更佳，可知各省原本經濟情況較差的人民變得比較富裕。百姓開始渴望不需借助國王就獲得永生，宗教開始為私人服務，任何人只要財力足以雇請繪製字符的人員，就能在墳墓和棺木上刻繪原本僅限王室貴族專用的神聖金字塔文和「棺木文」（Coffin Texts）。我們也看到風格與功能各異的新類型護身符，以及造型更加華麗、可供亡者在來世差遣的陪葬用沙伯提人俑。各地的物質文化欣欣向榮，多元發展，物品的設計、形式和品質也有所轉變。各地的繪畫風格同樣蓬勃發展，出現描繪日常生活的圖像。

國王再也無法確保「瑪亞特」，或者說維持宇宙的平衡。或許是因為國王不再可靠，人民反求諸己希望自立自強，因此更有自信，也更認識自己的能力。如此一來也促進了社會流動，例如玫莉特一家人；陪葬品普遍增加的趨勢確實能佐證這一點。但是我們也可能永遠無法確知。

我們確實知道，第一中間時期的一位省長安克提飛（Ankhtifi）與上埃及另外兩位省長結盟，他的兒子英特夫進一步擴展勢力範圍，以盧克索一帶為根據地建立了底比斯人的王國。為了爭奪埃及的控制權，底比斯人與另一股地方勢力赫拉克里俄波利斯人開戰[43]，平民百姓的命運又產生了激烈變化。自立為王的底比斯「王室」軍隊先是占領赫拉克里俄波利斯人於艾斯尤特（Asyut）的要塞，接著攻下首都赫拉克里俄波利斯，於西元前二〇四〇年左右一統全國，帶領埃及展開復

---

*譯註：沙伯提人俑（shabti或ushabti），古埃及的陪葬俑像，名稱意為「應答者」，亡者於來生受到召喚需服勞役時可代替亡者工作的僕役。

興，進入中王國時期。堪稱省長的「權力遊戲」，精采無比。

為了了解類似的動盪混亂和氣候變遷之於現今人類的重要性，我們不能將這些崩潰滅亡的事件本質單純視為與政治或經濟有關，也不能將氣候變遷視為唯一的起因。所有上述因素於舊王國末期交雜釀成一場完美風暴，影響了千千萬萬人，也影響了易卜拉欣阿瓦德廢丘一名女子的人生。要追根究柢找出造成改變的起因，必須挖掘探究證據。在這個例子中，從太空觀看了解全盤情況只是第一步。

你或許還在米納宮飯店的陽臺上，在金字塔群投在沙地上的陰影逐漸拉長之際，認真思索晚餐要吃什麼。透過理解古埃及人建造金字塔的時代，這些宏偉無儔的紀念建築更顯得意義非凡。它們見證了埃及王國政權的形成，以及國家滅亡時所失落以及獲得的一切。埃及會振作起來重新開始，這一次仍舊少不了金字塔群和古代權力競逐，雖然是事實，但在現今看來似乎比虛構故事還令人難以置信。當世界翻天覆地，帝國可能殞落，但是人民會以最出乎意料的方式崛起。

第八章 古都首現

我們研究古埃及，優勢是有後見之明。舊王國必須結束，埃及才得以迎來創造力大爆發的中王國。[1]過去的文化在面臨無法克服的險阻時往往展現堅忍不屈的毅力，這樣的韌性對現今的我們又有什麼樣的意義——如果想要在未來生存甚至繁榮昌盛，我們就必須更深入仔細地研究。目前情況看來確實岌岌可危。海平面上升，氣候變化，野生動植物棲地流失，我們有充分的理由感到擔憂。但在極致的逆境中，也可能生出極致的創造力。透過研究人性展露無遺、具有重要歷史意義的關鍵時刻，可以看到研發創新和文化發展，與社會面臨的危機逆境之間有著什麼樣的密切關聯。現代文明即使遭遇重挫，也不會頓失所有；事實上，當我們去適應和改變，未來或許會有更多收穫。

「失落的」伊契塔威城風華

分析社會文化可能如何復興的基礎，是理解舊王國等重要時期是如何以及為何結束。在第七章中，埃及的第一中間時期步入尾聲。當時，國王蒙圖霍特普二世（Mentuhotep II）出兵攻打赫拉克里俄波利斯人，於西元前二〇四〇年獲勝，並贏得「鎮服統馭兩地之首」（Subduer at the head of the two lands）的稱號。[2]

統一埃及之後，蒙圖霍特普二世收回地方權力，集權中央。隨著局勢逐漸穩定，他拜訪北方的努比亞以取得黃金，派遣外交團隊前往採石場，遣使前往南方富饒的朋特，並且重新開始經營西奈的綠松石礦場和採石場。於是各地的神廟再次展開建設工程。[3]埃及開始慢慢恢復舊王國時期穩定繁榮的景象。

儘管如此，由於發生內戰，第十二王朝的開國運勢顯得坎坷多舛。新任國王阿曼尼赫特一世（Amenemhet I；西元前一九九一～一九六二年）曾任蒙圖霍特普一世之孫的宰相，後來掌權稱王。[4]他將首都遷至一處他稱為「阿曼尼赫特－伊契塔威」的地

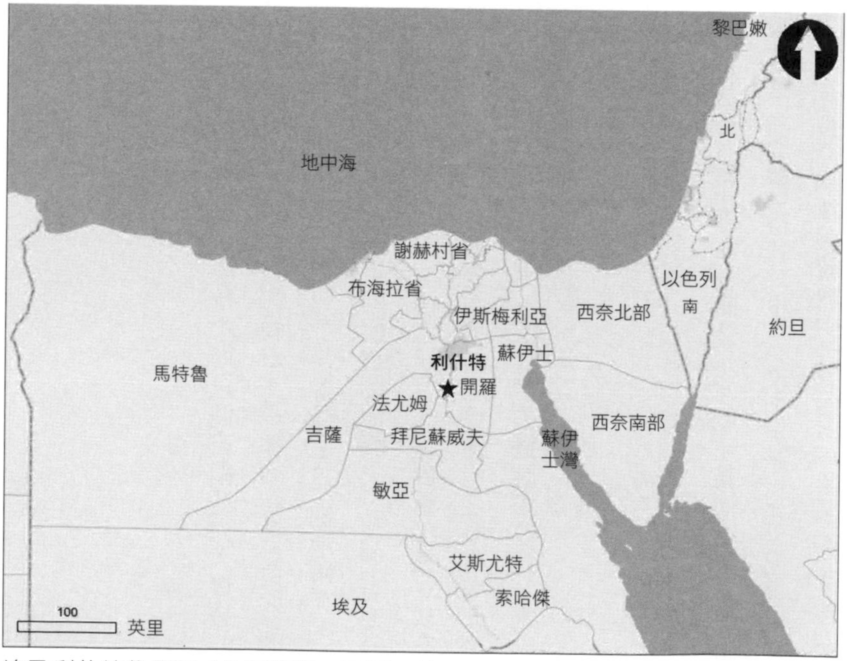

埃及利什特位置圖（地圖提供：闕斯．柴爾茨）

方，地名之意是「阿曼尼赫特，占據兩地之首」。元首萬歲？

在靠近今日的利什特、可清楚望見伊契塔威（簡稱）的沙漠[5]，阿曼尼赫特依照舊王國喪葬紀念建築的風格修建了自己的金字塔，藉由重現昔日榮耀來向各方展現自己的實力。[6]他對所有先前出力扶助他成王者論功行賞，尤其是先前掌控中埃及和上埃及區域中心的地方勢力，以及協助闢建蓄洪池以重新分配水源的人員，賞賜包括賜予喪葬紀念建築。[7]

國王還讓其子中沃斯爾一世（Senwosret I；西元前一九七一～一九二六年）也登基為王，採行父子共治，這是埃及歷史上頭一遭。[8]此時期動亂頻傳，只要能夠維持政局穩定，任何措施想必都值得嘗試。中沃斯爾代替父王率軍出征和指揮採礦，並在阿曼尼赫特於在位第十三年時疑似遭暗殺後統治全國。[9]我們不知道主使者是誰：國王遇刺時，中沃斯爾很剛好地人在利比亞領軍打仗，前提是中王國時期文學《西努赫的故事》（*Tale of Sinuhe*）的故事多少可信。[10]西努赫的冒險經歷值得一讀。

中沃斯爾一世於三十五個地點新建或擴建神廟，另外也在利什特南部興建一座金字塔。[11]得益於國庫逐漸充盈，中產及中上階級興起[12]，以及派往國外的遠征隊收穫頗豐，他在位期間的藝術與建築風格十分精緻講究。雕塑匠師創造出栩栩如生的國王雕像，畫師在第十二王朝的陵墓牆面上繪滿寫實場景，畫中的尼羅河鳥禽羽毛顏色更以細微的明暗漸層呈現。[13]

在藝術創造大爆發的時代，我們看到政府官員人數逐漸增加，全是工藝作品的潛在消費者。文學也大放異彩：現今所有唸埃及學的學生最先學的就是中埃及文（Middle Egyptian），當時的通用語。[14]當時許多文本仍流傳至今，諸如精采的《西努赫的故事》和其他故事、教學用小冊、對話紀錄、新的宗教典籍，甚至還有一份婦科藥方。[15]這段黃金時期此後延續了兩百年，直到西元前一七五〇年才落幕，而伊契塔威的王朝[16]也得以興隆昌盛。

位在尼羅河畔的伊契塔威繁榮發達，城內人口曾多達數萬。販賣異國貨物商賈與當地商販、樂師、工藝匠師、作家和防腐師摩肩擦踵，而製作木乃伊這一行肯定生意興旺。[17]這座城市的墓園裡有數千座墳。[18]而在城市之外的沙漠、石灰岩「山坡」（gebel）後方，設計新穎的法老金字塔沿著泥磚坡道向上築起，施工用坡道仍保留至今。[19]

滿載的平底駁船駛入，為一流雕刻匠師運來製作精巧雕像和供桌的石材，也許是粉紅色的亞斯文花岡岩或是深灰色玄武岩。[20]還有其他形形色色的工藝作坊，專門打造珠寶，或雪花石膏容器，或舟船、農耕和製作麵餅及其他居家生活場景甚至迷你士兵等木頭模型——這些具體而微的立體模型是中王國時期工藝美術的創新特色之一。微小模型就和沙伯提人俑一樣，是亡者在來世的僕役。

我在唸大學時第一次聽說這個失落的首都。討論到中王國時期，教授說伊契塔威位在金字塔群附近的氾濫平原某處，已經被累積將近四千年的尼羅河淤泥掩埋，很難找到。聽起來像是給我的挑戰。

尋找伊契塔威

事實上，城市的一些部分或許還看得見。狄特・亞諾（Dieter Arnold）是大都會藝術博物館策展人，曾主持先前某一次利什特的探測行動，他指出在阿曼尼赫特一世金字塔東邊的一條運河沿線留有大量的中王國時期跡證，包括陶器、石灰岩碎片和柱基。[21]這條運河也曾發掘出一座中沃斯爾一世時期的花崗岩祭壇[22]，可據以推知附近神廟可能的位置。似乎沒有什麼是消失以後就永遠找不到的，襪子例外。

雖然已經發現一些具指示性的遺存，但我知道一定可以找到更多。美國太空總署於一九九四年在奮進號（*Endeavor*）太空梭上裝設了感測系統，以三十公尺的解析度測繪整個地球表面的地形高低。透過這次的人空梭雷達製圖任務（Shuttle Radar Topography Mission，簡稱SRTM）結果，科學家得以建構地球任何一個地點的數位高程模型，資料完全免費。每張圖像都由數千個高程點（elevation point）構成，看起來像是一張明暗圖（shaded image），顏色愈深暗的點表示地形高度愈高。可以處理資料讓地形較高的區域更加明顯，但是沒辦法看到任何地表特徵的細節。

儘管如此，資料免費，不用白不用。二〇一〇年春天，我下載了利什特地區的資料，建置出遺址和氾濫平原的3D立體模型。接著我利用平常處理影像的標準配備ER Mapper軟體，調出陸地衛星影像資料，疊加在建置好的3D立體模型，於是獲得利什特以東寬四公里的氾濫平原的3D影像。

SRTM數值地形模型有一項優點，就是可以將地景中細微的變化放大，所以注意到巴姆哈村（Bamha）附近的一處凹陷時，我將軟體的放大尺度調到最大。可以清楚看到有一條古代的尼羅河河道，起自巴姆哈，朝西南方延伸至利什特的墓園。我們知道尼羅河曾流經伊契塔威，但是埃及學家先前繪製地圖時從未將河流畫得離遺址這麼近。

在利什特和一條現代道路之間的原野裡，有一小塊高起的區域。要確認它到底是不是遭掩埋的古代考古廢丘遺跡，唯有一途。

土芯裡的寶石

那年秋天，我們偕同開羅大學（Cairo University）的地質學家前往該地點，在關鍵位置鑽探至深處取樣。在幾名孔武有力的當地人協助之下，我們穿過黏稠的泥巴和淤泥，鑽出深度達地下七公尺、寬十公分的鑽探孔。

於利什特附近進行鑽探（作者自攝）

這次合作由艾薩耶德・阿巴斯・札格羅爾（Elsayed Abbas Zaghloul）主持，這位具有紳士氣質的學者任職於埃及的國家遙測科技及太空研究總局（National Authority for Remote Sensing & Space Sciences）。研究團隊中還有另外兩位優秀的埃及學同行：奧地利科學院（Austrian Academy of Sciences）的貝提娜・巴德（Bettina Bader），她專門研究中王國時期陶器，以及劍橋大學的茱蒂絲・班伯里（Judith Bunbury），她是古埃及地景專家。

不論來的是誰，成功機率都微乎其微。現在是要在尼羅河已東移三公里的地方尋找一座數千年前消失的城市，任何痕跡都可能被毀得一點不剩。依據美國太空總署影像資料顯示的僅僅一條線索，你接著想指出任何和城市有關的證據，但是根據其他古埃及首都的地點，失落的城市有可能位在二十平方公里地景中的任何一點下方。而你負責要在鑽一個十公分寬的鑽探孔就找到它。甚至還沒有考慮到全球衛星定位系統可能有誤差，地景本身的高低起伏，或是單純運氣很差。

雖然勝算簡直低得荒謬，我們照鑽不誤。鑽探就像是想辦法在縮小版發掘單位中挖掘：團隊記錄了土壤類型、土色、密度以及內含物如石頭等細節。我們可以清楚看出泥土依照不同年代從淤泥層變成黏土層或沙子層，我們畫下每一層當成暫行發掘計畫的一部分。每次出現新的土芯（core），札格羅爾教授只要看到疏密交錯分布的土壤，就開心得幾乎要跳起來——我這輩子從來沒看過誰會為了泥沙這麼興奮。他很快分析出土地過往的變動歷史；看他工作，就像看到傑出指揮家解析美妙的交響樂曲。

之後，我們利用網目大小不同的篩網將土芯水洗篩濾，最上層的網目一公分，最下層的網目五毫米，中間依網目大小分成數層。隨著水不停流過土芯注入水桶，土芯也啪嗒啪嗒一點一點沉在最上層。篩濾工作會搞得全身髒兮兮的，但是很令人滿足，因為沉澱物會依據不同顆粒大小自行分類。顆粒大的如石頭會先被篩網攔住，細小的淤泥會通過所有篩網流入最下方的水桶。將每節土芯中較大顆粒與較小顆粒分別加總質量後相互比較，就能得知種種環境變動相關的資訊，包括河流帶來沉積顆粒的能量，以及沉積的淤泥層在不同時期的變化，也能提供尼羅河如何蜿蜒而流的線索。有時候，如果運氣夠好，甚至有可能發現過去人類居住生活的證據。

在向下鑽探四到五公尺之後，我們挖到了「那罐黃金」。好吧，至少挖到了罐子：土芯中開始出現陶器碎片。貝提娜施展振奮人心的魔法，將發現的陶片攤開來逐一檢視。她是陶器研究大師，是世界一流的中王國時期專家，看著四千年前容器的一塊細小碎片，幾乎就能說出它的序號。貝提娜檢視完畢要我過去看時似乎相當開心：所有陶器都是在第十二和第十三王朝時製造。陶片數量很大，其中有一些優美的高級陶瓷碎片——老祖母逢年過節才捨得拿出來的精緻瓷器。

同時，通情達理、雙眼帶著笑意的地質學家茱蒂絲正在認真研究那些她眼明手快蒐羅的遺物。她滿面笑容，要我看自土芯中取得的三顆石頭：紫水晶、瑪瑙和一塊拋光過的亮橙色紅玉髓，布滿古人試圖在寶石上打孔時留下的細小孔洞。即使是在埃及進行正式考古發掘，也很少有人發現加工過的半寶石，而進行鑽探調查時就有這樣的發現，可是有史以來頭一遭。

永恆之城

結果固然誘人，但是一節土芯不能造就一城。如果這些人工遺物並非來自伊契塔威，那麼我猜想我們是挖到了工藝匠師聚居的郊區，由於各類作坊都集中在這種區域，我們才會瞎鑽胡戳也很快就有所發現。中王國時期的宮廷和首都蓬勃發展，衍生龐大需求，而半寶石非常流行：只要看看位於向南三十公里的拉罕（Lahun），自此地的第十二王朝希莎索尤妮公主（Princess Sithathoryunet）的陵墓出土的王室珠寶，全是鑲嵌了紅玉髓、青金石、紫水晶或綠松石的黃金首飾。[23]為首都源源不絕供應這類美麗珍稀資源的重要性非同小可，朝廷高官若曾負責遠征採挖寶石礦，甚至會在記錄個人功績的石碑和銘文中大書特書。[24]此時期的繁盛與舊王國末期的窮困真是天壤之別。

不過，也難怪這個區域能夠守護住其中祕寶——深五公尺的淤泥不容小覷。如我們先前在特彼拉所見，尼羅河河道會逐漸遷移，曾經水流暢通的河道甚至整個人類居住生活的區域都會遭淤泥掩埋。四到五公尺深的鑽探孔如同開啟中王國的匙孔，向下穿入四處漫遊的尼羅河遷移後遺留的淤泥中。[25]我們還不知道的是，古埃及人是在何時棄城，或都城是在何時遭泥漿湮沒。

伊契塔威的位置絕佳，既接近國王及朝臣陵墓所在的沙漠，又占據了三角洲及上埃及之間的戰略地位。或許是為了與環繞先前首都孟菲斯著名的「白城牆」[26]相互匹敵，都城中的多層建築[27]間距適中且外牆皆刷白料。港口裡擠滿數十艘船，吃水很深的船上載滿石灰岩和花岡岩，是送來打造更多座曠世建築的材料。當時的圖畫描繪了沙漠高地一片熱鬧繁忙的景象，一群群的男人拖拉滑橇將石塊運往興建金字塔的場址。[28]

也許，在地下較接近現代地表處可以找到城市較高的部分，我們甚至有可能發掘遺址比較靠近地表的部分。考古研究最艱難的一關是耐心，但這個古城已經等了三千八百年才等到有人前來探查，希望還能再多等幾年。

埃及利什特遭盜掘的墳墓（作者自攝）

發掘作業開始

坦白說，我並不期待能有機會延續先前在利什特的研究，即使我很想回去多鑽探幾次，看看古城會不會有什麼東西剛好在可發掘範圍之內。我們是在二〇一〇年短暫走訪氾濫平原之後，翌年爆發了「阿拉伯之春」（Arab Spring），由於吉薩以南地區發生大規模盜掠事件，埃及文物部（Ministry of Antiquities）認為前往當地太過危險，任何新提出的計畫都不予核准。

但我深深著迷於這處遺址，尤其是在二〇一一年初之後看到當地盜掠活動的高解析度衛星影像——出現了超過八百座坑穴。[29]當時我並不知道，這些坑穴代表的是遭盜挖的墳墓，或只是企圖盜掠者在地面上留下的小洞。

二〇一五年春大，我前往埃及旅行。由於利什特地區一帶的局勢已經恢復穩定，我向文物部申請一日的參觀和拍照許可。損毀的程度令人震驚；更糟糕的是，盜掠者選中了許多座顯然還很完整的墳墓。自古代開始就不乏盜掠活動，但親眼見到現代的盜墓證據還是令人痛心疾首。

當時達蘇爾和利什特地區的首長是穆罕默德・尤賽夫・阿里（Mohammed Youssef Ali），我向他提出一項合作計畫，希望在利什特南部進行小規模調查並研究一座遭盜掘的墳墓。我們並不期待能找到太多完整無缺的遺物。

二〇一五年十二月，我們正式開挖。如果計算直線距離，遺址就在吉薩金字塔群向南四十五公里處。表示每天早晚各需開車兩到三小時，視當天路況而定——路途緊貼尼羅河西岸的舊河道，沿途風景優美，只是通勤相當勞累。在我們右手邊，阿布希爾（Abusir）和薩卡拉的金字塔群陸續映入眼簾，接著是鎮守在古埃及人所稱「紅土」（deshret）、混沌無序沙漠之地入口的達蘇爾金字塔群。*在我們左手邊，宛如舞廳七彩球燈的旭日升起，晨曦穿透低垂於椰棗樹和鬆土後紫苜蓿田上方的薄霧，粉紅、橘橙和金黃光芒熠熠閃耀。

轉入利什特之後的路程就變得有點危險，我們得放慢車速，以免刮擦到路旁櫛比鱗次的現代

*譯註：古埃及人稱肥沃的可耕地為「黑土」（Kemet），無法耕種的沙漠為「紅土」。

房屋。最繽紛的幾棟房屋上畫了飛機、巴士和麥加大清真寺正中央的卡巴天房（Kaaba），不知道屋主是否已經完成伊斯蘭教聖城朝聖之旅。

村莊田地上的植被間，白䴉（white ibis）和頂著橘色羽冠的戴勝迅捷飛動，過了之後只見尼羅河氾濫平原戛然而止，夾雜燧石的沙地地勢漸高，延伸連接廣闊西部沙漠的丘坡。墓地就在那裡，在沙漠邊緣面朝著我們。遺址無比靜謐，置身此地，悠遠歷史會讓你深吸一口氣，然後屏息良久。

墓地在古代看起來就和現代過度擁擠的墓園並無二致，以漆繪或內襯石灰石的泥磚砌築成的家族陵墓向四面八方延伸。不過埃及墓地相當熱鬧，不像美國大多數的墓園，親屬會帶祭品前來祭拜，甚至在陵墓前庭一同用餐[30]，就像永遠過不完的墨西哥亡靈節。在一座座墓地上方，申沃斯爾一世和阿曼尼赫特一世的金字塔至今已成兩座沙礫山丘，只有最下面幾層的岩石外層還保持完整。兩座金字塔旁邊幾座較小的金字塔屬於皇親國戚，還有一系列第十二王朝達官貴人下葬的極深墓井。對於在伊契塔威生活和工作的菁英階層市民來說，下葬地點愈靠近歷代國王的金字塔，表示地位愈崇隆顯赫，等同在來世住進沙漠頂級豪宅。[31]

穆罕默德．尤賽夫帶我們來到遭盜掘的墳墓，就位在申沃斯爾一世的金字塔東側。我們看到沙質山坡背景上方的T形輪廓線痕跡，山坡上已有片段基岩冒出頭來。這個社區肯定是高貴地段：多位王子和宰相的墳墓有可能與金字塔本身相連，但在金字塔堤道（causeway）附近可能會發現其他菁英階層的墳墓。例如我們的目標——一座可俯瞰申沃斯爾一世金字塔堤道的墓。

我們的任務是盡量清出墳墓外圍，裝設堅固的金屬門以防堵盜掠者闖入。麻煩來了，我們持續清理，卻發現墳墓範圍愈來愈大。墓裡有數百英噸的沙子，已經成了錯綜複雜的地下巢穴：想要將砌入岩石而成的複雜門口通道以及墓井全都清理好以便封鎖，我們需要大批人手。

鑽探團隊成員不多，只有我們跟埃及的學者。我們雇用了大約五十名當地村民進行挖掘粗工，由來自盧克索北邊古夫特村（Quft）的六名男子擔任監工。古夫特村人自從一八八〇年代開始就協助外國考古隊作業，許多村人的田野經驗之豐富，是西方考古學家難以想像的境界。他們不只是監督一般工人的工頭，也協助進行精細的挖掘工作，並承襲古埃及老祖先的傳統，都是資深的實務工程師，能搬動任何大石塊，或支撐住任何牆面。葛瑞格和古夫特村人已共事三十年之久，他們基本上已經把他當成自己人。他會用阿拉伯語很歡樂地和他們辯論破壞牆面的確切步驟。

在埃及的每次考古發掘都有一名「總工頭」（reis）。我們的總工頭是歐瑪・法魯克（Omer Farouk），我自從二〇〇五年唸博士班開始就和他並肩工作。有一天在阿瑪納，我們發現彼此竟然是同年同月同日生，前後只差六小時。他的家人現在就是我的家人，我的家人也是他的，我兒子喊他歐瑪舅舅。在發掘作業現場，歐瑪可說是總工頭的總工頭，因為團隊裡的其他古夫特村人全都在其他現場擔任過監工。歐瑪蓄著令維也納紳士都羨慕的八字鬍，牙縫大大的，笑點很低，活脫脫是最典型的工頭。他後腦勺有長眼睛，任何團隊成員沒做該做的事他都聞得出來——連我也不放過！

如果看過二十世紀初期轟轟烈烈發掘行動的照片，就能大致想像在利什特展開第一考古季度的景象。大批人員對著沙漠擺開陣勢，我們用白色帆布帳篷搭成的二戰風格營地乍看頗為迷人。不過營帳外的廁所就沒那麼美妙了。

闕斯・柴爾茨和我以前的學生莫莉・海特（Molly Haight）著手測繪遭盜掠的墳墓，而發掘單位則移往陵墓大廳更深處。歲月對待遺址似乎格外無情，卻不是因為委託設計的墓主吝嗇苛扣。

奢華的來世房產

中王國時期的墳墓設計頗具雄心宏圖，比舊王國時期地方首長的陵墓更為豪華，而這座墳墓也不例外，於新修建完成時呈現模仿金字塔正面車道的設計。在富人階級的陵墓設計願望清單上，首先是一條從尼羅河畔向上爬升通往陵墓的泥磚堤道。[32]在塗砌灰泥的入口通道外頭，要有一座以石灰岩砌成或漆成亮白色的祭堂用來擺放祭品，之後是一扇木門，門上繪有地位尊榮墓主的畫像和姓名昭告訪客。

進入墓內是一間昏暗的大廳，可能是鑿入山坡建成，以六根柱子支撐墓頂，而牆上彩繪的墓主臉孔在陰影下看起來悶悶不樂。在大廳地板或前庭可能有通往墓井的開口。後方有三座深嵌於岩壁內的壁龕，擺放亡者雕像，周圍刻滿的文字記載其生平事蹟。所有設計，都是為了讓他的遺體、財物、姓名和成就永存不朽。這位墓主將古代的陵墓型錄中所有項目全都買齊。

儘管富人有種種渴望，但是光陰漠然以對。如今只剩墓門的石頭合葉承座還在，而大廳露天敞開。似乎是因為有人挖採石塊和地震，墓頂早已崩塌。牆壁上的墓主姓名看起來是被大自然剝除殆盡：我們終於意識到眼前滿目瘡痍、令人難以置信的慘狀，也許是古代的某一次天災所導致。華麗的象形文字裝飾支離破碎，幾乎找不出還相連的兩個字。

三座壁龕、大廳走廊和堤道全被現代的沙粒填滿，其中還混雜了二十一世紀的垃圾。陵墓的嚴重毀壞，似乎跟現代盜掠活動也脫不了關係。

埃及同行報告說他們前陣子趕走幾名盜墓者，還找回刻有文字的石灰岩塊。我們心中忽然泛起希望，想說或許會有什麼資訊可資辨認……接著埃及學者拿出照片。石塊提供了墓主五個兒子的名字，但是沒有提到他或她本人。

我們發掘的石塊碎片留有圓鋸的鋸痕，由此可知可能藏有答案的浮雕是在哪個位置遭到盜挖，而深達數公尺的碎石堆，是文物部為了防止盜墓，緊急回填所留下。我們繼續往下挖，試著從混沌中篩找出事實真相，或許還未揭開墓主身分，但填墓本身的經歷逐漸清晰成形。

建築師原本的宏大規畫，在大廳後側遇上山坡而受阻：工人鑿設完成中央和右側的壁龕，但顯然到了左側時就因碰到偏軟的石灰岩而中止施工，墓頂最後正是因為石灰岩偏軟而崩塌。接著，在中央壁龕的其中一面牆上，原本應該繪有墓主走入生者世界的壁畫，我們卻發現他的人像已經在鎬頭劈挖數百下遭到削除，平滑畫面中他的短裙和雙腿的圖形上留下一塊劃痕。地震會破壞陵墓，但不會留下鎬頭挖削的痕跡，而毀壞可以盜賣的文物也不是現代盜墓者的作風。

在我們清理出的每一鏟，都可以看到遭摧毀的美麗古物益發光采動人。我們開始挖到美妙的彩繪石灰岩碎片，色彩繽紛活潑，有苔蘚綠、紅色、赭土色、黃色、黑色和珍貴的「埃及藍」

（Egyptian blue）。[33]描繪水果、麵包糕點、鮮花、公牛和鳥群，以及無數獻祭者帶來豐盛餐食的圖案都被砸成碎片。其中一塊碎片上，小小的官員臉孔窺看著，他的眼睛和鼻子鮮活靈動，彷彿匠師昨天才剛畫上。[34]

顏料底下刻了作工講究的凹雕，呈現出每個象形文字和圖像的精細輪廓。有些銘文碎片非常巨大，媲美王室和神廟銘文。這還只是彩飾壁龕的部分。右側壁龕，就是文物部尋回遭盜挖的石塊原本所在位置，並未上色但展現最精細的雕刻功夫。墓主會傾注所有財力打造陵墓，建造這座墓肯定是住在城市附近的一流匠師夢寐以求的長期工程。

但在遺址中，依舊遍尋不著墓主的名字。

名諱長存

「T'alla mudira！」考古季度中葉的一天早上，我正在營地裡將設備分類，聽到呼喊聲在半山腰迴盪。老闆女士，快來這裡！

我趕快跑去看。石塊的一角突出地面。一個清楚的雕刻面刻有象形文字「in-t-f」：英特夫（Intef）。終於有了一個名字。而從石塊——柱子的一角——的華麗程度判斷，是他的名字沒錯。所有人蜂擁而上，想在我們翻動石塊之前看一眼並拍下它還在原地時的照片。第二個雕刻面上有一個頭銜：「世襲貴族」（Hereditary Noble）。他的財力顯然十分雄厚，這下子我們也知道他是地位很高的官員。

真相一下子水落石出。在其他石灰岩碎片上陸續發現更多頭銜：「大督軍」（Great Overseer of the Army）、「王室掌印官」（The Royal Seal-Bearer）[35]，表示亡者身兼國防大臣和財政大臣二職。英特夫的墓與中沃斯爾一世陵墓堤道如此接近，可推知身為軍人的他在軍事強人的宮廷中占有重要地位，也具有很人的影響力。

在未上色的壁龕之外發現了另一有浮雕的石塊，描繪他的幾個兒子（或至少他們的腳）獻上祭品，圖案旁是數欄文字的最末幾個字。在多處銘文中，英特夫都稱自己是「伊碧所生」（Born of Ipi）。出現了一塊仍在原地、氣勢驚人的黑色花崗岩，上面同時刻著兩人的名字。中王國陵墓墓主大費周張紀念母親的例子並不罕見，不過我們碰到的這位墓主顯然是媽寶……還沒見到任何「麻咪」（mummy），或許很快就會現身。鑿入岩壁的結構愈來愈複雜，而清理過後的壁龕牆面露出許多空洞開口，通往較晚期侵入的墓井。本季度就在此時有了大發現。

在右側壁龕內部，我們在沙堆和現代碎石堆中發現一塊高兩公尺、正面朝下的石灰岩，岩塊上刻滿文字。是一扇假門，

英特夫之墓墓中假門（作者自攝）

現世與來世之間的門戶，一般在此獻上祭品供亡者享用。上半部採用墓室中獨具特色的精細凹雕，描繪英特夫坐在擺滿祭品的供桌前，下半部則以六欄文字概述他的生平事蹟。

砸搗破壞、銷毀抹除、隨你形容。岩石在重力擊搗下裂成數大塊，文字和祭拜圖案遭人用某種寬刃鑿刀刮削損壞。英特夫的臉孔不見了。天知道是什麼人或者什麼時候下的手。

左上角消失的那部分，幾乎可以肯定是現代盜墓者幹的好事，他們打算從墓室四壁容易搬運和轉賣的浮雕石塊下手。而失控的鑿刀痕跡，似乎暗示下手者的動機與錢財較無關聯。

是發揮到極致的酸葡萄心理？或是現代的盜墓賊摧毀了無法轉賣的部分？這個說法聽起來不太合理，但話說回來，盜掠行動也可能並不理性。也許是較早以前發生的侵害褻瀆，甚至懲罰。

無論如何，所幸假門的設計中規中矩且呈對稱。根據兩側門扇上留下的部分字符，我們得以再次解碼英特夫的重要頭銜，也再次讀到他稱自己是伊碧所生。但我們還是不知道伊碧是誰，也不知道她的兒子為何如此熱衷強調母系血統。考古季度結束，留給我們的只有疑問。

英特夫此名在中王國固然相當尋常，我們揣想他擔任各項要職的時間有多長，因為較早期的銘文中都未提及此人。他的頭銜「大督軍」[36]與他的生存年代，即第十一王朝晚期或第十二王朝早期相符，也表示他可能是申沃斯爾一世的臣子。也許他得罪太多人，最後陵墓遭到褻瀆。也或許他的墓規模太大，太張狂顯眼，威脅到上方的王室陵墓建築。也或許單純是沒有選對岩石，而大自然只是回復原貌。

重重謎團

在二〇一六年十二月和二〇一七年十二月，我們曾和更多團隊成員一起回到利什特，進行更大規模的發掘作業。為了挖到英特夫的陵墓大廳底部，我們必須發掘堤道仍掩埋的十二公尺和陵墓的主要入口。在雷辛・胡梅爾（Rexine Hummel）和貝提娜・巴德以溫柔勤奮的雙手整理之下，出土陶器碎片的脈絡關係愈來愈清楚，指出了中王國年代，我們也發現墓中與喪葬祭儀有關的器皿一應俱全。

在不同沙層中發現了泥磚片屑，還有數百塊石灰岩浮雕碎片，有的巨大，有的細小。發現之多令人無從招架，但我們的繪圖登錄人員夏琦拉・克里斯托杜盧很開心能畫下這麼多美麗的物件。在遺址現場，夏琦拉坐在主要發掘團隊上方的一張書桌前，邊哼著詠嘆調，邊用水彩畫出無懈可擊的浮雕碎片重建圖。她甚至曾成功從倫敦一家高級美術用品店買到名為「埃及藍」的顏料，名稱十分恰當。

我們得以一瞥英特夫本人的樣貌，但令人挫折的是，僅是局部。他的肖像只有四分之一保留下來，只看得到和申沃斯爾一世所用類似的男用假髮背側，以及他的肩膀、胸膛和腰部。這位軍旅出身的墓主律己甚嚴。其他富裕大臣的墓中畫像可能呈現養尊處優的福相，但是英特夫的肖像足以登上肌肉猛男雜誌封面。或許很合理，英特夫的銘文中屢次提及他的軍銜，是以跪姿射手的象形文字寫成。

隨著二〇一六年考古季度告一段落，還是沒有其他關於英特夫的身分或家族世系的線索；而在混亂的最後一個發掘工作週，還來了電視節目製作團隊跟拍。製作團隊抵達當天，我們正要向下挖進大廳入口處時有了非常驚人的發現，遺址現場的人私底下謠傳一定是我們預先埋好。

說得好像一塊跟兒童雪橇一樣大、厚度還是三倍的浮雕塊，可以說預埋就預埋。

乍看之下，我們以為是英特夫的坐姿畫像——只看得到人像下半身。[37]製作團隊拍攝完畢之後，夏琦拉終於能夠仔細檢視。

「嘿，大家……該怎麼說呢？」她大聲詢問其他登錄人員。「畫裡的人看來像是一位女士？」這就是為什麼在攝影年代，團隊裡還是需要有一位畫家。

英特夫之母伊碧畫像（作者自攝）

坐姿人像是女性。畫像為真人大小，連纖細雙足也畫了出來，畫中人身穿直筒連身裙，背部有細長的皺褶飾條。[38]她手上戴著鐲子，執著一把連枷——象徵王室的標誌。這位女士本人就大權在握。我們確信她就是伊碧，英特夫的母親——難怪英特夫要不厭其煩強調自己是誰生的。[39]

下抵陵墓地板

二〇一七年的考古季度中，我們明白了發掘英特夫之墓很有可能需要投注畢生的心力。葛瑞格在陵墓入口堤道末端向下數公尺深的地方，將泥磚牆與岩鑿墓井交會封閉處層層剝開。他正認真研究哪一層是何時發生形成，處於極樂至福狀態，不想被任何人打擾，尤其是他太太。他甚至掛起一個「禁止進入」的骷髏頭告示，要是有任何倒楣鬼膽敢踩過他留下完美標記的泥磚，他會讓對方知道，旁邊就有現成的墓井……

在泥磚中混雜著一或兩張紅色花岡岩供桌的碎片，供桌刻有紀念英特夫的銘文。原本可能是奢華高貴令人欽羨的物品，但已遭焚燒後又砸得徹底粉碎。我們慢慢開始覺得，有人不想要英特夫在來世享福。

根據團隊班底、專精研究遺骸的生物考古學家克莉絲汀．李（Christine Lee），就連這個家族遺骸支離破碎的情況都很不尋常。克莉絲汀是世界級專家，擅長抽絲剝繭釐清古人的飲食、疾病等等健康狀況，她發現有成年男性和女性以及數名孩童的遺存，生前大多很健康，全都非常強壯。而且，沒有發現明顯營養不足的問題，表示遺骸主人生前能夠獲取優良蛋白質和其他有益健康的食物——正是預期之中首都繁盛人口的情況。遺骸也可能是在長期盜墓活動中遭受侵擾，但是破壞痕跡不是新近留下的。所以遺骸是在很久以前遭到毀損，也許是和墳墓同時遭到破壞。至今，我們仍無從定論。

最後，我們逐漸接近陵墓大廳的地板，在彩繪浮雕碎片堆中開始發現木乃伊裹屍布和陪葬品。儘管數千年來經歷大肆盜掠，墓中仍有精緻雪花石膏容器[40]，釉陶（faience）材質塑像配件和護身符，一種華美的藍色上釉陶瓷材料[41]，製品包括已損壞的塞赫美（Sekhmet）女戰神像和只有小指頭指甲蓋大小的貓咪塑像。[42]

二〇一〇年的鑽探調查中我們湊巧發現的，是伊契塔威寶石切割工匠的作坊，顯然是英特夫家族成員熱衷光顧的地方。眼尖的工人們發掘時瞄見了青金石、紫水晶、瑪瑙或綠松石珠子。其中一項發現令人著迷，沙堆裡一顆頭骨旁，有一顆眼睛鑲嵌物瞪視著上方：眼球是白色大理石，染上粉紅的眼角栩栩如生，縞瑪瑙瞳孔採鏡面拋光處理。眼睛還鑲嵌在原本棺木上的位置時，效果一定如魅似幻。

在墓中的發現，是中王國時期許多人命運發生莫大轉變的縮影。我們知道英特夫是埃及南部人用的名字，表示他的家族很可能是跟著阿曼尼赫特一世從上埃及向北遷徙。我們在英特夫墓中看到的所有藝術表現，包括精雕細刻的象形文字，以及陵墓本身的建築設計，都是在三百年前的金字塔時代結束之後經歷饑荒和劇變才從沙塵之中復興。

利什特的墓地已有三千八百年不曾有建築師和工程師踏足，但我們卻能在卡夫特村人小試身手時一窺埃及的深厚建築傳統。偶爾，我們會遇到重量媲美幼象的巨大石灰岩塊，不移除的話根本無法再向下發掘。我們的卡夫特人團隊研發出一種巧妙的系統，利用繩索、精密繩結和滑坡，加上諧調得當的人力，就能將巨石從三公尺深的大廳中吊起來。

負責指揮的歐瑪總工頭大喊「齊心合力！」六個人就在前面抓緊繩子，兩人在後面推，大家每隔幾秒就齊聲喊：「嘿哈——嘿！」他們不僅集合了所有人的力量，更轉化發揮出比個人力量加起來更強大的威力。我們在旁觀看，全都大為驚奇。說不定，他們就是當初建造利什特墳墓那批工人的第一百五十世孫。

二〇一七年考古季度快結束時，我跟工人在大廳清理柱基周圍，地板忽然冒出一個黑暗的洞。我們朝內窺看。這是一處已有四千年歷史的入口，在古代曾遭闖入，在二〇一一年再次遭人闖入，裡頭很可能是英特夫最初的長眠之地，堵砌的石塊邊緣還留有填塞的灰泥。不遠處約略可見三只完整的祭拜用碗皿，放在地板上的那一只碗可能還維持在時光靜止的那一刻。也許，這只碗是由最後一個前來祭拜伊碧某個子孫的人放的。日後我們會再回來，朝更深處發掘。

從太空到陸地

二〇一七年季度的工作除了持續發掘，還有一個更遠大且緊迫的目標，就是測繪遺址的南半部，包括那些盜掘坑。

調查工程師艾哈邁德・易卜拉辛・艾哈邁德（Ahmed Ibrahim Ahmed）利用全站儀（total station）幫我們建置出利什特南部的詳細3D立體地圖，這種測繪調查工具可以計算測點的精確三維坐標。同時，另一個團隊利用「差分全球衛星定位系統」（differential GPS）記錄我們已在衛星影像上標記出位置的盜掘坑。由於有埃及文物部派來年輕認真的稽查人員馬穆德・亞蘭（Mahmoud Allam）、埃及核能材料管理局（Nuclear Materials Authority）的地質學家瑞達・艾斯瑪・阿拉菲（Reda Esmat el-Arafy），和我以前一位好奇心強、笑聲很有感染力的博士班學生加入，記錄工作加速完成且成果豐碩。我們必須檢視影像中拍攝到的是隨意挖掘的坑洞、實際存在的墳墓，或是自然景觀特徵。

短短數週之內，他們處理了八百零二座墳墓的資料，全是埃及學家先前不曾發現的。其中囊括各種不同的墳墓類型，有助於後續理解該地區的喪葬習俗。我們計畫建置一個陵墓資料庫，可依照類型、建材、大小、地理位置、石材品質以及遭盜掘的大約日期進行搜尋。這些墓井之中，大多數還包含二到八處以家族為單位的墓葬，所以這些墳墓中總計很可能埋葬了超過四千個人或家族，他們都在伊契塔威生活和亡故。

利什特北部可能有超過一千座墳墓尚待測繪，估計其中埋葬了五千具遺骸，而且前述只是盜墓賊已經發現的墳墓數量。想到僅僅一處遺址仍待發現的規模之大，令人不由得思索這處遺址可能讓我們對中王國提出什麼新見解。

考古季度最後一天，我爬到山坡頂俯瞰陵墓。看著暴露於外的大廳和後來的入侵墓葬掘穿的堤道，景象震撼人心。在每座墓井和祭堂壁龕上方，我們都加了附有可上鎖鐵門的重型磚蓋。在山坡頂端設立了新的警衛崗亭，雇人站崗的費用由計畫經費支付，這裡的探照燈會照亮整座古老墓地。從衛星影像已經可以看到，盜墓活動在設立崗亭之後逐漸減少。

未來，我們希望修復英特夫之墓，拼湊出破碎浮雕的原貌。我們可能永遠不會知道陵墓究竟為何遭到毀壞，但我們的研究工作和相關保全措施，至少保住了他的家族從前生活和長眠至今的社區最後的遺存。或許有一天，我們會有更多發現；英特夫之墓也許是過去眾多懸案之一，但是想到截至目前的成果，我仍舊懷抱希望。

人類的希望製造機

在前一章和這一章中，我們走了一趟了不得的旅程，從了解埃及偉大的金字塔時代如何結束，到看見中王國展開文化復興。許多埃及學家同行會用「崩塌淪亡」一詞形容舊王國的終結，暗示它徹底滅絕。

在我看來，這些時期比較像受到種種外力的氣球，一下洩氣癟掉，一下又恢復膨脹。埃及在第一中間時期經歷天下大亂之後，接著中王國時期揭開序幕——或許可以稱為「古埃及2.0」，並非演進改良，只是有所不同。

現今的社會或許也需要洩氣變癟一些，才能改革自身有所演變。古代歷史教我們的，是我們絕不會停止推展或測試新疆界，無論是試圖從過去吸取教訓的個人，或是改變整個權力結構的群體。以前不曾停止，以後也不會停止。一個偉大時代結束，不保證會有新時代繼之而起，但是有這個可能。這是過去能夠給予我們的先見之明。

利什特的考古遺址現今只局限在墓地區。在活著的利什特下方，伊契塔威城仍舊不斷召喚，而利什特中或許也還住著沙漠墓地亡者的後代。我們也許還不知道英特夫或伊碧的故事，但是我們將被遺忘的他們帶了回來，實現每個古埃及人最深沉的願望[43]：永誌人心。

考古是人類的希望製造機，這是我的看法。我的願望是你在讀完古埃及各個時期的興盛衰亡復又興起的故事，也能抱持同樣看法，而且你會看到，這些故事不僅限於埃及。它們就在我們腳下各處，值得發掘，值得保護。

第九章　過去的將來

場景：中東某處的考古廢丘。

時間：二一一九年……

羅比大踏步橫越一塊休耕地，邊掃視前方聳立的廢丘。遺址占地約五百平方公尺，沿著邊緣可看到部分牆壁系統，先前任何考古地面調查都不曾發現這處遺址，但在已發展百年的衛星影像卻顯現得很清楚。為什麼之前的考古學家不曾費點心思好好調查這些遺址呢？工作環境太原始了，他猜想。坦白說，他們竟然還救得回資料，真是奇蹟。

這次工作需在分配的一小時內完成，羅比得把握時間。他取下銀色金屬背包，打開背包蓋。裡頭的泡棉隔板之中堆了數十個圓球狀物體，每個寬度都和汽水罐差不多，有紅色、綠色、藍色和黃色。羅比將它們放在地上。

他在每個東西上面輕敲一下啟動「調查」模式，再取出一個小盒子，裡頭有跟迴紋針一樣大的微型彩色機器、一根銀桿和一個飛盤大小的圓盤。他將圓盤裝在銀桿上之後立於地面，從盒子抖落那些迴紋針機器。

「等等。」羅比說。它們全都開始發出嗡嗡聲，排成一列。「紅色出發。」紅色物體打開螺旋槳起飛：一半成列飛越遺址，另一半依據設定模式在遺址方圓五公里範圍飛行。計時器開始幫紅色機器人倒數十分鐘。羅比邊盯著時間，邊盤腿坐下，在面罩螢幕上調出全像地圖。地圖上已經載入了大量調查資料，此時配備光達、紅外線熱像儀和高光譜感測系統的紅色機器人正以幾乎百分百的準確率偵測地面下的建築。有三分之一的遺址覆有低矮植被，看起來和其他裸露的部分幾乎一樣清楚。

全像地圖上開始顯現3D立體圖像，殘存河道以及運河延伸開展，還附有歷來遷移的假定時序表。螢幕上跳出遺址大多數近地表建築，附帶顯示喪葬區、行政區、住宅區、作坊區等熱點時，羅比滿意地點點頭。其中一座建築物看起來宏偉氣派。

距離接載時間還有四十分鐘。「綠色出發。」他說。綠色機器人呼嘯起飛。它們在離地數英寸的高度飛行，穿越植被裡外周圍，以相距數英寸的路線來回橫貫遺址上方。羅比從螢幕上看見，地下建築的3D立體圖更加清楚。整處遺址的地圖向下持續擴展，直到地下八公尺深。螢幕上的彩色漸層顯示較早和較晚的建造時期，以及與內部資料庫中數千座建築物案例比對的結果。有數十筆資料多了亮光標記。只剩三十五分鐘；幾乎來不及完成待辦清單上所有事項。

「藍色出發！」藍色機器人九個為一組，飛過螢幕中有亮光標記的建築物上方。機器人保持相距一公尺，發出強力雷射光鑽孔，並將鉛筆粗細的探針射入地下七公尺深。羅比等它們透過超音波傳來讀數，接著移動到下一組接收資料。

探針偵測到東西後全都聚焦，羅比坐直起來。螢幕上出現結構物模型，完成呈現牆內所有物體和墓葬；墓室有百分之九十以更醒目的亮光標記。

「還真多熱點。」他喃喃道。他瞄了瞄倒數時間，咬著下唇。只剩二十五分鐘。「探針撤回。黃色出發，發掘機器人出發。」

成列微型機器在嗡嗡聲中直撲熱點所在確切位置，開始挖掘。黃色機器人緊跟在後，在入口點上方盤旋。發掘機器人向下挖洞，掃描每處墓葬，並採集一系列樣本。每個發掘機器人一回到地面，就將磨碎的骨頭遞交給黃色機器人於機上光譜儀進行ＤＮＡ定序。

比對中。比對中。嘰嘰喳喳的熱切回報聲持續不斷，機器人將每位死者與當地和區域的家族系譜相連結，將每項物件與此地或數百英里以外的製造場地相連結，將每件陶器或陶片與資料庫中數千筆資料連結。

羅比看著訊息框在螢幕上不斷冒出。

「距離接載時間剩下十五分鐘。」倒數計時器的自動提示音顫聲響起，但是一個指示燈亮起的閃光引起他的注意。他靠近細看。一批卷軸。其中一些的邊緣是有燒灼痕跡嗎？他作了個揮動手勢。五名專家級掃描機器人對準埋藏的文獻，記錄古老文字。地下的卷軸彷彿被吸了出來，出現在羅比的螢幕上，鋪展開來顯示完整內文。有些曾由古代書記員反覆利用，羊皮紙上浮著刮除重寫影影綽綽的疊層。

「即將接載。」

羅比的中央資料庫小圖示閃著綠光：測繪和資料掃描完畢。再等幾分鐘，處理後的資料就會呈現出可搜尋模式。

「機器人回家。」羅比朝著整處遺址大喊，在機器人飛回後逐一關閉開關，再小心翼翼收回背包。警示聲響起縈繞不去，他抬起頭來：是一段將近兩百年前錄製的圖坦卡門的銀號角響聲。[1]

「很好，準時完工。報告。」

「區域及全國遺址資料庫掃描完成。十五種遺址歷史假說運算，疊代*開始*。一號至十號假說排除，可能性低於百分之九十。剩下五種假說，四種符合遺址於一一七七年遭荒廢之前的歷史。荒廢模型可能性低於百分之九十四，剩下一種居住生活模型可能性超過百分之九十五。」羅比點點頭，瀏覽圖表。

「給我看那一張。」

「遺址於西元前三三二五年開始有人居住生活，聚落人數約兩百人，於西元前二四七八年擴張成兩千人的小型城市。擴張原因為河道遷移，有利取得更多國際貿易貨品，有極富裕統治階級形成的證據。西元前二三一〇年，一名地方首長開始組建私人軍隊——」

「然後奪取政權？」

「正確。控制方圓四十公里內超過五十座城市。他自立為王，掌權二十年後遭大祭司廢黜。祭司於西元前二二九〇年一場重要戰役中落敗。遺址淤泥累積厚度超過一公尺，並無陶器碎片，也無在此之後百年內人類居住生活的證據。」

「聽起來像旱災。」

「正確。四千三百年前的一場乾旱事件造成該地區多處荒廢。西元前一八〇〇年前後再次出現一座五百人的城鎮，由一名在地統治者領導，後於西元前一一七七年接連發生饑荒、疫病和火災。在一條重要收費道路闢建完成後，該遺址於羅馬時期的居民超過兩千人。西元一四六年發生戰爭，青年和中年男子遭到屠殺，女人和女孩遺存證據極少不成比例，可能遭到俘擄後成為奴隸。」

「真是歡樂。」

「我並未解讀情感值。你希望我這麼做嗎？」羅比一驚。

「不，不用了，謝謝。」他以懸空的滑動手勢清除螢幕上的檢索框。「報告剩下部分。」

「該處在伍麥葉（Umayyad）王朝時期，西元六六一到七五〇年間，出現一個很小的聚落，一直延續至今。」

遺址和周圍地圖的視覺化圖像出現，並且依據發掘機器人看到的變化呈現不同時期的變動，附帶顯示的區域地圖包含貿易樞紐、天然資源、入侵敵軍的母國以及殘存河道。

「遺址歷史報告完成。誤差可能性正負百分之二。」

羅比咒罵一聲。不是他需要的百分之一。

「我什麼時候會開始學習部署最新的探針模型？」

「未知。」

「噢，算了——通話結束。」

一份完整報告出爐，以不同小節分論區域河流系統、建築所屬階段、遺址陶器、骸骨遺存及DNA，以及遺址聚落發展、成長、滅亡、荒廢和再次發展的歷程。平面圖、地圖和重建圖在螢幕上一字排開。其中，掃描後的陶器碎片一塊塊飛到定位，重新拼成一個美麗的油膏罐。

「最棒的部分……」羅比微笑著說。五千年來的「飲食脈絡」（foodways）完整拆解分析。*這一天很漫長，他的肚子咕嚕作響。

「警告！警告！接載逾時。」

他忍住沒開口咒罵，按下**接受：最終報告**。「老闆會恨死那個百分之二。」但眼下還是啤酒比較重要。

羅比回到降落點。在無人飛行載具愈來愈響的低沉嗡嗡聲中，羅比周圍的沙塵飛揚。他將自己的機器人虛擬化身繞著背包摺疊成密實正方形，接著載具的磁性延伸部分將他接走。

一秒鐘後在「考古視界」（ArchaeoVisiön）總部，羅比取下虛擬實境頭罩，甩了甩頭。最終報告中的參考資料，與二〇一〇年一次考古調查結果有關。甚至與附近一處遺址的發掘報告也有關聯。有太多資料漏看了！

還有，這些沙塵……還有細菌、蒼蠅，還得好幾個月不能住在他舒適的營屋。到底有誰會想這麼做？

他皺了皺鼻子，眨眨眼看著螢幕上轉動的油膏罐。從地下挖東西出來，真是浪費時間。他每天走進來時，都會拍拍門廳那尊圖坦卡門面具的額頭。其實是完美的複製品，3D列印的，連專家都難辨真假。材質也一樣是黃金，反正外星球的礦業發展得很順利。黃金、青金石，都跟薯條一樣便宜。

「真正的馬鈴薯。」他喃喃自語。「這才像話。」他瞥見懸在半空中的全像時鐘報時數字：剛好準時完成今天的第五處遺址。吃午餐不會妨礙接下來的遺址接載行程，但啤酒只能晚點喝了。「配額有限啊。」他說，站起身來。

就著食堂托盤用餐時，他想到誤差率。應該不會影響他的評等。但是他的排名呢？全體排名第三。他用叉子戳起立方塊狀食物吃掉，吞得有點太快。

「她會叫我換用一批新的機器人。」他對食物分發機說。「她是老闆。但是沒關係對不對？它們的服務年限也到了。」

那他呢？櫃檯後面占滿整個地面的螢幕即時顯示船艦的施工現場。在猶如自轉星系的自動化動作中，探索船艦像那只油膏罐一樣拼組成形。數個月內，船艦就會航向與地球差不多大小的太陽系外星球「羅斯128b」。[2] 螢幕上滾動的資訊中也出現羅比的臉孔——「一流考古技師」：他還是很有機會進入團隊。

「考古視界」表現最佳的十名員工可以上太空。「考古視界」總共有二十名像他一樣的技師，

＊譯註：「飲食脈絡」或「飲食之道」為社會科學術語，係指一個民族、地區或歷史時期的飲食習慣和烹飪習俗。

如果全員出動就能在一天內測繪完成一百處大型古代遺址，那就有能力到其他星球測繪廢墟。在履行「聯合國系外星球任務」原型合約期間，他們已經記錄了一萬處遺址。

「我們還有一個月的時間。」他說，努力將立方塊最後一點殘渣舀刮乾淨。

「不正確。」食物分發機說。「供餐服務將在十分鐘內結束。」

他面無表情盯著機器，然後抬頭看螢幕。從古埃及、敘利亞、伊拉克到許多其他地方，人類曾經存活、繁盛又凋亡，而今羅比在等待航向群星的命令。

他曾記錄的那些人類群體假若有知，會有什麼感想？

「哇哦，好了吧，羅比。」他說，邊將餐盤送回機器裡。「你可不是什麼瘋瘋癲癲的老派考古學家。」就如螢幕所示：「考古技師。」吸引他的是技術。所有最先進的玩意兒。薪水優渥，還有機會上太空……

真正的謎團都在外星球。地球上幾乎每處遺址都已測繪完畢。

「都差不多，了無新意。」他嘆氣。

螢幕上的羅比臉孔又轉回來。微笑的臉龐充滿自信。活躍好動。不像他的手錶上全像圖裡，一票垂垂老矣的大學教師笑得天真爛漫。他和朋友下課之後會笑那些老一輩。記得在二〇六〇年，舊時代的最後一群人還跟吱嘎作響的機器人一樣在沙土裡挖呀挖的。最後幾把小平鏟從此束之高閣。他們錄製課程時大概都一百歲了。

但是他們那一臉認真熱切的樣子啊，當他們講到發現了什麼東西，講到田野工作一同打拚的情誼，或是二〇七〇年代第一次記錄到外太空無線電波。是啊，他笑過他們。他抬頭望著施工現場逐漸成形的船艦，想像在外太空發現古文明的跡證，卻不知道自己看起來跟那些老教授有多麼相像。

真相已經不在地底——在外太空。

歡迎回到現在！

聽起來很異想天開，好像我一位幼稚園老師曾形容為「對科幻小說比科學更有興趣」的人創作的故事。顯然，這個人長大還是沒怎麼變。在一九八〇年代的童年時期，《星際大戰》和印第安納·瓊斯電影互相融合在我腦中深處埋下種子，日後成了一門真正的研究專長。本書中我幾乎都在談從太空所見的地球，還有更多篇幅是從考古角度談我們從哪裡來，但還沒有告訴你我們將來有可能往哪裡去。

在二十年的學習和研究之後，我認為考古學家似乎花了太多時間想像過去，卻很少想像考古學的未來。也許我們都深陷細節的泥淖，或是懼怕冒了險最後卻被證明是錯的——太可怕了！

懷抱遠大夢想

但是我們如果容許自己夢想考古學的未來，無論多麼短暫，都可以看見考古學家、科學家、醫生和機器人學家已經在使用前述所有的科技類型。這些科技或許還未發展到想像中那麼微型、行動自如或裝載大量感測器，但是想到我們現今使用的科技演進速度之快、變化之大，我可以感覺到二一一九年的世界離我們愈來愈近。

就科技演進而言，三十年並不長。還記得一九九〇年代初期之前，幾乎沒有人聽說過網際網路。一百年以前，最有錢的人家才剛開始在自家裝設電話，如今，約有二十億五千三百萬人擁有智慧型手機。[3]

信不信由你，發明家會細讀科幻小說，希望從中汲取一點前瞻遠見，研發出下一項轟動全球的發明大賺數十億。[4]而利用科幻小說來設想未來的考古探索樣貌，同樣成果豐碩。

例如，在一小時之內測繪和發掘整個遺址，或至少遺址的數個部分，利用相互符合的資訊推知拼圖全貌——這是目前最瘋狂的點子。一個考古團隊可能研究一處遺址超過四十年，也許主持人投注了畢生心力，但他們的所知所得卻可能還是皮毛而已。

我們來算算數學，數學很好玩。一處廢丘假如長五百公尺、寬五百公尺、高八公尺，先不去管地面下方的部分，那麼這處遺址的量體為兩百萬立方公尺。在一個考古季度中，一名考古學家與當地挖掘團隊可以發掘一個十公尺見方的單位，兩個月內下挖三點五公尺深。即為三百五十立方公尺的量體。

一季在一處遺址可以發掘四個這麼大的單位，所以是一千四百立方公尺。假設以標準挖掘速度進行，四十年時間可以發掘五萬六千立方公尺，或整個遺址的百分之三。這些發掘研究結果，足以產出年度發掘報告、數百篇文章、數十位博士和許多本學術專書。

所以，要將　處遺址百分之百發掘，我們要將四十年乘以三十三。於是算出要完全了解遺址，每一處遺址需要的發掘時間是一千三百二十年。即使能夠一年到頭進行發掘，還是必須考慮密集研究、分析和撰寫論文所需時間，田野作業每進行一個月，就要額外再加四到八個月的研究時間。

現在，將所需時間與一個區域的遺址數量相乘。

就算有了考古學黃金時期各種突飛猛進的科技，還是不可能完成。還有現實的震撼一擊：考古學家可能沒機會在同一處遺址多做幾個季度的研究。除了先前提過的經費和許可問題，研究計畫主持人職涯若有變動，就得轉移陣地。對一處遺址從一而終需要全心奉獻，主要是承諾分配給它的時間。我最愛的埃及遺址是利什特，目前我們關係穩定，但我還是會尋找其他目標遺址進行測繪。我不知道這和自己的個性有無關聯，或許還是別知道比較好。

目前的進展

在一小時內了解一處遺址顯然不只是科幻，更像奇幻故事。但是檢視現狀，再想想故事中二一一九年的羅比任意使用的神奇玩具箱，或許可以知道我們和具有測繪、調查和３D立體重建功能的迷你自動駕駛無人機距離有多近。

如今已經可以在任何能夠升空的載具上裝設遙測工具，從衛星到直升機，再到俗稱無人機的無人飛行載具。考古使用的標準無人機直徑約五十公分，但隨著科技進步會愈來愈小臺。現在可以買到巴掌大小的無人機當玩具，還有新奇的迷你無人機，直徑跟汽水罐差不多。[5]有些甚至裝載了相機。[6]

在二〇一五年以前，愈高酬載的遙測設備就需要愈大的無人機，有時候還是得依賴飛機或直升機。現在一臺標準無人機就能輕鬆搭載光達系統和紅外線熱像儀或高光譜相機，和羅比初始調查時使用的紅色機器人並沒有什麼不同。[7]過去十年來，所有相關科技設備體積都大幅縮減，現在已有跟智慧型手機差不多大小的優良紅外線熱成像攝影機。忽然覺得一百年以後研發出可裝設在巴掌大小無人機上的迷你版，似乎也不是天方夜譚。

理論上到了二一一九年，每種系統都能測繪地下遺跡現象、遺址中的活動區域、地形和殘存河道。

高光譜成像

就考古遙測科技而言，令人振奮的全新前線是一種稱為高光譜成像的技術。高光譜影像不只包括本書中以不少篇幅討論的標準四到八個可見光和近紅外光波段資料，而是數百個波段的資料，能夠針對地形的化學組成提供線索。[8]進階程度就像電腦螢幕從八色變成兩百五十六色：你就能在照片裡看到比以前更多更精微的細節。

利用大小和標準高中用顯微鏡差不多的手持式光譜儀[9]，就能根據任何物質的化學成分測量出光譜特徵。地質學家利用光譜儀偵測不同地層之間的細微差異[10]，但是考古學家才剛開始接觸光譜儀，還在摸索要如何讓它發揮最大功效。第一步會是建置可比對不同考古遺址和區域的特徵資料庫。

我們已經知道，地表上所有物體都有其獨特的化學特徵。遺址埋於地下的遺跡現象逐漸降解，釋出的細小建材顆粒會慢慢和上方的地層相混。這些變化憑肉眼可能看不見，但利用紅外線影像資料就能加以測繪，受到雨水影響又會更明顯，我們就是利用這樣的方法找出泥磚建築物或是聚落地基的輪廓線。[11]至於埋於地下的石頭遺跡，則可利用中波段紅外光資料讓它們更加突顯。

利用高光譜影像資料，考古學家也得以辨識考古遺址中獨特的活動區域。例如，製造陶器或金屬器具需以高溫燒製，因此發現明顯的化學殘留物就表示是工業區。墓地區的骨骸含量高，可能會影響該區土壤的礦物質含量，產生的碎片往往見於遺址最上層，形成鮮明特徵。不同區域在光譜中會分別呈現出明顯的突波，而在某些特定波段可能會比在其他波段更加清楚可見。

紅外線熱像儀成像技術也為考古研究開拓了全新的探索途徑。無論任何城市，到了夏天最熱的時候，混凝土會吸收白天的熱氣，到了夜晚氣溫下降，熱氣又會向外發散。城市的夏季夜晚氣溫，可能比樹蔭較多的區域高出三到四度，因此城市到了夜裡真的會在衛星影像中「發光發熱」。[12]地下的考古遺跡現象也有類似的反應，只是溫度差異更加細微。

考古學家已經利用紅外線熱成像攝影機，在新墨西哥州的查科峽谷偵測出舉行祭典用的地下「密室」（kiva）。[13]同理可知，我們完全有可能運用類似的成像技術，辨識其他沙漠環境中埋於地下的墳墓——也許還能在埃及帝王谷有所發現，考古學家已經在此耗費數年尋找隱藏的墓葬。你只需要確定影像是在一年中對的季節、一天中對的時間拍攝而成，才能捕捉最大的溫度差異。

接下來幾年，我們將會看到同一臺無人機上可以裝設多種感測設備，單純是為了達到最高的效率。效率高就等於省錢，畢竟研究經費日益緊縮，省錢無比重要。未來也必然會有更多針對地下調查和發掘用途開發的感測裝置。已有研究者在同一架飛機上操作光達系統和高光譜相機[14]，隨著科技邁向微型化，未來將會出現功能更齊全的整套標準配備。

從上到下全方位掃描

來聊聊羅比的綠色機器人，它們可以將每處遺址及其周圍地景全部掃描。遺址並非存在於真空之中。我們已經看到，要了解社群的興起和衰亡，可取得的原料以及江河湖池的遷移都是非常重要的資訊。因此，我們在調查古代遺址時也會調查周邊環境，找出殘存的水道或水源[15]，以及可利用的礦產、石材等天然資源所在。

現今的關鍵工具包括磁力儀、地電阻探測儀和透地雷達。這些地球物理工具好用得不得了，但團隊成員要在整個標準調查季度扛著設備步行數百英里布設使用，也會累到腰斷掉。隨著相關技術進步，這些測繪系統也會跟其他科技一樣邁向零件輕量化、設備小型化。我們可以期待有朝一日，所有系統設備都跟羅比用的一樣由自動駕駛無人機裝載，相信所有腿痠腳疼直不起腰的磁力探勘專家也都這麼期待。

現今，研究人員等到作業結束之後，才將儀器裝置的資料下載到電腦，利用類似遙測程式的軟體處理。目前已經可以將儀器中的資料以無線方式傳輸到電腦[16]，不過尚不普遍。假設地下感測和傳輸科技持續進步，我們大概可以期待資料自動無線上傳功能，也很容易想像在遺址的３D立體模型即時自動填入大量資料，即使是位在地下五到八公尺深的建築結構，也能快速算繪生成圖像。想想僅五十年前還沒有任何地下遙測儀器，而未來一百年內，不需挖土掘地，地底埋藏的任何祕密就將一覽無遺。

羅比的藍色機器人傳送的炫麗３D立體重建圖如今也已初具雛型。你或許看過以超音波重建環境的立體地圖，但是可能不曾意識到。蝙蝠和海豚天生具備這種能力，而我們終於開始有所理解。無人駕駛車輛發送超音波偵測路徑上的物體，試探性進行辨識後再據以採取行動，例如辨識是人則停車、是車則加速，以避免發生碰撞。[17]科學家將這種科技應用於無人機群[18]，發現許多方面可應用於開發新的測繪功能。隨著感測裝置體積縮小且靈敏度提高，以後就有可能裝設在探針上送入地下使用。

在我們的科幻場景中，發現卷軸時使用的現場掃描科技太超出現實，但是現今掃描和呈現古代藝術和文獻的科技也已有了長足進展。科學家現在使用雷射清理墳墓牆面上的煤煙，讓牆上的絕美畫作重見天日。[19]利用紅外光檢視古代手抄本，則可找出經過反覆刮除和書寫、留有數層肉眼無法辨識字跡的重寫本（palimpsest）。[20]

另外，利用X光相位對比成像技術（phase-contrast X-ray imaging）甚至能夠透視義大利赫庫蘭尼姆（Herculaneum）遺址出土經焚燒的卷軸，這處遺址和龐貝城同樣於西元七十九年維蘇威火山爆發時遭到掩埋，知名度不如龐貝城但是更令人著迷。經焚燒的密封卷軸無比脆弱，經不起展開閱讀，但是這種科技可以挑揀出藏在燒焦紙莎草頁面裡的字詞和字母。雖然研究結果目前僅證實這樣的概念可行，但專家有信心很快就能解讀全篇文章。[21]

機器學習——科技最前線

多種先進成像科技都已經起了頭，有望在未來持續發展。而我們也愈來愈接近羅比垂手可得的資訊相互連結性，以及該特性可應用於精準深入探索遺址的一切相關功能，也就是所謂機器學習。

機器學習，或「電腦視覺」（computer vision），是現今泰半電腦程式不可或缺的一部分，也是驅動人臉辨識軟體等技術發展的幕後功臣。電腦辨識人臉時是透過類神經網路，將新接收的五官特徵畫素與所存取的數千筆範例資料互相比較。

許多手機應用程式也運用了這種軟體，包括你用來找出最喜歡的咖啡館正在播哪首歌，或剛剛拍到的是什麼鳥的應用程式。[22]機器學習在某種形式上可說是一種擴增實境，我們利用電腦幫忙，在大量資訊充斥的生活中區分想找的訊號和雜訊。

衛星影像是最適合運用機器學習的資料類型。我們團隊共有三名成員，花了將近六個月檢視龐大的衛星影像資料集，測繪出埃及所有盜掘坑。想像我們要是能夠訓練機器藉由比較已知實例偵測潛在盜掘坑分布區域，而我們只要負責確認，不用自己搜尋數十萬平方公里的面積，工作速度可能加快多少。很可能只花一週就搞定。

目前我的領域中最尖端前沿的研究，是探索將機器學習用於搜尋衛星影像資料偵測先前未知考古遺址的可能性。如果我們可以讓電腦自動排除未顯示任何特徵的區域，就可以專心分析特定重點區域，不至於因為累得眼花而錯過重點。已有資料科學家研發出機器學習演算法，用於執行任務如搜尋希臘衛星影像，偵測有錢人為了逃稅而隱匿的屋內游泳池。[23]

太空考古學研究的基礎就是將完全相同的疊代過程運用在全球各地的遺址，在調查和遙測結果中比較其他地方類似的遺跡現象，以便在自己研究的遺址中辨識出最具潛力、有望進行發掘的熱點——只是我們繞很大一圈才完成同樣的工作。機器學習可以將速度大幅加快，進行鑽探調查和震波探勘選址上也能更加準確。我們唯有懷抱希望。

其他應用程式可以在進行發掘作業後提供一臂（虛擬）之力。考古學家在考古季度結束時花費最多時間做的，就是查找已經過探索的遺址，看看哪些有同樣的遺跡現象和物件能為他們的新發現提供佐證或解釋。要是能有機器代勞，就再好不過。

目前已有類似Google Ngram Viewer字詞出現頻率統計工具[24]的搜尋引擎，可在收錄數百萬本書籍的資料庫中搜尋特定字詞或使用模式最早出現的例子。剽竊偵測軟體也運用了類似的搜尋演算法，研究莎士比亞的業餘愛好者可以用來找出莎翁撰寫劇作時汲取重要靈感的某部作品。[25]

同樣的軟體設計原則也可以應用於尋找任何「相像」事物，舉凡城市平面圖、建築物、牆壁，甚至來源不明的人工遺物碎片。如果機器知道材質、形狀、大小和使用技術，就能很快在資料庫中搜尋出類似的物件。在比人腦還快的比對速度輔助之下，就能以其他處發掘到較為完整的範例為基礎，產生完整的遺址或物件3D立體重建圖。

明年生日，我想要一臺發掘機器人當禮物……

至於實際挖掘……距離研發出羅比那些具有發掘和3D掃描功能的迷你機器人，似乎還有好幾光年那麼遠。然而機器人和感測器已經是我們日常生活中的一部分，機器人學現今的進展也將過去的想像化為真實。

例如由麻省理工學院（Massachusetts Institute of Technology）衍生創立的波士頓動力公司（Boston Dynamics）研發了很像動物的機器人，錄製的一系列機器人開門、上樓梯和後空翻影片在網路上爆紅。不得不說，影片讓大家腦海中浮現《魔鬼終結者》那句經典臺詞「我會回來」，而我在二〇一七年TED演講現場看到會活蹦亂跳的機器人也引發大眾恐懼。[26]

或許不用這麼急著逃離我們的機器人主上。另有一段網路爆紅影片拍到Roomba掃地機器人把狗大便甩得滿屋子地板都是[27]，由此可知有些機器裝置還不會完全聽命行事。但很快就會了。

如果美國國防高等研究計畫署（US Defense Advanced Research Projects Agency）研發出的迷你機器人能夠模仿昆蟲飛快穿梭於建築物之間[28]，而機器人能夠探查埃及的盜掘坑，例如盜掘情形嚴重的艾希拔（El Hibeh）遺址[29]，我可以預見未來的迷你機器人不僅能夠實際進行挖掘，也能夠以不侵擾古代遺存的方式掃描地下的遺跡現象。也許聽起來似乎有點扯太遠，但掃描物體和遺骸得到高解析度3D立體影像如今在博物館和考古遺址已是稀鬆平常。既然發掘機器人都能遁地了，那麼順便採個化學試驗樣本和DNA樣本也是很合理的事。

另一項帶來革新的考古學工具就是DNA分析，而相關技術如今也突飛猛進。或許已經有人透過23andMe基因檢測公司、Ancestry.com系譜學公司或國家地理學會的「基因地理計畫」（Genographic Project）做過DNA採樣。上述公司和計畫已分析過數萬人的DNA，你甚至可以根據分析結果追蹤你家祖先從非洲前往廣大世界其他地方的路徑。[30]我發現自己有百分之三點七的基因來自尼安德塔人，百分之零點九的基因來自丹尼索瓦人（Denisovan）。認真想想，表示我的曾曾曾不知多少輩的祖父母是尼安德塔人。也許這就是為什麼我眉毛那麼濃。

從較短、較靠近現代的時間尺度來看，考古學家在比較開羅埃及博物館裡的王族成員木乃伊DNA時，發現死去很久的組織裡的DNA有助於重建複雜的家族系譜。[31]未來，也許會有羅比的黃色機器人對古人和今人施行更多種不同的基因檢測，我相信有可能建立回溯至數十萬年前的系譜。畢竟，我們都是一家人。取自考古遺址的遺骸樣本數愈來愈大，就愈容易建立人口與地點之間的關聯，並與地區甚至跨國資料集相互連結。

考古學DNA檢測技術已經相當進步，從遺骸的牙菌斑取樣就能分析古人罹患的特定疾病。[32]近期發現還包括根據僅有的一萬年前骨骼遺存，研究出其人膚色。[33]隨著醫學領域大幅躍進，關於古人外貌和身體史的測定也有很大的發展潛力。

未來就在眼前

在羅比的故事中，他最後細讀一遍遺址分析報告，電腦在報告中很有信心地講述遺址的完整故事。這或許是你覺得最難接受的部分。考古學家耗費數十年心力磨練考古和詮釋技能，直到中年終於能夠提出宏大全面的論述。（開玩笑的。我們唸研究所時就開始這麼做。）現今的學者可能會在一處遺址擔任發掘主持人長達三十或四十年之後，寫出一本關於該遺址的專書，卻發現書裡的理論大半在十年後就被她的學生推翻。一切本該如此。

但是如果掌握了羅比的機器人蒐集的所有資料，即數百年的標準考古作業加上相應的研究工作，我想沒道理不能立即匯整出結果。我們已經為了統計用途將資料輸入電腦，可以看到比如特定物品蔚為風行之後又乏人問津。若是單一遺址的數個大型資料集，目前需要具備強大運算能力的電腦才能進行完整分析，但五年內就不是問題，更別說一百年後。如果能將一處遺址的所有資料全部輸入電腦，並且立即與其他類似的遺址在主要建築物、物品、遺骸和使用技術等項目相互比對，要快速描摹出該遺址全貌絕非難事。

我，考古人

在窺見未來的故事尾聲，我們得知羅比只是技師，透過機器人化身和觸覺技術（haptic technology）以虛擬方式作業，只要觸碰或比個手勢就能操作。就目前的科技進展來看，想要實現已經不遠。虛擬化身在電腦遊戲裡其實很老套了，我們也已經將相機裝設在無人機上，透過平板電腦或電腦操控，來探看難以接近或較危險的地方和事物。想想看那些電玩遊戲是如何追蹤捕捉玩家的動作。

我剛好曾有機會坐進未來感十足的無人駕駛車輛體驗下一階段的觸覺技術，在車內看電視只要輕輕向左或向右動一下就能換臺。[34]這種科技是讓感測器偵測動作並解讀，再傳送指令給電腦或其他機器。無論是《鋼鐵人》（*Iron Man*）系列或再早幾年的《關鍵報告》（*Minority Report*）裡頭，使用者隔著老遠揮揮手就能移除螢幕上圖像或進行設計研究的電影特效，如今已經差不多實現。微軟公司開發的Kinect感應設備也採類似方式運作，透過這種設備，外科醫師不用直接碰觸電腦，就能透過手勢動作操作磁振造影（MRI）和其他影像，可維持開刀房的無菌狀態[35]，另外也能藉由模擬訓練預先練習手術技巧。[36]遠距遙控手術——還有遠距遙控考古發掘——的實現或許近在咫尺。

以後不再需要一十人考古團隊加上當地大批工人費時數年發掘，只要派出二十名技師以虛擬實境操縱一隊機器人，就能在一天之內探索完成一百處甚至更多處遺址。親身上陣探索固然美妙有趣，但是交由機器人化身進行會更有效率。依目前機器人科技的發展速度，可能不到一百年就能達到這個境界。

其實從目前考古實務與其他科技領域逐漸重疊融合，已經可以看到這樣的轉變。從記錄遺址、攝影到分析相關發現，現在的考古學家已經意識到與資訊和工程領域學者合作的重要性。我相信未來所有的考古學家，很可能都會發展出另一種科學領域專長。大學生已經開始把握機會，在選課時兼顧培養雙專長，而具備科學和跨領域背景的研究生獲得聘雇的機會也更大。學術界現行區分不同學系模式的本質已經超出本書範疇，但我們必須要自問，考古學是否會成為其他科學學門中的次要分支領域。

羅比瞧不起考古學的「老派作風」——從地下將物件挖出來蒐集。如今已建置出全球性的3D立體掃描物件和化石資料庫，任何人都能透過各種媒介列印出複件。[37]世界各地的考古學課堂上也愈來愈常使用3D列印物件，讓學生能夠接觸一下人類遠祖頭骨之類通常收藏在實驗室深處的珍貴物件。[38]

複製品的細緻程度不斷進步。麻省理工學院的科學家正在研究如何複製材料的顏色和材質[39]，也已展示列印速度比標準3D列印裝置快十倍的新機器。[40]或許等收藏家想要什麼古物，都能得到以原始材質製作、只有使用超高性能顯微鏡才能分辨與真品差異的仿品，此後就真的不會再有人盜掘遺址。

那邊有人在嗎？

科幻大師亞瑟·克拉克（Arthur C. Clarke）曾說：「有兩種可能性：整個宇宙只有我們獨自存在，或者不是只有我們。兩者同樣令人驚駭。」[41]接下來的推論可能令人大吃一驚：一切研究或許和在太空中飛轉的地球上的考古沒有太大關聯，卻和探索外星球潛在文明的競逐密切相關。拜精良的望遠鏡和進步的資訊科技所賜，我們已經知道數千顆太陽系外星球。在我撰寫此章時，科學家發現其中兩顆星球看起來「類似地球」，不過還需要數十年才能證實。[42]

只要想像一下所有的可能性。

天文學家法蘭克・德瑞克（Frank Drake）於一九六一年發表了「德瑞克方程式」（Drake Equation）[43]，用來計算其他星球上也有高等智慧生物而且我們可利用電磁波偵測到的可能性。科技日進月異，偵測到結果的可能性也隨之增加。未來我們無疑會找到更多類似地球的星球，也可能發現不計其數的太陽系外星球。或許有一天，我們會收到「搜尋地外文明計畫」（Search for ExtraTerrestrial Intelligence）尋找的無線電波[44]，或是找到某種其他生命存在的徵兆，而新的發現會推動我們朝前所未達的遠方探索。

姑且不論我們如何定義生命，或其實該說定義物質文化，我們必須先問的是，對於我們根本一無所知的事物，要如何才能開始研究。假設我們發現一個有生命存在的星球，假設我們甚至能夠辨認它的「聚落」，可是我們不會有任何已知遺物的資料庫可以提供比對用的資料。無論是由衛星或探測器找到這些世界，我們還是得在對的時間找到它們，也就是在聚落遺址化為塵土之前。太空人和美國太空總署工程師大概認為自己是研究外星世界的最佳人選，但考古學才是唯一最符合資格，能夠探索和分析未知物質文化和其創造者的領域。若論誰最適合研究外星文明，我投考古學家一票。

很諷刺，我知道。考古學家多年來不得不對抗無謂的外星人理論，包括聲稱金字塔群是由外星人建造，或是凡是有像是先進文化發展產物的地方基本上都是外星文明所留下等說法。[45]這些主張其實既固執偏頗又帶有種族歧視意味，不幸的是，對於很多無法接受不同膚色的人能夠創造存留數千年的紀念物的那些人來說，這些說法還是很有吸引力。

為了反駁這些外星人理論，考古學家已經奮鬥多年，但在未來也將成為太空中的「外來客」，使盡渾身解數對付完全的未知。考古學家也熟知地球過往的探索史以及不同文化的「第一次接觸」，能夠從數千年歷史中人類曾鑄下的大錯吸取教訓。幸運的話，未來的考古學家或是像「考古視界」這類公司的員工，將能善用這樣的歷史敏感度，避免重蹈覆轍落入類似陷阱或慘況。也或許，我們只會創造新的錯誤留給後人譴責。

窺看過去的窗口

我以前很擔心，美國太空總署太空人計畫排除任何大學不是唸理工科的人——我的第一個學位是文科學士，就算專精遙測技術，我也永遠都當不成太空人了。但是看到伊隆．馬斯克（Elon Musk）的公司於二〇一八年二月成功發射獵鷹重型運載火箭（Falcon Heavy）[46]，我想未來的太空人其實有可能來自私營企業。（話雖這麼說，要是美國太空總署有誰剛好讀到本書，快來找我！）

透過羅比這個角色，我傳達了自己最主要的擔憂。沙塵泥土會塞在我們的指甲縫裡，裡頭保存了先民真正的ＤＮＡ，將我們與過去連結在一起[47]，一旦我們離塵土愈來愈遠，相關的一切也會跟著遺失。在田野發掘時那股殷切的期待，那種還有未知之事尚待揭露的感覺，召喚我們再次腳踏實地，讓我們保持謙卑。也許你一生中每次考古季度都很幸運有所發現，也或許從來沒有什麼重大發現。也或許你的想法是錯的。如果從此只會成功不會失敗，沒有了那種冒險和神祕感，考古也就不再美妙神奇。

我認識的考古學家中，多半有眼看要有大發現卻功敗垂成的精采故事可講——也許是因為時間有限剛好來不及，或者遭同行搶得先機。有時候，他們知道了天大祕密，等著下一季度前去發掘揭露，只差當地政府再次核發許可。考古就像擲骰子賭博一樣，所以我們一次又一次干冒風險。等到考古學家所有工作都由電腦包辦，而我們變得機器化，只知道時間到了按按鈕，那電腦反而成了探險家。如果我們沒辦法自己歸納出滿意的結論，或至少根據所知的一切推導出合理結論，那就趣味全失了。

未來的探險家也許會覺得我們的技巧很原始，行為很野蠻。我堅信某些古物收藏家就該得到這種評語。但隨著考古學持續演變，我確實擔心我們可能會失去那種，在造訪數十次之後再次來到吉薩金字塔群依然感受得到的神奇美妙。當未來的觀光客戴上擴增實境眼鏡體驗加快版的金字塔建造過程，並由虛擬古埃及書記員擔任嚮導，那種拜訪體驗還會一樣嗎？或者會是某種科幻主題樂園呢？

更糟的是，想到考古未來有可能淪落成只求營利的龐大產業陰謀，涉及層面遠遠超過現今考古界的制式合約所涵蓋，我就覺得苦澀難當。如今我們的每一分經費都是拚命向政府、私人贊助單位和其他來源爭取到的，也自知資源有限。有些人會說任何額外的經費贊助都比沒有好，我們也必須接受考古探索的未來發展不會一切盡如人意。我們應該思索考古學這個領域所有好的以及不好的進展方式，才能開始討論如何走不同的路。

兒時夢想

在本章中，我們從科幻天地遊歷到科學世界。我在考古調查領域做了很久的研究，久到都能感覺到自己的保鮮期限將至，這個想法令我驚恐不已。我正邁向陳舊過時，而我所有研究相關科技的學界同行都有同樣的恐懼。

儘管如此，還是有一些運氣很好有所發現的時刻，支撐著我們度過最消沉陰鬱的時期。有時候支撐我們的，是童年夢想，是未來願景。畢竟我們最珍貴的寶藏，不是圖坦卡門的面具，而是那扇為我們照亮前路，讓我們能窺看過去的窗口。

第十章　挑戰

回顧考古學的歷史，你會發現當考古學家有入場資格：有錢、白人、男性。考古學入門課程裡會唸到的那些「大人物」都符合資格——包括於一八二二年破解羅塞塔石碑（Rosetta Stone）上埃及象形文字的尚－法蘭索瓦・商博良（Jean-François Champollion）[1]，一八四〇年代前往中美洲探索馬雅文明廢墟的先驅人物費德里克・凱瑟伍德（Frederick Catherwood）[2]，以及於一九一一年「發現」祕魯馬丘比丘的海勒姆・賓漢。[3]Y染色體支配全局。但是標記重點的，畢竟還是X。

考古領域裡的女性

從最早的考古探索活動開始，女性就參與其中。羅馬皇帝君士坦丁的母親聖海倫（Saint Helena，西元二五〇～三三〇年）特地蒐集真十字架（true cross）碎片及其他聖物，因此成為史上第一位女考古學家，以及守護考古學家的主保聖人。[4]有「美索不達米亞考古之母」稱號的戈楚・貝爾（Gertrude Bell）是電影《沙漠女王》（*Queen of the Desert*）主角原型，也是在巴格達創立伊拉克國家博物館（National Museum of Iraq）的重要推手。她能說流利的阿拉伯語，在一戰時期提供關於伊拉克政治的消息，是許多英國官員從其他管道根本無法獲得的寶貴情報。[5]

凱斯琳・肯揚（Kathleen Kenyon）是公認二十世紀最偉大的考古學家之一，她主持發掘古代近東第一座重要城市耶利哥（Jericho）。[6]她訓練出來的學生包括著名埃及學家唐諾・瑞福（Donald Redford），我生平第一次參與考古發掘就是在門德斯跟著這位埃及學家學習挖掘——我喜歡把肯揚想成我在考古學的祖師奶奶。

事實上，就連赫赫有名的女性也可能具有不為人知的考古學家身分，而證據就像列車上的殺人凶手一樣近在眼前。是的，那班列車，還有那位作家。

阿嘉莎・克莉絲蒂（Agatha Christie）與研究美索不達米亞的考古學家麥克斯・馬龍（Max Mallowan）結婚，曾陪伴丈夫前往伊拉克進行發掘，她自己也樂在其中。[7]她寫下《尼羅河謀殺案》（*Death on the Nile*）時正是在亞斯文的老瀑布飯店（Old Cataract Hotel）旅居避寒，這間飯店你一輩子一定要造訪一次，親眼看看它歷久彌新的東方風華。克莉絲蒂熱愛在陶器上標記極小的數字，這份工作很適合能在複雜懸疑情節中耐心增添細節的人。她在一九四六年發表了一首絕佳的考古主題詩作〈坐在廢丘上〉（A-sitting on a Tell），在此謹節錄一段：

若你願意認真聆聽，
我就一五一十地講：
見一博學年輕先生
就坐在一座廢丘上。

我問「先生何人哪？」
再問「您在看何物？」
答覆在我腦中滴答
如同書中斑斑血汙。
他說：「我找古老壺罐
來自史前年代久遠，
然後全部測量看看，
所用方法既多且繁。
然後（像你）提筆寫文，
句子寫來長了兩倍，
內容更顯見識學問。
證明同行全都錯解！」
但我正在腦中謀策
讓個百萬富翁身亡
屍體看要藏進貨車
或大臺富及第冰箱。
害羞又覺無話可答，

我於是大聲喊：

「那麼，說說你怎麼過活吧！」

何時何地，又為什麼？」[8]

太美妙了。全詩以委婉的嘲諷語氣和豐沛真摯的情感講述考古學家做的事。數十年過去，考古發掘生活大同小異，不過克莉絲蒂肯定不用擔心遺址現場的無線網路連線問題。

一九四〇年代的發掘現場照片看起來，和我們現在拍的沒有太大不同。仔細看會發現，團隊成員中極少專業人員來自遺址所在的國家。所幸現況已經有所不同，但改變的速度還是太慢。我在二〇一六年十一月前往美國東方研究學會（American Schools of Oriental Research）年度研討會發表演說，在座滿滿的白人面孔令我大為震驚。我很幸運能在阿拉巴馬州的伯明罕教書，這裡的大學校園族群多元化程度在全國名列前茅，但是整體來說，埃及學和古代近東考古學領域成員的多元性發展仍有很長的一條路要走。

我們必須加強向國高中學生宣傳，積極招攬多元文化背景的大學生和教師，開放更多研究生獎助和博士後工作機會，為新進大學教師提供引導等等。有一句名言很棒：「看見，就能實現。」（If you can see it, you can be it.）我深有同感。我們必須創造一些參與經驗，不僅要能吸引所有人一起參與考古發現，也要讓參與者看見與自己背景類似的人並產生認同，他們才能想像自己未來投入一個能夠參與打造的領域。

整體看來，我們需要做得更好。在考古學領域，更強的多元性表示更多元的視角、研究取徑和想法——我們熱烈歡迎。一九七〇年代開始有更多女性進入考古學領域時，性別考古學（gender archaeology）也終於取得應有的地位。如今LGBTQ+學者的貢獻獲得更多肯定，我們也得以更進一步了解古代世界的性的細微奧妙。大多數考古學研究所現今錄取的學生女性多於男性，即便如此，我看過太多女學生因為家庭因素、遭遇騷擾，或應徵工作或申請經費時未受青睞，而放棄學術職涯。

情況將會改變，也必須改變。

直到一九六〇年代，已有許多女性取得考古學和古代世界研究博士學位，但大多數大學院校卻不聘雇女性教師。[8]前途看來黯淡無光。那個年代的成功故事中，我聽過最勵志的一則是名作家和說故事大師芭芭拉・梅爾茲（Barbara Mertz）的故事，她以筆名伊麗莎白・彼得斯（Elizabeth Peters）寫作。[9]或許有人是她的書迷；我肯定是。她創造了愛蜜里亞・皮芭迪（Amelia Peabody）這位善於解開凶案和謎團真相的傑出埃及學家。

芭芭拉曾跟我說，她在一九四七年自芝加哥大學博士班畢業，但是找不到工作。男性埃及學家說她唸博士是浪費時間。那時她一直很想寫作，於是她動筆了。只是她不是寫學術論文，而是開始寫小說，以埃及學發展至全盛的十九世紀晚期作為皮芭迪小姐所處世界的藍本。不僅如此，她還以那些厭女的埃及學家為原型寫成故事角色，為他們安排死有應得的結局。她在二〇一三年過世，是擁有百萬家產、廣受大眾喜愛的埃及學作家，豁達灑脫。真是令人嚮往……

的確，我們憂心在北美和歐洲從事考古的人員背景不夠多元，但在中南美洲、亞洲、中東和非洲的考古圈，情況更加嚴重。和國外的考古及文化資產機關單位開會，我遇到的考古學家裡女性只占百分之五到十。這些國家的女性也意識到這個課題，情況如今似乎有所改變，偶爾會有關於新進優秀女性考古學者的新聞報導。[10]希望以後會更常讀到類似報導。

知識應該免費，但並非如此

無論性別為何，如果不是出身上層或中層階級家庭，或家境並不富裕，那麼受教育、能夠唸書和使用網路的機會就變小了，更別說在職涯上飛黃騰達。如果你很幸運擁有一切，加上適當的人脈關係，那麼你有可能接受成為考古學家所需的訓練。但是當你開始做研究，會發現自己「碰壁」。不只一次，你會到處「碰壁」：所謂的付費牆（paywall）。*

世界各地初出茅廬的科學家面對的莫大障礙之一，與取用學術研究資源有關：自線上期刊下載單篇文章需付費二十五美金，可能是歐美國家以外地區許多政府公務員一週的薪水。期刊訂閱如今由愛思唯爾（Elsevier）等學術出版龍頭以綁刊套裝方式授權，費用可能高達數千美金，經費不夠充裕的政府機關或大學根本無法負擔。希望新興的公開取用期刊（open-access journal）能夠促進學術出版這門產業改變，我和許多同行現在也偏好在這類期刊投稿發表。

資料取得問題並非期刊文章所獨有。從前很多考古遺址的狀況，是發掘計畫主持人還來不及發表發掘結果就與世長辭。發掘遺址卻不發表結果的做法不負責任，也讓人無法接受，但這些規則是近年才制定，而考古學在此之前已有兩百年的歷史。將發掘結果撰寫成文，需要花費多年埋首研究並仔細彙整田野紀錄。不好玩，多半也沒有經費支援。如果是在私營企業，根本難以想像會有人做這麼辛苦還沒有報酬的工作。

話雖這麼說，未公開考古研究中的舊發掘紀錄可能是金礦。現在已有研究生前往博物館儲藏室和大學圖書館翻找尋索資料，希望重建重要但遭人遺忘許久的考古發掘歷程。還有許多事尚待整理釐清。我聽一位友人說過，開羅多座清真寺和儲藏室裡從地板到天花板，堆滿埃及和歐洲考古學家百年來未曾公開的發掘紀錄和報告。我們無從知曉其中藏著什麼樣的驚人發現——也許是神祕的古墳，或是未知的王朝。考古學界不會知道，必須等到檔案學家掃描文件，並將阿拉伯文或法文原始紀錄翻譯出來。

最近也流傳著一些恐怖故事，講到團隊回程時行李中整季度的紀錄不翼而飛，或是累積二十年的未發表紀錄在搬家時憑空消失。如今我們無比幸運，能夠用手機或平板電腦拍攝發掘紀錄本頁面，為每個發掘單位製作PDF檔並上傳雲端。在利什特發掘時，隨隊的測繪天才闕斯．柴爾茨還寫了專門的資料輸入程式，可以直接用平板電腦記錄登錄資料。照片和相關的GPS地點資料都能直接上傳，連結到我們的計畫使用的地理資訊系統。輕輕鬆鬆，前提是你活在二〇一八年，在提供雄厚技術和經費資源的國家做研究。我們覺得一切都理所當然。

＊譯註：付費牆：用戶須付費訂閱才能讀取線上內容的機制。

有錢好辦事

要是你只是考古系學生，沒有任何經費支援，會怎麼樣？對大多數大學生來說，參加田野學校發掘計畫的費用太過高昂。

很多學生暑假必須去打工才付得出學費。沒得討論。如果要參與美國大學主辦的發掘計畫，不僅必須犧牲暑假打工的薪資，還必須自付機票、簽證、行李託運、購置物資裝備和食宿等費用；如果田野學校採計學分，還必須付學費。參加一次發掘計畫，隨便就要花上五千到八千美金，再計入損失的薪資，「成本」就超過一萬美金。除非獲得獎學金或家人資助，否則一般美國大學生不可能出國考古。

我個人的情況是，如果沒有獎學金支應所有開銷，我絕不可能有錢去任何地方參與發掘，對我的職涯發展也將大為不利。而就私人層面來看，我也不可能遇見我先生。

即使你負擔得起旅費，大多數發掘計畫都預設你四肢健全。如果你坐輪椅或有其他身體狀況或疾病，無論是在刻苦的環境生活、強度很高的體力勞動，或在遺址之間不穩定的地形長途跋涉，都不可能做到。所幸很多美國和歐洲的發掘地點都有道路和暢通小徑可抵達，但有些地方光是交通就構成很大的挑戰。

我們其中一位陶器專家，親切風趣、開朗健談的蕾辛．胡梅爾，就沒辦法每天步行往返停車處和利什特遺址之間。高齡八十二歲的蕾辛在埃及學領域是女神等級的人物，也是我們發掘團隊多年來的好朋友。現場的卡夫特村人提議用木頭幫她打造一頂轎子，於是我先生設計了一頂讓她進出都能風風光光。每次她抵達和離開時，所有人都會自動唱歌鼓掌，於是工作日的開始和結束不再痛苦，反而像是歡樂的遊行慶典。

或許不是每個人都能到田野發掘，但是有些發掘計畫讓大眾有機會遠端參與。英國線上平臺「挖寶冒險」（DigVentures）提供民眾親自參與發掘的機會，也讓網友在線上跟著考古學家一起做研究。[11]平臺也透過募捐以及販售自有品牌商品籌措發掘資金，商品有T恤和盎格魯撒克遜（Anglo-Saxon）墓石巧克力「咂巴咂巴石」（NomNomNom Stone）。[12]

大多數人並未意識到，就算只是五塊美金，對考古團隊來說也會有很大的不同。如果五十人各捐個幾塊美金，就可以支付整個團隊數天的薪資。這種方式不僅能讓更多人參與，也能逐漸擺脫傳統考古計畫強調大筆資金的模式。

數不盡的規則

世界各國針對能夠在自家國土發掘的考古人員，制定了優先順序和規範。在一些國家如英國，有開放當地志願者參與發掘的悠久傳統。任何人凡是已滿「能夠安全使用小平鏟」的年紀（開玩笑的！沒有人能安全使用小平鏟！）都能加入，無年齡上限，這也是社區參與計畫的一環。在肯特的萊明奇（Lyminge）曾舉辦一場獲獎的考古計畫[13]，志工為了參與發掘，甚至向工作單位請很長的年假。如果你住在考古遺址附近，而且發掘主持人歡迎志工加入，請務必自告奮勇：你很有可能成為人力不足又過勞團隊的救星。

然而一般來說，誰有權利探索古蹟遺址的問題相當複雜，除了沉重的政治考量，在某些例子中也牽涉一國在殖民時期濫用其他國家文化資產的議題。

我們在埃及進行考古發掘的機會是由文物部授予。埃及文物部制定了嚴格的相關規範，包括必須申請考古許可，且每位團隊成員須經過學術簡歷及背景審核，也都是必要程序。除非是具備特殊專長的人員如陶器分析或勘查專家，一般人很難得其門而入。在歐洲和北美以外，籌組國外考古發掘團隊並非慣例，是例外。大多數考古學家都在自己國家工作，例如中國人在中國，印度人在印度，不過情況已經有所改變。二〇一七年，首次有中國考古團隊申請前往埃及的卡納克（Karnak），我相信等到進行發掘時，埃及工作團隊會熱情歡迎他們。[14]

跨國考古學令人大為振奮的層面之一，就是讓不同文化有機會分享專業知識、科技和觀點。然而，當一名外國考古學家前往埃及、印度或其他不是母國的國家工作，在訓練和資源方面卻可能出現嚴重的不平等。

注意，我不是在說技能、熱情、敬業或天賦。從那些在嚴苛環境中以最少資源工作的人身上，我們可以學到很多。埃及文物部三不五時登上全球新聞頭條，公開新發現的陵墓、遺址等計畫成果：僅僅在二〇一七年，在利什特和我共同主持計畫的阿德爾．奧卡沙（Adel Okasha）在利什特北邊的達蘇爾另外主持一項計畫，在該處就新發現了一座金字塔。

無論在世界上的哪處遺址，進行發掘作業政治的相關協商，只是接觸先民和古代文化的旅程中的第一步。

觸碰過去

當我們造訪古代廢墟，你摸得到過去，卻怎麼也看不到。我們的父母、祖父母和歷代祖先經歷的創傷，甚至會在我們自身的細胞留下深刻影響[15]，不過令人或許有些安慰的是，每位母親懷孕時，會將胎兒的一些細胞留在體內，下半輩子都一直保留。[16]我們的身體就是活的考古遺址，同時與過去和未來相連。

通往過去數千、數萬甚至數十萬年的橋梁，就藏在我們的DNA裡，而我們的DNA也至少與尼安德塔人和丹尼索瓦人這兩個物種的DNA有關聯。[17]新近於肯亞發現一些三十二萬年前的工具，它們提供了長程黑曜岩貿易的證據。團隊也發現了赭石，學者指出可能是用來和油脂混合當成繪畫顏料。[18]我們很可能永遠也無法得知先民曾將什麼繪上如此明亮的色彩，也許是人體、衣物或裝飾用的物品，但無論是什麼，都已灰飛煙滅。這項發現意味著，我們智人從一開始就富有創意和創造力。無論這種顏色鮮豔的資源的用途為何，非洲東部當時氣候和環境的變動一方面讓人類得以取用赭石，另一方面也造成食物來源多變而且難以預料。[19]面對這樣的挑戰，與其他人合作就成了優良的生存策略——這一點或許值得今日的我們省思。[20]

考古遺址即是時光機

考古遺址裡含有我們的文化DNA，置身遺址，我們可以省思、比較並驚嘆於人類的多元性和創造力。我遇見過許多人，他們在柬埔寨看過巴戎寺（Temple of Bayon）的無數頭像，或在祕魯看過由馬丘比丘階梯狀排列屋舍由下俯瞰的壯闊山景。每個人開口講述時，都不得不先深吸一口氣，他們述說的不是看到什麼，而是親身體驗這樣的美之後的心境感覺。

那種感動，是我所知唯一運作中的時光機。它將我們帶離原地，將我們和老祖先連接在一起，勾掛在一條穿越時間、纖弱顫動的細線上。剎那間，過去所有既成的我們，和未來所有可能的我們，皆歷歷在目，而所見一切讓我們從此改變。也許未來的人們看到我們的摩天大樓或是藝術創作（如果它們仍舊存在），會驚奇得瞠目不已。

人類心智和雙手打造而成長存不朽的考古奇蹟讓我們不得不停下來想像。如果你去造訪吉薩金字塔群，想像你和古希臘歷史學家希羅多德或法國將軍拿破崙站在一模一樣的位置，你們之間相隔兩千兩百多年。還有更瘋狂的想像：我們與克麗奧佩托拉在時間上的距離，比她和金字塔建造年代之間的距離還要近。

在盧克索的貴族墓群（Tombs of the Nobles）牆面上的彩繪場景，看得到氾濫平原的顏色；你會看見男男女女駕牛犁田，以及在作物成熟之後收成。看向戶外，附近的現代農田裡就上演同樣的景象。（請忽略那位講手機的農夫。）即使物換星移，我們仍然能以出乎意料的方式體驗過去——我們失去的其實沒有我們以為的那麼多。

多元性定義我們這個物種

我們是由歷來所有文化、語言、藝術、音樂和舞蹈餾萃所得，時時刻刻蘊藏於內在，但是如今我們太容易遺忘一切。多元很**重要**。對於人類從前是什麼樣的人，而到現今又成為了什麼樣的人，多元非常重要。

想想看英文，除了法文、希臘文、拉丁文和日耳曼文等主要的來源，還從波斯文、印地文（Hindi）、烏爾都文（Urdu）、玻里尼西亞語（Polynesian）等許多其他語言借用了許多字詞和慣用語。再看看我們吃的食物。單單一餐，就點什蔬燴飯配一杯啤酒好了，就匯集了來自幾乎所有有人居住的大洲的食物：稻米來自亞洲，甜椒來自中南美洲，番茄來自南美洲，洋蔥來自中亞，茄子來自南亞，小麥來自非洲，啤酒花來自歐洲[21]，還有辛香料的來源則遍布世界各地。[22]你的晚餐是數千年植物選育、貿易網路以及相互連結的現代全球經濟的成果。

人類繁榮昌盛的時候，就是多個文化融合交織，演變成與原先不同，具有更多層次之時。因為多元，我們人類才發展成更優良、更強大的物種。想像一下練習語言上的外婚制（exogamy），也就是與不同母語的人通婚，在哥倫比亞和巴西的亞馬遜河流域西北部很普遍。[23]我要說的是，我和我先生都講英文，但是我敢發誓他開冰箱找不到美乃滋的時候，我們兩個根本就是各講各的方言：

「老公，在中間靠左的架子上。」

「哪裡？」

「就在你左手邊。你現在在看的那個。」

「我沒看到啊。」

「就是你的眼睛現在直視的地方。你的手現在碰到的那一罐。」

「我還是沒看到。」很令人挫敗，沒錯。但不知怎麼的，這樣的對話讓我們的關係更加緊密。

在一個分裂的世界中，愈來愈多人排斥經濟移民、難民或有不同宗教信仰或文化傳統的他人，理解多元性之於人類生存是如何又為何不可或缺，變得空前重要。我曾走過的每個地方，都因此看不見希望，到處瀰漫著一股沉重感。

事實上我們所有人都有親緣關係，也許是隔了十幾二十房的遠房表親，但終究是表親[24]，有DNA和計算科學研究結果佐證。如果你這麼告訴別人，他們會大感驚奇。唯有研究過去，才能夠理解我們彼此之間相互連結而且互有關聯，雖然我們有時候真的是很愛爭吵的物種。

大家會問：「既然我們都有親緣關係，為什麼還會吵吵鬧鬧？」問的人顯然沒有去過大家族的感恩節晚餐。

改變視角

地球上幾乎每一處都曾有人類生活，人類生存的範圍之大幾乎超出想像。面對最嚴苛艱難的環境，歷經政治動盪、戰爭和氣候變遷，人類也許成功存活下來，也許沒能成功。透過回顧過去和深入探究，我們可以學習如何以更好的方式存活下來。線索全都在那裡。只需要上升四百英里進入太空，然後稍微將頭側向一邊。

在考古學領域，視野就是一切。同一處古代遺址裡同一個遺跡現象，當你從地面和從太空在不同季節甚至一天中的不同時間親眼檢視，看起來可能非常不一樣。讀過本書就會知道，考古攝影人員喜歡清晨的光線，還有從太空觀看古代遺址時的視角運用，書中也提示了未來我們可能看到什麼。

現在我們需要的，是在綜觀全世界時大幅改變視角。我們需要俯瞰驚嘆於人類所有的成就，但也需要反思所有錯誤和起因。我們不能那麼天真，以為用過往文明的興衰就能幫人類現在的行為和對地球的破壞找理由，或是以為過往的文明面臨數次氣候變遷仍然存活下來，人類就能繼續做出不負責任的行為。與現今的人口數相比，史前時代遍布地球的人口極少，估計從數百萬到數千萬都有可能。全球人口是在農業社會興起之後，才增加至數億。[25]在大約一萬年前，資源豐沛無虞，也有更多可用的土地。

好日子已經過去了。

向過去學習

在法律領域中，律師會援引判決先例。在做出可能影響數百萬人的決定之前，我們必須也看看先例。若有一個過往文明和思想的資料庫，主題涵蓋氣候變遷、經濟和最佳建築結構形式，現今世界各地的領導者都可能因為充分運用這個資料庫而獲益良多。假如想要讓考古學提供更多建構現代世界的肌理，我們可以透過創新的考古研究，參考無數祖先前輩付出高昂代價換得的大量資訊，在決策時就能考慮得更為周全詳盡。

考古紀錄告訴我們，其實在非常多地方，都有過往歷史在引導我們向前。現今的傳統和習俗，有許多皆已流傳數千年之久。以回收為例：大多數人會回收瓶罐、玻璃、塑膠和紙類，家裡偶爾有些物品也能回收再利用。若你以為是一九六〇年代環保運動開風氣之先，不妨看看古代世界。

在現今的城市裡，可以看到原本用於建造金字塔和神廟的石塊。開羅舊城區（Old Cairo）是用古埃及廢墟的材料建造的，過梁可能是用落單的柱子或門側柱改造而成，為後來的建築多添了幾分古怪美感。我最喜歡的部分，是工人無意中將石塊刻有象形文字的那一面朝上而非朝下，我們今天才能讀到這些銘刻文字。就連阿曼尼赫特一世建設利什特時，也從舊王國金字塔群挪用了數百塊刻字石塊。[26] 有舊的，有新的，有借來的，有藍色的——這句關於結婚禮俗的諺語顯然也適用於古代建築。

過去一直都在

進行發掘時會遇見一些人，有時候我們會在他們身上看見這過去和現在的交融。在尼羅河三角洲，女工通常是將裝沙土的桶子頂在頭上搬運，跟我們在特彼拉廢丘發現留有遺存的古代婦女一樣。她們有泛紅色調的秀髮和大大的綠色杏眼，邁開大步魚貫走向棄土堆，優雅如同古希臘女神。

丈夫們都知道，全埃及最好看的女人就在自己村子裡——他們很自豪地公開分享這個祕密。婦女身穿帝政風格埃及長袍（empire-style gallabiyah），是樣式類似睡袍的埃及傳統服飾。我跟葛瑞格詢問一位友人，他們的衣著外表會不會有可能回溯到十三世紀於曼蘇拉發生的戰役，當時法王路易九世率領十字軍進攻埃及。[27]「衣服嗎，有可能啊！」他輕笑出聲。「但是說到外表，不妨看看二戰時來這裡駐軍的蘇格蘭人！」

數年前遇到過一件事，讓我從此以不同視角看待我們現代西方人的身體變化——那一刻令人自覺謙卑渺小，我永難忘懷。當時我和葛瑞格在盧克索準備橫越尼羅河，要去西岸參加輕鬆愜意的一日觀光行程。在渡輪上，我們隔壁坐著一位典型的瘦小老婦人，她就算全身浸濕大概也不到四十公斤重。*她身穿黑色連身裙，老邁滄桑的面容以頭巾半掩。在她身旁有一個竹籠，標準登機隨身行李的兩倍大，籠子裡擠滿咯咯叫的雞隻。渡輪靠岸時，我們準備要下船，她朝籠子打手勢比畫著，又指了指她的頭。

啊哈！她希望我這樣一位「每天上健身房練舉重」的健壯西方女性，幫忙像她這樣的埃及老

*譯註：原文為八十磅。

婦人將籠子抬起放在她頭上。我覺得自己好重要。渡輪遊客都是我的觀眾，他們都將見證我的善行義舉。

我露出微笑，彎下腰，抓住籠子，然後用力一抬。再用力一抬。我真的從背部到雙腿，能出力的地方都出力了。可惡的籠子一動也不動。我最後再試一次，幾乎扯動體內每一束肌肉。圍觀群眾不知怎麼的好像比剛剛多了一倍，他們忍不住瘋狂大笑，我能聽懂的幾句阿拉伯文都不是什麼讚美的話。

瘦小老婦人只是看著我，搖了搖頭，將我推到一邊，然後一個動作，就將籠子抬到頭頂，在掌聲中沿跳板走下船。我是自取其辱；我所有的假設都錯了。那一刻我才體認到，世界各地每天進行體力勞動的人們其實無比強壯，而人類數千年來一直是這麼堅韌強壯。那群人肯定到現在還笑個沒完。

關於未來的洞見

就如同我在渡輪上的經驗，考古學所獲得關於過往文化的洞見，應該也能讓我們學習謙卑，並為我們帶來啟發。人類（現代智人）有一部分人口從非洲東部往世界各地遷徙，很多人類學家認為遷徙是在超過六萬年前開始。人類靠著雙腳和小舟分散各地，最後在幾乎所有能住人的角落落腳定居。過程中，我們的祖先適應了與他們最初起源之處很不一樣的環境，可能是寒冷、炎熱、乾燥或潮濕的氣候。我在緬因州長大，但到現在也已經在美國南方住了十二年，我已經逐漸喜歡上這裡的暖熱。很喜歡。還有，我烤的比司吉超好吃。我也演化了，如同我們的祖先。

歷史告訴我們，人類能夠快速適應環境變化，但也告訴我們，如果適應的速度不夠快，我們的聚落甚至生活方式都可能分崩離析。那些不曾想像過自身有一天會滅絕的城市和文化，如今已遭雨林覆蓋。文明覆滅絕不是單純的事，也不是由單一因素導致，而是有許多因素交互影響。考古學能夠為我們提供視角，讓我們得以觀看類似事件的所有複雜層面，就如本書先前探討的諸多例子所示。

為了謀求人類的永續生存，現今已有人支持推動殖民火星。[28]希望相關人士能夠審慎檢視地球的殖民歷史：不僅排不上人類做對的事情前十名，可能連前十萬名都排不上。目前有數個集團組織在規畫火星殖民計畫，還沒有任何考古學家或人類學家受聘擔任顧問。他們使用的語言，尤其是我們「必須」離開地球才能生存的想法本身[29]，考古學家聽了只覺得可笑。人類已經在地球存活超過二十萬年，算是滿不錯的成績。

我不是說我們不應該企圖前往火星，但是描述整個行動時使用的字眼很重要。地球是我們唯一認識的世界，人類祖先假若有知，絕不會明白我們怎麼能如此不負責任地拋下家園。大自然很有韌性。在管理良好的保護區，魚類資源能夠回復[30]，森林也能復育。[31]如果能夠移除海中的塑膠廢棄物並停止製造垃圾，也能緩解海洋的塑膠危機。

如你在本書中所讀到，人類同樣可以很有韌性。一九四〇年時有誰能夠預料德國在八十多年後會成為多元包容的領航者，甚至凝聚歐洲的一股重要力量？就人類歷史的時間尺度而言，八十年並不長。

從另一個角度來看，人類從雙手拿石器進展到拿智慧型手機，只花了不到一萬年，只是人類存在時間總長的零頭而已。看到人類這個物種曾有的躍進經驗，我們應該對未來懷抱希望。不僅如此，我們有更好的機會能夠蓬勃發展，只要能解鎖人的巨大潛能。

考古學家的功能就是文化記憶的囤積貯藏者，是身穿卡其探險服的吟遊詩人，誦唱著許久以前被泥土吸收回去的文化之歌，希望大眾能夠佇足片刻聆聽。發掘對我來說，是一種偉大的反抗行動，反資本主義，反父權主義，隨你定義。因為我們考古學家的核心理念是過去的每個人都值得認識了解，無論貧富或貴賤強弱。

研究的重點與膚色無關，與是不是移民、是不是在窮人區長大無關，重點在人類的歷史。順帶一提，考古學家熱愛八卦：我們會用零碎的資料，編出一則又一則關於愛、權力和政治陰謀的精采故事。對也好，錯也罷，也許我們為人類歷史多寫下一筆註腳。

當今面對的主要挑戰，是我們有可能失去的太多，又有太多等待我們發現和保護。

第十一章　失竊的文化資產

想像博物館中陳列著一只美麗的彩繪壺罐。它沐浴在暖金色燈光下，呈現精巧的藍色和紅色圖樣。你不禁欽羨讚賞，想要知道更多資訊。你細看展品標籤：「馬雅陶瓷器皿；中美洲。亨利・史密斯藏品。9.201.1993。」說得含蓄一點，毫無幫助。

策展人將物件歸類為馬雅文物，可能是因為它看起來和所展示的其他發掘出土器皿很相似。但是這個物件是由收藏家遺贈給博物館，沒有任何脈絡關係可考，無從得知它與出土遺址的關係，或是與其他可能在周圍發掘到的遺存組合之間的連結——事實上，沒有任何相關資訊，因為它不是被考古學家發掘出來，而是遭人盜掘。

我們無從得知它是屬於一種僅在王室加冕典禮使用的稀少器皿類型，或者是一個尋常家庭最心愛的東西，又或者是每年只會在幾次重要節慶取出使用的聖器。這件古代遺物於是物化成了一個徒具美麗而無生命的東西，沒有留下任何意義或目的。它在日常生活中扮演的文化角色不復存在。讓大眾了解一個物件真正的價值，是無比艱鉅的任務。也許應該怪罪學者寫太多深奧難懂的文章，將普羅大眾排除在外。也許是電視的影響，讓大家習於將物化一切的目光投向那些金光閃閃的東西。但是要讓大眾認知到金錢價格和文化價值之間的差異，真的難如登天。

即使是你我家裡的平凡物件，都可能具有超出其販售價格的內在價值。我們家的餐廳牆上掛著一幅美麗的畫，畫中是一名戴白色頭巾的亞美尼亞少女。過去五十多年來，這幅畫都掛在我外祖父母家的餐廳。畫中人物和全家大小共享每一餐，聽見餐桌上的每次談話，看著孩子長大之後也有了自己的小孩，最後看見其中一個小孩也成為人母。祖母過世時，屋裡只有阿美尼亞少女相伴。這幅畫的畫家始終沒沒無聞，畫作也沒有任何市場價值，但是對我們全家人，尤其對我來說，它是無價之寶。

誠然，要評估古物的價值十分困難，而要說每件古物都是無價之寶，可能顯得太過狂熱，或至少不切實際。而面對美麗事物的誘惑，就算是看古物看到膩的學者也難免為之吸引。圖坦卡門王的黃金面具在所有來到埃及遊客的夢想清單上名列前茅，我也不例外，每次去埃及必定直奔參觀。這件文物也許因為材質珍貴而吸引大家的注意力，但它的意義非比尋常，絕不

吉薩附近遭盜掘的墳墓（作者自攝）

只是一副金光閃閃的面具。它象徵著考古學的潛力——象徵所有尚待發現之物。

然而，在討論「價值」的概念時，私人收藏家持有的古文物則屬於截然不同的面向。有些私人收藏品可能是家族代代相傳的寶物，有些收藏家可能樂於借出藏品於博物館或特展公開展覽；但是有些收藏家單純貪戀古文物。他們無法自拔，需索無度，為了滿足癮頭不擇手段，毫不在意誰會受苦。

有一些友人和同行曾拜訪家中擺滿各種古物的人士，他們告訴我這些古物的主人最喜歡的，莫過於炫耀自己的收藏並大肆吹噓當初是如何得手。獲取這些古文物就像狩獵時，以壓倒性的武力和最低限度的技巧射殺獵物，而擁有者取得古文物之後陳列的方式，與獵人擺出姿勢自拍俗氣可怖的照片留念，或將動物頭角掛在牆上炫耀戰利品的方式並無不同。也許擁有者知道文物的確切來源地，但大多只知道是哪個國家或地區，而且完全不在乎。

從古代遺址到 eBay 拍賣

現今，古物蒐集史又有新的一章。拜 eBay 和其他類似網站所賜，任何人花幾百美金就能買到一隻聖甲蟲。我只是輸入「古物」，就跑出五萬五千筆物件。再點選「埃及古物」，搜尋結果減少至五千筆。第一頁就包含五十筆結果，其中一半是賣家宣稱的「真品」，我認為其中有兩、三件可能確實是真品。有些看起來像是擬真度很高的複製品，彷彿工匠是對著原件打造出來，只是有些細節搞砸了。專家能夠識破這些假貨，大多數刷卡的冤大頭根本一無所知。

和eBay團隊談過之後，我心裡五味雜陳。我問他們能不能移除網站上的古物拍賣頁面，因為只要是真品，很可能就是盜掘所得。他們告訴我：「我們可以這麼做，但這些人是最明顯好抓的目標，你要找就先去找真正的壞蛋。」

盜墓劫掠的歷史源遠流長。幫圖坦卡門王舉行喪葬祭儀的人員就監守自盜，偷挖了罐子裡的油膏——這種濃稠的芳香護膚乳霜不像其他物品上面刻了國王的名字，根本無從追查。發現圖坦卡門陵墓的是考古學家霍華德．卡特和他的團隊，他們看到油膏容器裡留有用手挖舀的痕跡。[1]

即便如此，走過盜掠情況嚴重的遺址還是令我心碎。看見地面上散落人類遺存、木乃伊裹屍布和最近才被盜墓賊弄破的陶器，我知道我們已經永遠失去一部分的歷史。木乃伊的每根骨頭、身上的每一塊，都來自一個曾經活生生的人，會呼吸、會大笑、心中有愛，和你我並無不同。如果是你摯愛的人長眠之地遭到這樣的褻瀆，你作何感想？

盜掠者除了造成實體層面的明顯破壞，也可能帶給現代社會難以彌補的傷害。至今在許多地方仍有群體認同甚至虔心尊敬古代文化，他們可能仍奉行已有數千年歷史的宗教和文化傳統，並且對於自身與傳統之間的關聯感到自豪；盜掘和破壞遺址可能抹煞獨一無二的文化記憶。數百處遺址遭到攻擊，就等同有好幾座關於該文化的圖書館藏書遭到惡意焚毀。

其中一些議題與我們切身相關。在美國西南部，盜掘劫掠與愈趨嚴重的甲基安非他命和鴉片類藥物濫用問題有關。美國的盜掘者高度組織化而且很懂得趁火打劫：美國聯邦政府於二〇一八年一月停擺之後，立刻有訊息在金屬偵測主題郵遞論壇（LISTSERV）上面傳開，基本上就是說：

「小子們來吧，不會有人看守，我們去洗劫南北戰爭遺址。」[2]

當社區發生暴動

阿拉伯之春爆發之後，我的研究職涯有了新的重心。當時半島電視臺英語頻道從埃及現場直播，我們看到的畫面令人不忍卒睹。如果宇宙有一個熙攘喧囂永不停歇的中心，開羅市中心的解放廣場（Tahrir Square）當之無愧。那裡總是讓我們有回家的感覺。廣場周圍依照順時鐘方向依序坐落著埃及博物館（Egyptian Museum）；連續數間考古學家偏愛的氣氛歡樂廉價旅館；埃及美國研究中心（American Research Center in Egypt），為美國研究團隊提供有力援助的考古學組織；以及現隸屬麗思卡爾頓集團（Ritz-Carlton）的尼羅河希爾頓飯店（Nile Hilton），飯店美食廣場常常兼當埃及學家的假日人本營。

到了二〇一一年一月二十五日，數十萬人湧入廣場，他們呼喊口號，高舉旗幟，要求在位三十年的貪腐總統胡斯尼．穆巴拉克（Hosni Mubarak）下臺。之後好幾天，我們守在電腦前面寸步不離。週六早上醒來時，我們看到埃及博物館遭到洗劫的新聞。

我崩潰大哭，設想最壞的情況。還記得我是在二〇〇四年二月二十九日在博物館裡向我先生求婚，我們周圍是地球上最美麗的埃及學寶藏。各家媒體紛紛報導埃及人組成人鏈守護他們的文化心臟，場面令人畢生難忘：「這裡不是巴格達！」他們大喊，很多人自己也淚流滿面。

隔了好幾個小時，才出現大多數博物館未遭暴徒破壞的新聞。暴徒闖入後亂砸亂搶，而接下來數天內，勤奮的博物館員尋回了大多數失竊的館藏。

我們如釋重負。只放鬆了短短二十四小時。接著網路上謠言滿天飛，謠傳在吉薩和薩卡拉發生了大規模劫掠。[3]我加入有數百名考古學家互通聲息的全球郵遞論壇，大家對於埃及的情況有各種各樣的想法。沒有任何助益的電子郵件愈來愈多，針對埃及考古同行的批判愈發猛烈，控訴他們做得不夠多，無法在革命期間阻止盜掠發生。同一時間，這群人正冒著生命危險在埃及各地的遺址抵抗盜掠者。

我寫了一封電子郵件告訴所有人，要知道遺址是否受到盜掠活動影響，就我所知唯一的方法就是檢視事發前和事發後的衛星影像。幸運的是，這次收到了比較令人愉快的回信，署名者是時任《國家地理》雜誌總編輯的克里斯·約翰斯（Chris Johns）。

克里斯問我們是不是其實能從太空測繪盜掠活動。我回答是。我的同事伊莉莎白·史東（Elizabeth Stone）是紐約州立大學石溪分校學者，她首創利用高解析度衛星影像記錄伊拉克於二〇〇三年遭美軍入侵後於南部發生的盜掠活動。[4]我告訴克里斯，我已經有二〇一〇年的資料可當成事發前影像。

國家地理學會與地球之眼衛星基金會（GeoEye Foundation）合作，在革命爆發兩週之後就協助購買了新的薩卡拉影像資料。我認真檢視兩組資料集，發現種種駭人跡象：就在左塞爾（Djoser）金字塔群東北方可以清楚看見推土機痕跡，證明最近有人肆無忌憚在此盜掠。我將影像回傳給國家地理學會，於是開啟一段以埃及考古和文化資產為重點的合作關係。

那年五月，美國古物聯盟（Antiquities Coalition）邀請我陪同一群前外交官和政府官員前往埃及，其中包括總統小布希麾下的一位白宮發言人。我準備好一份要向埃及政府簡報的資料，加上拍攝時間在我出發幾天前的新影像，影像中可以看見在薩卡拉、達蘇爾等重要遺址的盜掠情形愈來愈嚴重。

我們前往國會大廈，與埃及主管觀光旅遊、對外關係、古物和外交事務的部會首長開會。一走進會議室內，我只覺得震懾不已。天花板似乎有十層樓那麼高，華麗簾幕如瀑布般懸垂，下方擠滿了媒體記者和每位部會首長的隨行人員。我的外交經驗是零，自認座位不會被分配在大人談正事那一桌。

我們在部長們正對面坐下，他們全都有一份我的簡報資料。我們的代表團以美國古物聯盟主席戴青麗（Deborah Lehr）為首，她先發言感謝所有人，說了開場白……然後轉向我說：「現在請莎拉講解她的衛星影像研究結果以及對於埃及文化資產的可能影響。」

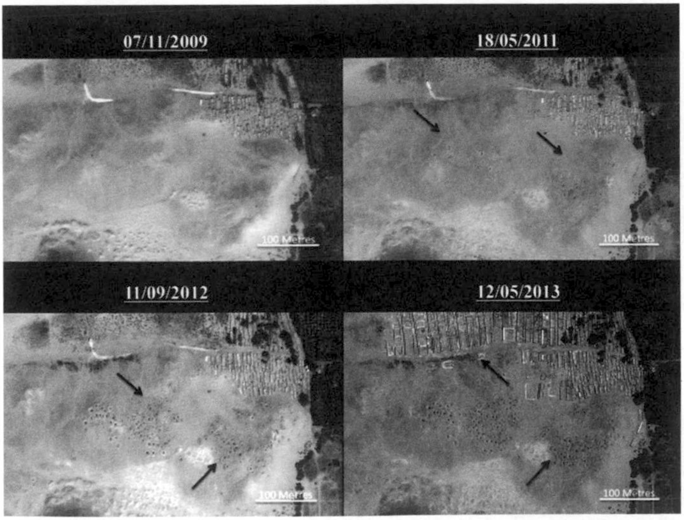

薩卡拉鄰近一帶發生盜掘活動前後的高解析度衛星影像
（圖片提供：「數位全球」衛星公司）

噢。

我做了我唯一會做的事：當個埃及學家。

我帶大家觀看埃及幾處最著名遺址盜掠事件於不同階段的畫面，全場靜默無語。影像令人驚駭，意義不言自明。大家心情沉重，擔憂關切，仍然對於自己國內發生的事無比震驚。他們聽我講述，非常認真。

我盡自己所能用阿拉伯語拚命感謝所有人時，看到他們挑高了眉毛，我真是嚇壞了，不知該怎麼解讀才好。我在想自己是不是違反了所有國際外交規則。但接著部會人員露出滿面笑容，許多人豎起了大拇指。一位女士補充說明：「你講話好像鄉巴佬，不過我們都聽懂了。」（我的阿拉伯語現在有進步了，不過主要是開黃腔和罵人時變得很流利。）

那幾次會議改變了我的人生。我當然清楚考古和歷史在全球政治中扮演的角色，但這次是親身體驗並且參與形塑——我覺得自己像是從學術象牙塔跳傘出去，跳進一個更大、更可怕的世界。

故事尚有新篇

國家地理學會支持這項分析埃及全國盜掠活動的計畫，並進一步提供經費，於是我聘雇人員組成團隊來協助處理資料。面對一個面積超過七十萬平方公里、有數千座考古遺址的國家十二年來的影像資料，你會需要籌組自己的「復仇者聯盟」。這項計畫中我們主要使用Google Earth開放取用資料，因為商業衛星資料的價格超過四千萬美金。

我們在六個月內檢視二〇〇二到二〇一三年的高解析度影像，測繪了超過二十萬個盜掘坑。[5]知道要找什麼的話就很好找：深色正方形，周圍是盜掘者搜尋可以讓他們發大財的墓井時留下的一堆甜甜圈狀沙土，深度可能達到十公尺。盜掘坑平均直徑為一公尺，表示在影像中很容易辨識。在檢視的數千處遺址中，我們發現兩百七十九處遭到盜掘或毀壞的證據。處理資料過程中，我們親眼見證了歷史遭到一步步抹除，陰鬱沉重的氣氛籠罩整個團隊。

故事最精采的片段，就從二〇〇八年之後的資料展開。二〇〇二到二〇〇八年之間，盜掠事件發生的速度持平，我們原本預期二〇一一年會大幅增加。但是科學有它自己的方式，不讓人便宜行事得出簡單結論。盜掠的嚴重程度在二〇〇九年急趨惡化，也就是全球經濟不景氣之後。沒錯，盜掠行動速度在二〇一一年加快，但那是在景氣趨勢轉好之後；盜掠行動是否頻繁與當地由誰執政無關，而是由全球經濟驅動。

我們計算大量數字，試圖判斷未來的趨勢。得到的結論是，如果坐視不管，在二〇四〇年之前，埃及所有遺址都將遭到盜掠洗劫。[6]

全球的考古產面臨一個重大的問題，應對之策唯有進行審慎周全的長期規畫。如果考古學家和其他專家坐視不管，光是中東地區的大多數古代遺址就會在接下來二十到二十五年內消失。[7]

希望或絕望

在此之前，你想必已經讀到許多關於考古發現和重寫歷史的故事。如果你重視未來的考古發現，那麼這一章的內容會令你痛心疾首，因為你現在清楚知道，有什麼會因為這些損失而岌岌可危。我有一點點歉疚，覺得不應該這樣陷害你，但也只有一點點。研究團隊找到的每一處遺址都讓我們想問，我們錯過了什麼，還有什麼可能已經永遠消逝。

有時候，在隧道盡頭會出現光亮。負責測繪盜掘坑的同事出席美國國會和國務院聽證會作證，展示證明恐怖分子和跨國犯罪集團持續進行劫掠破壞的衛星影像。遙測界「神力女超人」凱薩琳・韓森（Katharyn Hanson）是史密森尼學會博物館文物維護中心（Museum Conservation Institute）研究員[8]，也提供了她的專業知識，因此促成第一百一十四屆美國國會（2015–16 Congress）通過〈保護暨保存國際文化資產法案〉（*Protect and Preserve International Cultural Property Act*〔*HR 1493*〕）。法案內容包括設立文化資產協調委員會，並限制輸入美國的敘利亞古文物。

我和另外六名同事於二〇一四年在美國國務院作證，支持制定禁止將埃及古文物輸入美國的法規。我提供盜掠活動資料，其他同事則解說盜掠對於特定遺址造成的影響。於是在二〇一六年，美國首次與中東和北非地區的國家簽訂與保護文化資產有關的雙邊合作瞭解備忘錄。[9]

二〇一七年秋天，一件非法古物走私案登上新聞頭條。[10]在美國到處都能看到分店的美術工藝材料連鎖企業「好必來」（Hobby Lobby）每年營業額高達三十億美金，企業主葛林家族（Green family）出於想要證明《聖經》記載為真的狂熱，開始蒐羅古物並斥資五億美金於華盛頓特區創立聖經博物館（Museum of the Bible），館內展示數千件中東文物。

數年前，葛林家族與研究走私文物的專家會面，其中包括帝博大學（DePaul University）的法學專家派蒂・格斯騰布利（Patty Gerstenblith），她是文化資產法領域的大神級人物，寫了該主題的必修教科書。[11]葛林家族原先有意購買來自伊拉克的滾筒印章（cylinder seal），但他們有所顧慮，懷疑印章可能是在伊拉克戰爭之後非法外流的文物。格斯騰布利和她的同事持相同意見，建議葛林家族放棄這筆交易。傳達的訊息清楚明白：購買這些印章違法，可能導致嚴重後果。

但是葛林家族還是買下這些印章，並以進口「屋瓦」的名義運入美國。執法單位當場查獲現行犯，處以罰金三百萬美元，而聖經博物館多數藏品的合法性也因此引發外界懷疑。[12]這筆罰金對於坐擁億萬家財的富豪來說只是零頭，而檢調單位繼續偵辦涉案的葛林家族，到了二〇一八年冬季仔細審查了另外數百件文物。

要防堵類似的案子繼續發生，絕非易事。執法單位所面對其中一項最大的挑戰，是難以證明有走私古物的「相當理由」（probable cause），也就是提出足以起訴或拘捕的合理根據。一旦具備相當理由，律師要提起訴訟會簡單很多，但是美國移民及海關執法局人員依舊要面對蒐證上的重重阻礙。他們如果認為一個人有購買非法古物的嫌疑，必須在排除合理懷疑的前提下，證明該件文物是盜掘而來，也必須明確指出盜掘地點。

盜掠者，我們正看著你

衛星影像等科技不僅能幫助各國政府辨認遭盜掠的物品，也有助於找出物品的確切來源，建立考古學家最珍視的脈絡關係。[13]我能想像讀者挑高了眉毛的樣子，我也了解大家可能半信半疑，本書就是在討論考古學中所有衛星做得到——以及做不到——的事。我們沒辦法從太空將鏡頭推近，看清楚個別物件。就算我們做得到，想要衛星剛好拍到盜墓賊將木乃伊搬到地上那一刻，我去買樂透中獎的機率可能還高一點。沒有任何證明物件來源地的攝影畫面（盜掠者並不流行在現場自拍），我們可能沒有足夠證據支持相當理由的認定。

就姑且再相信我一下。如果我們能夠查出物件的出土遺址，其中意味就大大不同了。各國政府會有更充分的理由要求返還本國的文化資產，而原住民族社群也可能因此有權要求將物件返還並陳列於地方博物館。雖然無從確知考古脈絡關係，僅知道一件文物來自某處遺址，但仍有助於增進考古知識。最後，能夠證明文物的來源，在打官司和走私文物案件中就是證明文物係遭人盜掠的第一步，有助於將破壞全球文化資產的罪犯繩之以法。相信我，這能讓假設性的夢想化為真實。

木乃伊詛咒行動

為了《國家地理》雜誌一篇關於埃及盜掠活動的專文，我蒐集了幾個特定案例的資料。[14]我在二〇一四年冬天於紐約和文章作者湯姆・穆勒（Tom Mueller）見面，鬈髮的他精神抖擻、脾氣火爆，是和我一起揭發罪惡的搭檔。他對於我的埃及盜掠資料知之甚詳，但是想要一探盜掠產業鏈的下游——失竊古物流入西方市場之後的下落。

在美國移民及海關執法局邀請之下，我和湯姆獲得通行許可，前往參觀一個極為隱祕的地方。在布魯克林某處一座宏偉壯觀的輕質磚砌建築物，牆上有假窗，僅後側有一個卸貨平臺區可供出入。這裡是儲放遭沒收藝術品的倉庫，全是紐約富豪名流的收藏品。讓前臺保全人員草草打量一眼之後，我們被帶到樓上，各種奇形怪狀的大小箱子從地板一直堆到天花板，就像《法櫃奇兵》最後的畫面。（沒錯，我每一堆都掃視過，想找法櫃造型的箱子。一無所獲。）

和我們聯絡的探員領我們下樓進入一間光線明亮的房間，裡頭陳列「木乃伊詛咒行動」（Operation Mummy's Curse）[15]尋回的文物——名字可不是我胡謅的。二〇〇九年時，移民及海關執法局根據可疑的進口文件，突襲了知名埃及文物收藏家約瑟·路易斯三世（Joseph Lewis III）位在紐約的車庫，查獲一具切成兩半交由美國郵局遞送的古埃及石棺。

將石棺和其他物件寄給路易斯的，是一個名叫穆薩·「莫里斯」·庫里（Mousa "Morris" Khouli）的文物販子。探員布倫·伊斯特（Brent Easter）先前就曾突襲庫里的地盤並查獲來自伊拉克的雕像頭部，但他懷疑這是專作骯髒勾當的鼠輩第一次暴露形跡。他追蹤庫里的溫莎古玩公司（Windsor Antiquities）網站，發現多件庫里聲稱是來自阿拉伯聯合大公國的埃及文物。[16]

庫里最後承認文物來自埃及，觸犯了禁止將本國文物運至國外的埃及〈國家贓物法〉（*National Stolen Property Act*）[17]。伊斯特率隊突襲，搜出價值兩百五十萬美金的文物。庫里僅被判在家監禁六個月及社會服務，緩刑一年。路易斯聲稱對於收到贓物一事並不知情，在該案於二〇一四年再審之後，路易斯獲判無罪，但由美國國土安全部（Homeland Security）查扣的數件文物則遭到沒收。[18]

後來湯姆告訴我，他真希望當初有人拍下我走進陳列尋回古物那個房間時臉上的表情：震驚，厭惡，大感神奇。這位埃及學家當時一句話都說不出來，因為眼前輕飄飄的古老異象將永遠銘刻於記憶的拱頂地窖，到了臨終前仍將歷歷在目。各種紅色、白色、米黃色和黑色——兩千四百歲石棺上的完美色彩，與我先前見過的完全不同。石棺裝飾還包括優美的人臉雕刻，也許是亡者的肖像。

我好不容易才將目光轉開，開始巡視其他物件，同時《國家地理》團隊拍攝要刊登的照片。從中王國時期舟船模型，到西元前一八〇〇年左右的木刻雕像，還有應該是和石棺同一批查獲的其他棺柩，全都是移民及海關執法局尋回的。探員解釋說我的同行已經譯出石棺上的文字[19]，判定石棺年代在古埃及晚期與托勒密王朝時期之間，也許和阿爾塔薛西斯三世征伐特彼拉廢丘屬於同一時期。

多虧石棺上的文字，我看到的異象有了名字：席賽普－阿蒙－泰絲－赫利女士。移民及海關執法局查得石棺是非法走私到美國，卻對出土地點毫無頭緒。我建議以她為測試案例，看看我們花了很長時間建置的衛星影像資料庫能否有所助益。這位女士在該年夏天就會被遣返回國，值得把握機會研究一番。

還是自己的老家最好

假設這位女士是來自墓地，而非懸崖中鑿岩壁而建的陵墓，也許，只是也許，衛星影像會記錄到該次盜墓。葬於岩壁中的做法在兩千五百年前很常見，但衛星就拍不到她，也只能交疊手指祈禱好運了。

資料庫中收錄了兩百七十九處遭盜掠遺址，以及根據先前發掘和調查資料所知各遺址有人居住生活的時期，我開始縮小搜尋範圍。探員傳給我石棺的碳十四定年結果，測定石棺年代為西元前六六四至三〇年，古埃及晚期到托勒密王朝時期之間。所以，第一步就是判定兩百七十九處遺址中有沒有年代符合的墓地。於是大大縮小範圍，剩下三十三處有可能的遺址。

當我側頭看向女士的臉龐，她的雙眼吸引我的目光。我看到她的眼角閃爍細小光點——是沙粒。謝天謝地，盜墓賊清潔木頭的技術很差。有沙表示來自沙漠，而良好的保存狀況表示來自乾燥的地方。

第二步是進一步縮小範圍，要找的是一處位在沙漠邊緣的墓地。而且要是一處很靠近市中心的遺址，因為我們這位女士是最頂級藝術的化身，由手藝媲美達文西的大師級作坊打造。在古代，只有在大城市裡能夠找到這種等級的工作坊。

符合條件的遺址現在只剩十處。所幸我們還有女士抵達美國本土的日期紀錄。盜掘文物之後走私到國外市場，前後可能需要耗費一年甚至更久。這批文物是在二〇〇九年九月到十一月之間遭到查扣，表示盜墓事件很可能發生在二〇〇五到二〇〇九年年初之間。

衛星影像記錄的盜掠活動大多是在二〇〇九以後發生的，在全球經濟轉趨蕭條之後。十處遺址中只有五處是在二〇〇九年之前遭到盜掘，而只有一處名為阿布希爾瑪利克（Abusir el Malik）

的遺址在二〇〇五到二〇〇九年之間出現數千座盜掘坑。

在古埃及，家族中往往會沿用同樣名字，而席賽普－阿蒙－泰絲－赫利絕不是什麼菜市場名。在佛羅里達州坦帕藝術博物館（Tampa Museum of Art）有一副棺木[20]，不僅棺木主人與我們的女士同名，所屬年代也相同，提供了我們很關鍵的連結。這副木造棺柩同樣色彩繽紛，但作工略遜一籌，出土自阿布希爾瑪利克。似乎太過巧合。我也發現一尊書記員雕塑，它來自和阿布希爾瑪利克位於同樣區域的「薩卡拉地區」，雕塑上也出現席賽普－阿蒙－泰絲－赫利這個名字，是書記員的母親芳名。[21]

阿布希爾瑪利克長久以來就有盜掠活動，地表就像月球表面一樣坑坑巴巴，遍布數以萬計的新舊盜掘坑，在我們鎖定要找的那幾年更多出了大量盜掘坑。整個遺址四處散落人類遺存，彷彿秋季時樹下的落葉。我有同行曾經去過，回來之後看得出來大受震驚。這處遺址就是女士家鄉的可能性似乎又更高了。

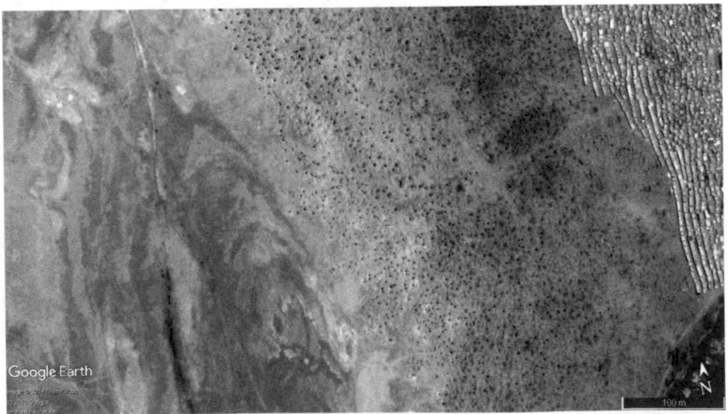

埃及阿布希爾瑪利克。注意圖中的數千個盜掘坑。（圖片提供：Google Earth）

兩千五百年前，她在那裡的一處豪華墓地長眠，當時那裡有一座於尼羅河畔發展繁盛的城市。從銘刻於棺木的頭銜「阿蒙神吟頌者」（Chantress of Amun）可知，她在神廟上工作，這是其中一種一般女性公民能夠擔任的最高階職位。她很可能住在一棟相當豪奢的樓房，有深愛她的家人。他們費心聘請全市最頂尖的匠師為她製作和彩繪棺木，而她的陵墓裡自然也要擺滿各種的雕像、沙伯提人俑、珠寶以及所有能想到的華麗服飾配件。女士的家人付給祭司優渥的酬勞，很可能足夠連續數代為她供奉祭拜。她的名字如今永誌人心：盜墓賊偷走她的陪葬品，毀壞她的遺體，但諷刺的是，他們讓她不致被後人遺忘，幫她實現了永垂不朽的夢想。

杯水車薪

找出一副棺木可能的來源只是第一步，考古學家掌握了遭盜掘遺址的資料之後，就能列出可能遭到劫掠的物件清單，有助於打破盜掠者到市場這段產業鏈。

然而，關鍵就在於了解文物黑市交易背後的機制。貨幣貶值、高失業率、觀光客人數減少以及通貨膨脹，都會引發盜掠事件。目前大型考古遺址的保全措施已改善很多，但位置偏僻的遺址可能還來不及加強保全，盜掠就變得更加猖獗。盜掠古文物是二十一世紀的重大「隱藏」問題之一，隱而不顯但是非常危險，亟需創新的解決方案。

有專家指出利比亞、伊拉克和敘利亞等地的盜掠活動可能和恐怖主義組織關係匪淺，並成為購買軍火的豐厚資金來源。[22]相關的傳聞證據不勝枚舉。在敘利亞，伊斯蘭國（ISIL）盜掠古物的行動是由同一哈里發政權旗下經營暴利石油生意的分部「監督」，向盜掘破壞古代遺址的團體索取盜掠物品總值的兩成當成「租金」[23]，在其他地方則可能與毒品生意以及人口販運互有關聯。雖然這些犯罪網絡還有待更深入的研究，但是它們有可能互相串連。

謠傳的文物買賣的利潤可觀，傳說的數字從一年數百萬到數十億美金不等。就如同任何黑市交易一樣不透明，我們無法確知。唯有投入更多努力才能釐清犯罪網絡，了解文物是如何從埃及運往歐洲、亞洲和美國。各國政府和聯合國教科文組織（UNESCO）等組織團體的憤慨聲明無法引起注意，必須由全球各界一起採取行動，才能阻止任何人繼續收藏非法取得的文物。

我們不能說所有盜掘者都是恐怖分子。事情沒有這麼簡單。為了辨清文物面臨危機真正的本質，需要先了解哪些階級的人從盜掠活動獲利，而一般盜掠者又過著什麼樣的生活。

據說在埃及的地方盜掠圈，只要有文物售出，獲得的少許利潤會由全村村民瓜分。當地的盜掠者（多半是孩童）可能會從挖到的每件文物得到一點分紅，或每晚幫忙挖掘賺取微薄工錢，然而要冒的風險極高。隧道可能崩塌，開放的墓井在夜裡無異於陷阱。盜掠者有時候會在墓井深處挖掘時被警衛抓個正著，雖然警衛沒有武器，但是周圍多的是大石塊。如一名警衛告訴過我的：「他自己挖好了墳墓，我只是幫他一路好走。」可以理解他們為何如此憎惡盜掠者，畢竟遺址警衛通常是有妻有兒的成年男子，他們常常遭到更有組織的盜墓集團開槍射擊甚至因此喪命。[24]

這種犯罪可說是鋌而走險。在地人可能將文物盜賣給不法分子，但這麼做是為了養家活口。就算是那些據我聽說把盜墓當副業的人，往往有可能是為了讓大家庭過更好的日子，或是為了家人要動手術去籌錢。雖然並非絕望所迫，但絕不是什麼無病呻吟的「第一世界問題」。如果能夠抱持同理心看待文物盜掘危機，我們就有機會構思出有效的解決方案。

家境較好的人也會盜掠或當掮客居中牽線，這才是真正能大發利市的環節。專業罪犯也盜掠，但不會當成主要收入來源；買賣古物、走私軍火、賣淫——在買賣營利的地下網絡中並無不同。

賺最多的是最後一手賣家，可能是透過大拍賣行或藝術掮客，不過我們並不知道整個轉手過程中抬高了多少價格。真正推動盜掠者朝沙地挖下第一鏟的，是西方和遠東的買家——包括在網路上出價競標一百美金的聖甲蟲的所有小買家，和在高級拍賣會豪擲數百萬美金買下一件雕塑品的大買家。是他們在驅動市場。

如果不存在任何需求，盜掠活動根本不會達到當前的熱烈程度。這才是我們首先必須對抗的。同理，文化上對於瀕危動物身體部位和珍稀寵物的需求，也必須透過全面的再教育並結合嚴峻的罰則來抑制，否則無數野生物種將消逝不存。在譴責野生動物及古文物買賣時，不能將責任層層推卸到產業鏈的最基層——必須找出位在最頂層的消費者。即使（或許該說尤其）那意味著我們必須正對自己的文化之鏡。

解決之道……或許可行

衛星影像必須配合地面行動，才能實際保護遺址。在當地推動教育和培訓計畫至關重要，也已經在遺址保護方面發揮很大的影響力，目前全球有數百個類似計畫在進行。這類計畫跳脫了很多非政府或非營利組織所推銷的「消費貧窮」濫情影片（poverty porn）的窠臼，真正幫助當地人民為自己的文化資產找出合法且可持續經營的經濟價值。

保護考古遺址很有效的方法之一，是與遺址附近社群中關鍵的利害關係人成為合作伙伴，了解他們的需求和技能。當這些鎮民和村民看到自家的經濟狀況改善，就會知道未來發展與過去的文化資產息息相關。此外，年輕世代的參與也很重要。我們可以讓他們明白，他們才是文化寶藏真正的守護者，而觀光產業能夠帶來更多工作機會。

在約旦有一個可供師法的範例：考古學家茉芮・柯索（Morag Kersel）與佩特拉國家信託基金會（Petra National Trust）合作，實行「佩特拉小小巡守員」（Petra Junior Rangers）和「佩特拉青年參與計畫」（Youth Engagement Petra）。她協助辦理給一百多名十二到十七歲女孩的教學工作坊，先開課教導考古學、博物館和保護遺址不受盜掠的重要性，上過課之後再請參加者去訪問佩特拉的觀光客和攤販，提出與販賣古文物有關的問題。這類工作坊讓年輕人獲得力量，成為保護本國歷史的利害關係人。[25]柯索也首創運用無人機測繪約旦遺址的盜掠活動，這是她所謂「跟著陶罐走」（Follow the Pots）計畫的一部分。如果要票選目前在中東工作最酷的女性，我投她一票。[26]

如果全世界的在地居民都投入保護行動，情況就會大大不同。不妨看看盧克索。與埃及其他地方相比，幾乎不再發生任何在衛星影像上可見的盜掠活動。不可否認還是有零星盜掠，但是以盧克索廣大的考古地景範圍和多達數百處的遺址來看，盜掠活動已經減到最少。盧克索的經濟活動中，將近百分之百與到當地參觀古老奇景的觀光客密切相關。

由於埃及在二〇一一年之後情勢不穩，許多觀光客因此卻步，盧克索所有人，從導遊、飯店員工，到街角賣番茄給在飯店廚房當員工的表親的男人，生活全都陷入困頓。即使如此，他們仍堅持珍視古埃及遺產的價值。請親自來盧克索一趟。你會發現這裡旅館便宜，食物美味，居民親切可愛，還能在對抗盜掠的戰爭中發揮影響力。

然而，不是所有遺址都能成為觀光景點。發展觀光需要投入大量金錢和時間，也沒有那麼多觀光客能夠四處參觀無數還有待發掘研究的地方，而小型或偏僻冷門的遺址往往只有最狂熱死忠的遊客會登門造訪。

儘管如此，還是可以找到解決之道——可以為考古遺址附近的居民創造就學和就業機會，例如學習製作仿古風格的手工藝品等新技藝，再將成品透過大城市的合作社、網路或當地市集販售。在遺址作研究的考古學家可以鼓勵當地民眾一起參與，我有很多同行在發掘季度中會帶當地學校師生和社區居民參觀遺址並導覽解說。

有時候我們的考古工作可能帶來意想不到的美好結果。在特彼拉廢丘，附近村裡一位名叫艾碧拉（Abira）的少女幫忙用籃筐運走發掘出來的棄土碎石堆。她的學習熱情令人印象深刻，一口流利英語讓學不好阿拉伯語的我們自嘆不如。收到她的高中考試成績那一天，她家的長輩帶了一箱汽水來請整個考古團隊：她考了全班第一名。我們都很為她驕傲。艾碧拉後來去開羅大學唸埃及學系，她後來告訴我，看到發掘現場有女性埃及學家，帶給她很大的啟發。

至於保護遺址，想像一個可以全天候追蹤世界各地遺址的資料庫，任何遺址只要受到盜掠、土地開發或氣候變遷威脅，就會成為全球熱點。電影《大尋寶家》（*Monuments Men*）刻畫勇敢的男男女女幫忙救回納粹於二戰時期在歐洲搜括的無價寶物，想像在二十一世紀也有類似的特攻隊。全民都可以成為搶救寶物的分隊員，分散世界各地的數百萬人，不分男女老少，群策群力分析高解析度影像，找出遺址，辨認盜掘活動，並與政府和考古學家共享資料。只要想像一下這樣的成效何其驚人。

那麼，我們要如何才能動員這股力量？

第十二章　全民共學太空考古

考古遺址遭到嚴重毀壞的程度無比駭人，我們似乎毫無勝算。雖然眼見淒慘現實，但由於相關科技飛速進步，很多考古學家逐漸樂觀以待。但即使有先進科技輔助，真相仍舊嚴峻，我們保護過往遺跡的速度終究趕不上遺址毀壞的速度。

我們的行動需要更快速、更聰明，也需要更多人力。我們需要一場考古學革命，推翻傳統方法，讓更多人得以參與。要做的事情太多，但能夠成為考古學家從事相關工作的人並不多。有許多人從五歲開始就想當考古學家，既然目前有這麼大量的工作等著考古學家，現在就是有史以來最該讓大家實現夢想的時候。考古學有許多可能的新發展都很吸引人，其中之一就是尋求大眾的幫助。

我們也需要問，過去是為誰而存在，誰又得以藉由新的考古發現為我們共有的人類歷史再添新頁。雖然現在已有很多人在使用遙測等技術，但考古學的大發現年代並不在此時，也許即將到來。無論如何，大發現時代將臨，就在所有人都能對考古學有所貢獻的那一天。讀過這麼多科學發現的故事，你大概不相信我說的，覺得怎麼可能。情勢不利，正合我意。*

眾志成城

你大概聽說過群眾外包（crowdsourcing）。其實大家都會做，只是可能沒有意識到。當你在推特或臉書上詢問有沒有推薦的水電師傅、餐廳或尿布牌子，就是在運用群眾智慧。有些人可能會質疑，與科學有關的事不能仰賴群眾幫忙，但答案響亮肯定：可以。

史上第一件重要群眾外包計畫名為「星系動物園」（Galaxy Zoo）[1]，這個計畫讓全世界知道大眾能夠為科學家提供多大的助力。計畫以牛津大學為根據地展開，當時科學家透過「史隆數位巡天普查計畫」（Sloan Digital Sky Survey）拍攝了一百萬張星系照片，卻不知道該如何分類。於是他們設計了一個實驗性質的線上分類平臺，給參與者三個選項：螺旋星系、橢圓星系或相互碰撞的星系（merger）。設計平臺的科學家以為群眾要花上好幾年才能分類完畢，但是平臺上線後第一年就有十五萬人參與，完成了五千萬次分類。

每張照片的分類結果經過多人確認，由群眾分類也達到了與科學家不相上下的準確度。分類實驗如今發展成匯集數十個群眾外包專案的「宇宙動物園」（Zooniverse）網站，邀集群眾參與辨識鳥羽或謄錄一戰時期日誌。我試了一下謄錄一戰日誌，發現這句敘述：「夜晚安好，十分寧靜，部隊裡人擠人。」我按捺住想上網搜尋的衝動，暗自希望一百年前在歐陸作戰的英國皇家步槍兵團（King's Royal Rifle Corps）第九營一切安好寧靜。

我聽到你在說，哦，挑出形狀和顏色，解讀潦草筆跡……歡迎來到幼稚園！不是什麼高難度大腦手術。

啊哈！來認識一下腦袋超好的科學家艾美・羅賓遜（Amy Robinson）主持的「眼線」（Eyewire）。[2]「眼線」以線上遊戲的形式，讓全世界一起幫忙繪製人類大腦神經網路的3D立體模型。遊戲設計得很精緻，容易操作又好玩，讓固定參與的數十萬名玩家可以互相比賽。「眼線」和「星系動物園」都讓我大開眼界，體認讓網路公民貢獻心力的計畫潛力無窮，而有這種體會的考古學家不只有我。近年來，考古學的群眾外包計畫大獲成功。

「黎凡特陶瓷計畫」（Levantine Ceramics Project）[3]的群眾外包對象是研究地中海區域的學者，參與學者分享橫跨新石器時代到鄂圖曼帝國時期七千多年間陶瓷器皿的資料。到了二〇一八年年初，有兩百五十名專家參與，上傳了超過六千件陶瓷器的資料。相關資料可按照形狀、時期、遺址名稱、國家和地區分類，方便專家在田野考古時查找同類或比對相符的結果，發掘出文物時也更容易進行判讀。我們現在可以想像，未來可為每一項考古文物類型建置類似的資料庫，考古學家在物件出土後幾小時內就能進行判讀。太迷人了。

群眾外包仰賴大眾的力量，絕佳優勢是匯集許多人的嶄新眼光。我自己的衛星影像研究工作非常費時，成本高昂，而且需要高度專注。在開始進行特定計畫之前，我對於在螢幕上要找的目標類型和範圍已有相當明確的概念，所以有時會對很多東西忽略不看，尤其是在我很熟悉的地

＊譯註：「I like those odds」為《星際大戰》衍生影集《曼達洛人》（*The Mandalorian*）主角以寡敵眾時所說的臺詞，後成為網路迷因。

方，例如埃及。但就如我們在先前幾章所談到，在處理太過熟悉的事物時，先入為主的想法對於研究是有害的。

一位埃及學同行告訴我，他帶朋友的八歲女兒去帝王谷，那裡的拉美西斯六世（Ramses VI）陵墓中有一幅複雜的陰間場景，他研究了好幾個月都沒有頭緒。小女孩指出一個他先前沒注意到的小細節，他才恍然大悟，想通整幅場景的意義。我原本不以為然，直到二〇一七年夏天，我跟葛瑞格帶著當時四歲的兒子去了埃及一趟。為了跟兒子解說，我們配合他的身高蹲下來，第一次抬頭向上看。我們夫妻在埃及工作的時間加起來也有五十年，卻第一次看到以前從未看過的事物。

然而，如果未經訓練的人也能幫忙進行考古研究，你會問那又何必學習判讀和分析影像。許多學術專業都必須經過多年的密集訓練和培養，這樣的專業是進行更精細的分析所不可或缺。但我想讓大家都能享受研究樂趣的原因如下：我從小在緬因州長大，只是一個夢想著金字塔、駱駝還有所有異國事物卻和它們距離五千英里遠的小女孩，根本無法想像自己長大會當考古學家。那個小女孩還在我心裡，提醒我每個人都應該有機會去探索未知，發現神奇的事物。

為了那些沒有機會受教育、缺乏資源或無法達到社會流動，不得考古學之門而入的人，我們需要想辦法讓考古走出學術圈。理由很簡單：我們在跟時間賽跑，眼看就要落敗。

如果是不需進行大量影像處理的區域，受過專業訓練的人員一天內可以搜尋完一百平方公里。但是我們要探索的是整個地球，表面積五億一千萬平方公里*扣除海洋覆蓋的面積之後，要分析的區域仍有一億五千五百多萬平方公里。**交給一名影像處理專家，需要花上四千五百六十六年才能分析完成。假如我生在埃及舊王國時期，從古夫王（Khufu）開始打磨預備放在吉薩金字塔頂端的鍍銀金***頂蓋（pyramidion）那時候開始分析，到今天差不多能夠做完。

「全球探險家」的故事

我是在二〇一五年投入群眾外包的世界，那年我出乎意料獲得TED年度百萬大獎提名。獎項不是採取申請制，也不像奧斯卡獎——不是獎勵你已經完成的事，而是獎勵你將要為全世界做的事。我必須想一個願望，一個很宏大、具有啟發性、能夠改變全世界的點子。脫口而出並不難。對了，上臺提案最多只能講五十個英文字。

發想準備提案的過程中，我獲得很多人的幫助，也進行了好幾回靈性探索。好友拉格瓦（Raghava KK）是來自印度的傑出藝術家，他跟我說如果過程中不覺得自己快毀了，那表示我沒做對。我真的覺得自己差點毀了。我覺得沮喪無助——我想要做的，和我腦中根深柢固的學界考古所有權觀念完全背道而馳。我幾乎放棄。但是葛瑞格說服我堅持下去，於是我奮力一搏……決心貢獻我的學術生涯中研究的一切。我的提案如下：

「打造線上公民科學平臺，訓練二十一世紀探險大隊發現和保護全球數百萬未知遺址，其中藏

*譯註：原文為一億九千七百萬平方英里。

**譯註：原文為六千萬平方英里。

***譯註：銀金（electrum），或稱「琥珀金」，是一種金和銀的天然合金，含有至少百分之二十的銀。

有人類韌性和創造力的線索。」

我們可以徹底顛覆考古學，讓各行各業的普通人都能參與考古探索。即使贏得大獎的機會渺茫也沒有關係，只要能爭取一個機會，打造一個所有想要到遠方異地探索、發現的孩子都能美夢成真的世界，就很值得。

當ＴＥＤ總監克里斯．安德森（Chris Anderson）致電告知我贏得大獎，我一下子說不出話來。我感覺到沉重的責任落在肩頭，我預備倡導推廣的，可能是完全超乎我想像的宏觀巨構。後來我得以在二〇一六年二月前往加拿大溫哥華，在ＴＥＤ年度大會上分享這個瘋狂的點子。

二〇一五年秋季剛開始準備時，我對於線上平臺設計一無所知，也完全不懂線上遊戲，頂多在電腦上玩過接龍。那時如果有人問我知不知道ＵＸ和ＵＩ是什麼，我會以為是什麼皮膚病，叫他去醫院檢查。（也許有人跟我一樣不知道：ＵＸ和ＵＩ分別指「使用者經驗」〔User Experience〕和「使用者介面」〔User Interface〕。）

所幸，我能夠向ＴＥＤ團隊和熟稔群眾外包的專家如艾美．羅賓遜等人取經，艾美．羅賓遜因為曾設計「眼線」網站而有許多寶貴見解，慷慨的她百忙之中仍抽空給我建議。就像探索西部荒野，我慢慢學習何謂群眾外包，組成了一個團隊。那時是實驗創新的偉大時代，現在依舊如此。

我們想要打造能吸引大眾一試成主顧的線上體驗，希望吸引各種不同族群，獎勵他們付出的心力，而且最重要的，整個設計要行得通。當時我們根本不知道自己在做什麼，甚至到平臺上線之前都毫無頭緒。

我們將線上平臺命名為「全球探險家」（GlobalXplorer），簡稱GX。從設計階段來看，平臺必須很複雜精妙，又要簡潔好懂、容易操作，對於資訊科技高手也要具備一定的吸引力。設計費時六個月。我們深入研究「使用者原型」，也就是最可能成為全球探險家平臺使用者的人物類型。

理想上，我們會創造所有人都想使用的產品。但事實上，沒有任何產品能討好所有人。歷經多次辯論和縮小範圍，我們選了四種我們認為能夠吸引最多受眾的原型：考古學碩士班學生，想要對主修領域有所貢獻；三十出頭的科技高手，喜歡新奇玩意和探索新事物，但空閒時間不多；退休專業人士，喜歡旅行，空閒時間比較多，但接觸新科技時也許需要幫忙；行動不便、整天在家的老爺爺老奶奶，打從心底畏懼新科技，但是有大把時間可以培養新興趣。

我們和「寰宇機器人」公司（Mondo Robot）合作，他們是科羅拉多州的線上平臺設計團隊。我們先擬出夢幻清單，羅列各種想要加入的功能，接著就必須刪刪減減。有一點不容妥協，就是要讓參與平臺的使用者立刻有種歸屬感，好像親身參加考古發掘。另一個重點是設計遊戲，獎勵認真參與

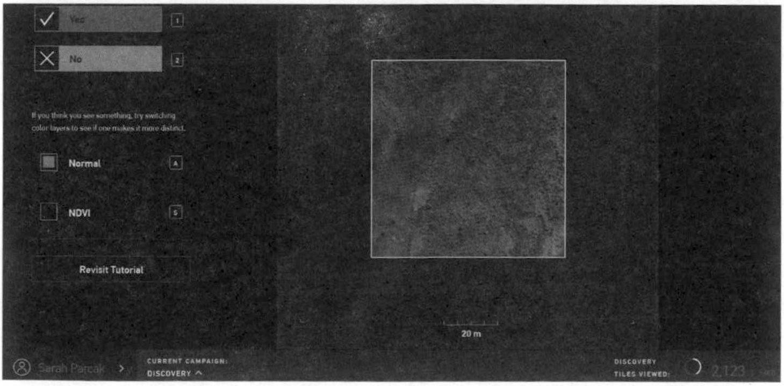

全球探險家平臺的發現頁面示意圖（圖片提供：全球探險家平臺）

的使用者，並提供關於遺址所在國家的有趣介紹。

經過一年的努力，我們推出「全球探險家」公民科學線上平臺，結合群眾外包及衛星影像分析，讓全世界從五歲到一百零五歲的民眾，都能在發現和保護古代遺址的過程中貢獻心力。我們選擇的國家是祕魯，理由如下：首先，祕魯因為馬丘比丘而聞名全世界；再者，祕魯的考古遺址在衛星影像中並不難找，因為主要是石頭或泥磚結構；第三，祕魯政府素有支持新創考古研究的深厚傳統。祕魯文化部已經在進行一項無人機測繪計畫，超前其他國家不知道幾條街。

我們也找到很棒的在地合作伙伴：「永續保存協會」（Sustainable Preservation Initiative），他們的宗旨之一是協助住在古代遺址附近的當地婦女販賣手工藝品以達到經濟獨立。

祕魯一處遭盜掠遺址的衛星影像（圖片提供：全球探險家平臺）

「全球探險家」平臺的終極目標是幫助全世界的人都成為考古學家，以考古學家的眼光看世界。我們想要賦予使用者必需的工具，讓大家有能力想像過去以及生活在過去的人群，讓大家都成為歷史書寫的利害關係人。

照著規則玩遊戲

一開始，使用者會看到第一關的簡短教學：偵測盜掠。內容包括介紹祕魯盜掠活動的景象，有特寫和遠景，還有在不同地景中的樣貌。教學結束之後，使用者就可以開始探險。每個影像畫面都是一張拍攝面積三百平方公尺的衛星影像圖的一小塊，像發撲克牌一樣隨機提供。

我們自己處理衛星影像時，通常也只放到這麼大，所以這是如假包換的考古體驗。有兩個類別可供使用者依照個人對影像的評估擇一：「盜掠」或「無盜掠」。選好後繼續，換下一張小圖。

為免有人擔心這些影像可能反而助盜掠者一臂之力，在此聲明：我們在探險頁面中並未放入任何GPS定位點或地圖資訊。這些影像無法辨識或追蹤，影像中可能是茂密雨林以外的祕魯任何地點。

檢視完一千張圖之後，使用者會進到下一關：辨認考古遺址上的違建物。這一關似乎讓大家很困惑，所以我們後來將這一關移除，我也學到回應使用者回饋對於所有平臺的重要性。

最後一關是發現遺址，結果是對公民科學家來說最難的一關。原來從太空很難看見考古遺址……現在我知道唸博士有什麼用了！我們在發現遺址這一關的教學內容中放入很多實例，讓大家了解只需要花時間多練習，就能辨別出可能的古代遺跡現象：又一種如假包換的考古體驗。

為了讓參與者覺得很好玩，我們將內容設計成十道遊戲關卡，每過一關都會獲得古代祕魯遺物圖像的徽章。檢視愈多影像，就能闖關升級。使用者一開始是「探路者」（Pathfinder），接著進階成「尋路者」（Wayfinder），過完十關就成為「太空考古學家」。真是太神奇了！

進行平臺上線宣傳活動的三個月內，使用者每週可以解鎖新的祕魯考古和歷史介紹，內容由國家地理學會提供。通過的關卡愈多，就能解鎖更多獎勵，獲得例如Google Hangouts通話、觀看臉書直播以及傳送私人訊息給平臺團隊的機會。「全球探險家」網站的平臺目前仍在運作，所有國家地理學會提供的內容也可供觀看——請隨意瀏覽，保證你會喜歡。使用者慢慢上手知道怎麼尋找祕魯遺址的同時，也學到更多，看到更多已知的遺址，並發現更多其他遺址。

我們在後端設定好，將使用者發現遺跡現象的地點資料傳輸並顯示地圖圖標。我們接收到的每一小塊影像裡的每一處遺跡現象，都經過至少六名使用者辨認審核。此外，為了讓大家知道自己的績效表現，每位使用者都有「共識得分」（consensus score），顯示該使用者的評估結果與其他人相符的程度高低。所有人一開始都只有百分之五十，對了，我也不例外。要公平才行啊。

平臺於二〇一七年一月三十日正式上線公開，當時我們難以想像接下來會發生什麼事。平臺可能會當掉。使用者可能會期望過高，不知道我們其實預算有限；一百萬美金聽起來好像很多，但是一牽涉到複雜技術就縮水得很快。大眾的反應完全超乎我們想像。一週之內，使用者就檢視了超過一百萬個小圖，我們也開始收到參與者寄來的電子郵件。無論是誰，身在何處，只要有電腦或手機，都能為尋找考古遺跡現象貢獻一分心力，這樣的構想讓大家興奮不已。

撰寫此書時已經是平臺上線的一年多後，已經有超過八萬名使用者參與，他們來自阿富汗、葉門、美屬薩摩亞（American Samoa）等一百多個國家。還沒有人來自格陵蘭，如果讀者中有人住在格陵蘭，拜託到平臺試用看看。使用者檢視了拍攝面積超過十萬平方公里的衛星影像資料——到目前為止超過一千五百萬張小圖。

基於想要創立全球性的社群，我們建立了臉書專頁，讓大家可以分享圖片交流意見。我們整理了常見問答集，並組成線上客服團隊解答疑難雜症。有一天輪到我負責用 Google Hangouts 群組對話回答使用者的問題，但是發生網路災情：連線斷了。我們不得不改成開聊天室，我心想場面肯定會失控。五十個背景各異的陌生網友湊在一起。再加上我。我已經做了最壞的打算。

然而……考古學的偉大力量將大家聯合在一起，所有人都忙著寫訊息給彼此的一個小時無比神奇。大家對於參與平臺、有所發現，以及計畫未來的展望大為興奮，發言熱絡踴躍。使用者提出許多頗有見地的好問題，大家互相加油打氣，也對於平臺的調整改善提出很有建設性的建議。讓我對人性重拾信心——就算是在網路上。

只是提及使用者總數，無法適切傳達許多參與者和我們分享的私密故事，其中確實既有年幼的孩子，也有九十多歲的老人家。荷蘭的一位女士寫信告訴我們，因為有全球探險家平臺，她得以走出白髮人送黑髮人的傷慟。每當深夜覺得痛苦絕望，她會登入平臺玩上數小時，感覺自己是在做有意義的事。她告訴我們平臺就像一條救生索，將她拉近生活常軌，而我不知該如何將感動和謙遜的心情形諸言語。

印度的馬哈（Maha）和我們分享他從小就想要成為考古學家，但是父母親強迫他學醫——「務實」的職業。他遵從父母的意思，但始終覺得遺憾。現在他可以和七歲的小姪子一起玩「全球探險家」了。最能總結我們的提案初衷的案例莫過於此：他說他不知道姪子以後會不會想當考古學家，但是他想要成為那個讓孩子知道無論如何都能追求自己夢想的人。

我最愛的一則故事來自最近我最鍾愛的一位使用者——朵莉絲．梅．瓊斯（Doris May Jones）。還記得人物原型裡行動不便的老爺爺老奶奶嗎？朵莉絲高齡九十一，住在俄亥俄州的克里夫蘭（Cleveland），坐輪椅的她幾乎足不出戶。她一直很愛四處探索，也熱愛地質學。平臺一上線她立刻註冊，當然也一路過關晉級成為「太空考古學家」。她在我們的超級玩家中名列前茅。我曾用Skype和朵莉絲通話，不知道我跟她比起來是誰比較興奮。聽到她真摯話語中對平臺的由衷熱愛，讓我不禁覺得，你知道的，我們做對了。

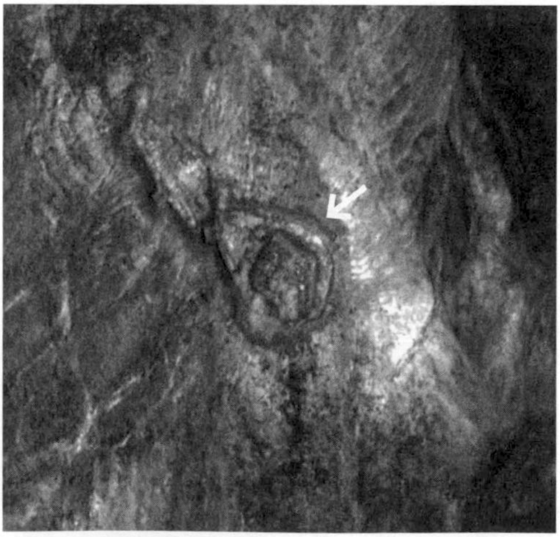

於全球探險家平臺所見的祕魯主要聚落遺跡現象（圖片提供：全球探險家平臺及「數位全球」衛星公司）

行動見真章

大家都因為全球探險家平臺獲益甚多，我們觸及的範圍之廣也超乎預期，但是我們還沒辦法判斷平臺實際上成效如何——使用者是不是真的能找到考古學家未知的真正遺址。究竟他們是辨識遺址愈來愈得心應手，或是會粗心大意把一大堆現代農場標記為古代遺跡現象？我們都是過來人！

我們評估數千處潛在的遺跡現象，發現使用者成功辨識真正具備考古本質的跡象成功率約為百分之九十。他們找到超過七百處的遺跡現象，皆未出現在收錄超過一萬四千筆考古遺址的祕魯文化部資料庫中，我們統稱「等級一」（Rank 1）。結果：「等級一」遺址直接送交專家進一步審核。

還有其他發現，最小的如小型動物欄圈，較大的則有長度至少一公里的大型丘頂聚落。平臺使用者有許多大發現，有些由小山頂上加築防禦工事的石頭結構構成，還有些遺址看起來像是大型聚落，相關資料大量累積，形成詳細的資料庫。藉由將新發現的遺址分類，就能與已知遺址相互比較，當然必須尋求專家意見，了解不同遺址所屬的類型。到目前為止，平臺使用者發現了一萬九千多處先前並

利用無人機攝影新發現的納斯卡線（圖片提供：路易斯・詹姆・卡斯提洛）

無紀錄的考古遺址。[4]

先前曾在衛星影像涵蓋區域進行調查的專家已經著手檢視結果，確認了平臺使用者的斐然成效，特別是在難以進入的多山區域。考古學家路易斯・詹姆・卡斯提洛利用無人機在多山區域針對新發現的遺址拍攝大量影片，研究出在斜坡測繪遺址的創新技術——斜坡上的遺址通常比較難透過衛星影像觀看。他和祕魯文化部的考古學家強尼・伊斯拉（Johny Isla）合作，在群眾於平臺找出的其中四十處遺址附近新發現超過五十組納斯卡線，當然也登上了新聞頭條。[5]

坎查里遺址的古代天竺鼠欄圈（圖片提供：羅倫斯・「賴瑞」・柯本）

考古學家也計畫調查在馬丘比丘附近新發現的可能遺跡現象。關於這處全球知名的印加王室遺址，學者對於其中的菁英階級房舍已有相當研究，但是對於為頂層提供服務的常民聚落所知極少：平臺群眾的發現正是與後者有關。這是所有考古學家都夢寐以求之物。

透過與永續保存協會合作，我們新開學生培訓課程，也在利馬（Lima）附近的主要觀光景點帕查卡馬克區（Pachacamac）開發自行車觀光路線。遊客走這些路線可以聽到當地導覽員以創新的方式介紹遺址，為鄰近社群帶來更多觀光財。全球探險家平臺著重的不只是發現古代遺址，也重視使用新舊科技連結在地社區、觀光客和網路世界，以確保遺址獲得長久保護。

體驗祕魯日常

祕魯考古值得最好的保障和最好的未來。我很榮幸能有機會數度拜訪祕魯，與政府官員和我們的合作伙伴見面。來到赤道以南，我真的覺得整個人顛顛倒倒，語言不通，當地考古學脈絡也完全不懂。就連當地飲食都讓我大吃一驚。所有人都告訴我，要嚐嚐看祕魯的特色料理：天竺鼠「cuy」。是的，當下我只覺得反胃。其實，有好幾種肉我吃起來都覺得像雞肉，天竺鼠肉也一樣。但是我壓根沒想到，我的晚餐竟然會和考古工作扯得上關係。

為了讓我體驗一下祕魯考古，永續保存協會理事長羅倫斯・「賴瑞」・柯本（Lawrence "Larry" Coben）邀我跟他一起去卡涅特谷（Cañete Valley）的坎查里（Canchari）遺址來個一日發掘體驗，高個子的賴瑞親切友善，是我認識多年的同行。該遺址距離利馬約兩小時車程，到那裡得徒步橫越野地和運河，再爬上一座陡峭丘坡。而且不像我們在埃及有工人幫忙，在祕魯大多數體力活都要自己來。

我滿懷熱情地動手開挖，掘除大片泥磚牆旁夾帶淤泥的濕軟泥土。坦白說，跟在埃及一模一樣：幾乎完全相同的上層汙泥，類似的泥磚，但是沒有陶器。等我們不得不離開時，我纏著要賴瑞答應，有任何我發掘的這個謎樣單位的消息一定要告訴我。剛剛他就這麼做了：他寄電子郵件來，說我們挖掘的是古代養天竺鼠的欄圈。我吃什麼通常不預示我會找到什麼——不然找到全世界最大古代巧克力工廠的人非我莫屬。到現在還在找呢。

第一步：立足祕魯；下一步：放眼全世界！這個線上平臺展現了無窮發展潛力，但是我們還有很長的一條路要走。前述的嘗試算是概念驗證（proof of concept），但接著我們需要擴大規模。在重建線上平臺之後，二〇一九年時我們將會置身下一個國家：印度。群眾的反應告知我們哪些行得通，哪些則否，而在我撰寫此書時，我們正從頭到尾重新設計。例如，第一次登入平臺會出現一個沙盒試玩模式提供引導，在使用者檢視第一到二十張小圖的過程中給予即時回饋：會提示是否成功標記出遺址，以及可能辨識錯誤的原因為何。

印度文明是三大世界大河文明之一，印度河流域的一部分即在今印度境內*，而與埃及和美索不達米亞地區相比，印度基本上還未曾由現代考古學家探索。這個地區可能有數萬，甚至數十萬處遺址未經測繪。新計畫不只著重於發現遺址，也希望透過與當地重要文化組織合作，幫助印度數百萬學童培養形塑自己國家歷史的能力。

驚奇女超人（還有驚奇男超人、驚奇小超人，人人都是驚奇超人）

我熱愛考古，因為考古讓我得以藉由觸碰真實具體的證據並省思，洞察我們之所以為人的意義。希望未來運用群眾外包所得資料的考古學家，能夠在第一次親自造訪相關遺址時留下紀錄。我們想要將這些影音紀錄放在線上平臺，讓使用者也覺得身歷其境——這是對他們付出時間和心力最好的報答。群眾將最寶貴的時間給了我們，我們想要回報我身為考古學家所知最美好的禮物：驚奇感。

在這個有一千種事會讓人分心的年代，我們必須自問驚奇感究竟有什麼用。驚奇感可以化為實際行動，例如參觀當地博物館，造訪歷史文化景點，或是聆聽考古主題演講，也可能是力勸別人不要在網路上買古文物。希望驚奇感能夠讓數百萬人更關心我們過去種種因果始末，對於自己的文化引以為榮，努力去保護自己的家鄉。

計畫更重要的宗旨是挑戰考古探索的極限，發掘我們共同的歷史。線上平臺是一場盛大的實驗，如果美國中部的九十一歲老婦人也能成為沉靜的考古英雄，那麼世界上就有整個太空考古學家大隊等待號召動員。

我們的宏圖大志是在接下來十年測繪完全世界。全球還有數百萬處遺址尚待發現，還有數以萬計已知遺址飽受盜掠的威脅，而保護遺址的第一步是找出它們在哪裡。或許將來利用人工智慧自動搜尋，再交由群眾確認人工智慧辨識的遺跡現象，就能大大加快發現新遺址的速度。目前要花四個月才能調查完十萬平方公里，我相信以後只要花一週時間就能調查完一個國家，搞不好幾天內就能完成。

但即使有了全球地表可見遺址的分布圖，群眾也能辨認盜掠活動猖獗的區域，還是有很多工

＊譯註：印度河流域文明遺址主要分布於今阿富汗東北部、巴基斯坦和印度西北部。

作尚待完成。

每個國家都有自己的內部行政程序和遺址保護法規，及早偵測到盜掠活動就表示執法單位能夠及早介入。如果能建置一套新的盜掠偵測系統，或許能有機會說服各國制定更嚴格的法規，限制來源可能是非法盜掠文物的買賣。

有了這麼多新資料，我們也需要發想讓群眾參與的新方法。例如在開放飛行無人機的國家，可以邀請群眾拍攝新發現的遺址，提供無法自衛星影像取得的詳細資訊。類似全球探險家的線上平臺可以轉型，將任務從辨認遺址改為進行遺址分類，並提供方便畫出可見建築物或提供其他資訊的小工具。使用者可以幫忙整理既有發掘和調查報告，或是從已發掘遺跡現象找出相似者。只要有探索發現的精神、一臺螢幕和一點耐心，任何人都可以成為探險家。

自群星眺望

從距離地面數百英里的太空中尋找過去的線索，有一種特別不同的感覺。也許是因為衛星影像讓考古學家看到的，是一個沒有邊界的世界，充滿可能性，過去、現在、未來俱在。國際太空站的太空人常談到一天繞地球十六圈的經驗如何改變人的觀點，讓他們看見地球真的無比脆弱，卻又萬分神奇。[6] 很多太空人因此成為宣揚保護地球的傳道者。[7]

我相信我和其他所有花了足夠久的時間從太空凝望地球的人，都有同樣的體會。我沒辦法確切告訴你要花多久才能尋回我們兒時輕易就有的驚奇感，然後結合大人心中那股努力為孩子打造更好世界的渴望。看久一點，就會實現，我保證。

一切的起點，是緬因州的外祖父。小時候，我們會一起盯著他的森林空拍照看。帶給我啟發的也許不是看照片，而是長輩將深湛智慧傳給孩子的用心。祖孫之間跨世代的連結和親情，引我跳進古老兔子洞，進入外太空。考古工作就是引領我在時光橋梁穿梭往來的線頭。有時候，在電腦前工作到深夜時，我可以感覺到外公就在身旁。他一直都在教導我，考古研究還有更多可能性。

考古學的精髓就是可能性。我們對地表之下的一切有許多大哉問，希望找到答案，但我們更常找到的，是指向我們自身的問題。全世界如今有機會參與講述人類共同的歷史，寫下全新篇章，並補上註腳，我們將來都會是說故事的人。未來就取決於我們上天下地搜找尋索的能力，所以我們可以朝群星甚至更遠方眺望，如同我們的老祖先。

致謝

本書能夠順利付梓，全賴許多傑出不凡的人士和組織團體相助。有太多人在我需要時，甚至在我還不懂怎麼開口詢問時，隨時向我伸手提供援助，我真的不知如何表達心中的萬分感激。縱使寫下千言萬語，也難盡抒感恩之情。如果遺漏了任何一位，我欠你一次。撰寫本書時正值美國混亂不安的時期，寫書賦予了我很需要的視野和出口。希望本書也能多少為讀者開拓所需的視野。

首先，謝謝亞柏翰經紀公司（Abrams Artists Agency）：因為有了不起的Mark Turner告訴我：「時機成熟了」，本書的寫作過程才得以「扶搖直上」（我故意雙關）。謝謝他介紹我認識Steve Ross，任何作者都夢寐以求的最佳經紀人和好朋友。謝謝Steve從一開始就相信這本書的潛力，相信我的潛力，一直以來慷慨地撥空給予鼓勵和建議。

謝謝亨利．霍爾特出版公司（Holt）的編輯Michael Signorelli在我從科學家邁向稱職作家之路上給予我莫大助力。初見面那一刻，我就知道我們倆一拍即合。謝謝他的愛之深、責之切，也謝謝他閱讀最早幾個版本的書稿，裡頭有一些笑話爛到應該永遠埋在墳墓裡。願它們永不見天日。

大大感謝Madeline Jones，本書在她的協助之下變得出色亮眼。謝謝公關人員Carolyn O’Keefe以及行銷部門的Jessica Weiner和Jason Liebman。在此公開向諸位致謝：設計師Meryl Levavi，書封設計者Nicolette Seeback，文字編輯Jane Haxby和Carol Rutan，製作編輯Hannah Campbell，主編Kenn Russell，總編輯Gillian Blake，以及行銷公關主管Maggie Richards。

謝謝夏琦拉・克里斯托杜盧，你的健筆比寶劍更鋒利。你的編輯眼光無比銳利，謝謝你教我怎麼成為更好的作家，也特別感謝你讓玫莉特的故事鮮活生動。

謝謝Ann Williams，你在考古學寫作方面的智慧讓一切變得更好。謝謝Helen McCreary，這位事實查核神隊友，謝謝你審慎檢查，連枝微末節都不放過。謝謝Roger Lewin，你絕不會知道你的進階級編輯眼光帶給我多大的幫助。

謹此向埃及文物部致謝，由衷感激貴部於利什特合作計畫中的引導和支持。特別感謝文物部前任部長Zahi Hawass、現任部長Khaled el Enany、Moustafa Waziry、Aynman Eshmawy、Alla Shahat、Mahmoud Afifi、Moustafa Amin、Mohammed el Badie、Mohammed Ismail、Hany Abu el Azm、阿德爾・奧卜沙、Yasser Hassan Abd el-Fattah，以及穆罕默德・尤賽夫・阿里。謝謝Magdy Rashidy以及諧美旅行社（Travel Harmony）的員工幫忙讓我們每年都神奇地一切順利。給歐瑪：我好愛你和你的家人。感謝我在利什特的發掘大家庭：蕾辛・胡梅爾、貝提娜・巴德、Reda Esmat、克莉絲汀・李、夏琦拉、闞斯和葛瑞格，謝謝你們來和我並肩工作。謝謝利什特和特彼拉廢丘的民眾：因為有具備發掘專業的你們，我們才得以在埃及做研究。

謝謝考古學界所有同行：謝謝你們幾乎每週提出令人驚奇的研究發現和洞見。如果在本書出版之後還有任何新的研究發現，我保證會寫進下一本書裡。謝謝所有人不斷挑戰考古領域的極限，質疑長久以來既定的假設，以及對我的研究工作給予莫大支持。我常常跟別人說，遙測專家是考古學家裡人最好的一群，這幾位更是大好人：Francisco Estrada-Belli、Damien Evans、David Thompson和Farouk el Baz。大家真的很棒，要繼續保持。謝謝諸位文化資產專家：Donna Yates、Brian Daniels、Cori Wegener、茉芮・柯索、派蒂・格斯騰布利、Laurie Rush和Richard Kurin，謝謝你們不吝給予支援和提點，還有點醒我隨時記得放大思考的格局。

與我合作建置「全球探險家」平臺的團隊，是全世界最優秀的一群人。感謝闕斯・柴爾茨、Haley Hand、Jennifer Wolfe、Cheyenne Haney、Rebecca Dobrinski、Nick Maloof和Shreya Srinath，你們的熱情、聰穎和敬業讓我每天都印象深刻。謝謝你們在我因為熬夜寫書和改稿隔天睡眼惺忪去上班時，好心地提供各種支援。也謝謝你們試讀拼拼湊湊的部分章節草稿，給予真誠的意見回饋。

我自二〇一二年起擔任國家地理學會駐會探險家，學會就像我的另一個家。致Alex Moen、Gary Knell、Jean Case、Terry Garcia、Matt Piscitelli、Cheryl Zook、Rebecca Martin、Brooke Runnette、Anastasia Cronin和Kasie Coccaro：雖然你們之中有幾位最近幾年另有發展，我還是想要在此向你們每一位致意，謝謝你們歡迎我，給予表揚，並不斷幫我加油喝采。本書中述及的許多研究工作，是承蒙國家地理學會提供豐厚贊助才得以進行。我想要特別感謝我很親愛的朋友Chris Thornton。過去幾年我們一起經歷許多事，是你鼓勵我勇敢面對我的心魔，謝謝你一直都在。

感謝與我親如家人的國家地理學會駐會探險家成員：李・伯格、Enric Sala、Sylvia Earle、Leakey一家，以及二〇一二年度「新秀探險家」（Emerging Explorer）（永恆的代表）。我最喜歡在電視或機上雜誌看到你們時，心裡幫你們歡呼喝采。祝你們的冒險之旅更深入，也更上一層樓。我深以你們為榮。

致「星期二講堂」（Tuesday Agency）：大大感謝Trinity Ray和團隊的殷勤照顧。

致我的TED大家庭：我想要給你們每一個人無數次熱烈擁抱。謝謝你們一直以來對我和我的研究的鼎力支持，未來的日子裡我會持續努力將這份善意傳出去。一切都始於二〇一一年夏天我的辦公室收到那則出人意料的電話留言，是Logan McClure打來邀請我申請TED伙伴計畫。我接受湯姆．瑞利和Emeka Okafor的訪問，之後的一切都寫入歷史了。克里斯．安德森，你改變了我的人生，也改變了考古學領域，這份恩情我將永誌不忘。Juliet Blake，謝謝你總是親切地給我鼓勵，也謝謝你籌辦全世界最棒的晚宴。Anna Verghese，我親愛的好友，謝謝你當我的創意顧問、啦啦隊隊長和頭號粉絲。謝謝TED大獎（現更名「無畏進取計畫」〔Audacious Project〕）團隊及其他人員：Danielle Thompson、Hasiba Haq、Kate May、Courtney Martin和John Cary——承蒙你們的抬舉，謝謝你們幫我鼓勵打氣，形塑我企盼實現的願景。Erin Alweiss，你是一個考古學家心目中最夢幻的公關兼時尚顧問兼支持者。另外要向Gina Barnett致上由衷感謝，謝謝你幫忙我找到屬於自己的聲音。還要特別謝謝親愛的好朋友Tom聽我講不能讓其他人聽到的笑話，謝謝你幫我做自己。

致TED講者大家庭：我很想分別向你們每一位致謝，但這樣本書會變成整套百科全書。我們之間的友誼，你們在我迫切需要時給予的愛和支持，還有聽我講爛笑話時的笑聲（特別是看完我那一生一次的單人喜劇表演之後的掌聲），都讓我活力百倍。謝謝你們帶給我諸多啟發，讓我想要做更多的事，成為更好的人——也謝謝你們讓我對未來懷抱希望。致TED講者計畫團隊的湯姆‧瑞利、Shoham Arad、Patrick D’Arcy、Renee Friedman、Samantha Kelly……實在太感謝你們，我詞窮了。另外也要向以下諸位好友致謝：Susan Zimmerman、Kelly Stoetzel、Helen Walters、Dave Isay、Raj Panjabi、Jill Tarter、Drew Curtis、Adam Savage、Simon Sinek、Luke Dubois、Juan Enriquez、Diana Enrique Schneider、Monica Lewinsky、Amanda Palmer和Neil Gaiman，謝謝你們有情有義的支持。

在我任教的阿拉巴馬大學伯明罕分校，人類學系主任Doug Fry和我在同一時期為了寫書埋頭奮戰——謝謝主任和我並肩作戰。本書萌芽之初多蒙院長Tennant McWilliams的支持，謝謝院長多年來的友好情誼。謝謝Dick Marchase和Gail Andrews，你們是我們家超棒的好朋友和支持者。

我很幸運能在伯明罕四處結識傑出的朋友和支持者——謝謝大伙兒對我的讚揚，讓我覺得身在伯明罕實在太棒了：Hamilton夫婦Matt和Amy（和你們家兩個可愛的孩子），我們的「伯明罕老爹老媽」Reed夫婦Jim和Liz、Victoria Hollis、DeNeen夫婦Lou和Tina、Ross一家（Ami、Kenyon、Jackson、Katie和Izzy）、Dylan Fernany、Austin Senseman（我的「航空老公」）、Rosie O’Beirne一家、Josh Carpenter、Deon Gordon、Sanjay Singh、伯明罕都會區扶輪社（Birmingham Downtown Rotary Club）成員、創新育成中心（Innovation Depot），以及每個週末在動物園和麥克韋恩科學中心（McWane Science Center）接待我們的好心人。謝謝摯友Dee的大力相助，讓我們能將事情完成，謝謝你把我們一家當成自己的家人來照顧。

工作上，我和來自全球各地的優秀人士共事。謝謝印度的Nakul Saran、Shloka Nath和Anica Mann，無比感謝你們信賴我們的計畫並給予莫大支持。我迫不及待想看到計畫實行後的成果。特別感謝祕魯的文化部和永續保存協會。致最棒的考古同行暨好友羅倫斯．「賴瑞」．柯本和路易斯．詹姆．卡斯提洛：謝謝你們。

謝謝Monica Byrne在這段旅程中亦步亦趨的陪伴。謝謝Eric Cline，我萬分珍惜你的鼓勵和友好情誼。

「全球探險家」線上平臺計畫承蒙許多人的支持。謝謝McClendon夫婦Brian和Beth Ellyn、Todd Park和Wallace Mallone的大方援助和指點。本書中衛星影像圖皆由「數位全球」衛星公司提供，謹向各位致上由衷感謝：Shay Har-Noy、Nancy Coleman、Jeremy Hale、Caitlin Milton、Ryan Herman，團隊成員，以及Luke Barrington。另外要誠摯感謝給予女科學家莫大援助的Lyda Hill，以及她的團隊成員Nicole Small和Margaret Black。感謝催生平臺的合作伙伴：獨特非凡的寰宇機器人公司。特別感謝Chris Hess。特別感謝補助計畫經費的機構：美國國家科學基金會，以及加拿大人文及社會科學研究委員會（Humanities Research Council of Canada）。

感謝英國的親朋好友。謝謝好友Dan Snow和他美好的家人。Flora Spiegel和Tony Miller、Curtis及Ruth，謝謝你們待我們如同家人，和你們相聚就像回到自己家。感謝獨樹一幟的劍橋大學考古學系，承蒙系上教師親切提攜，我將永誌在心。謝謝英國國家廣播公司節目的製作團隊：

露薏絲・布雷、Harvey Lilley、Dallas Campbell、Liz Bonnin及Nathan Williams，是你們讓研究原本許多不可能的部分成為可能。也要謝謝奧克尼考古研究中心（Orkney Research Center for Archaeology）的Rick Barton、瓦爾・特納博士，以及帕帕斯土島的週末志工團隊。

謝謝加拿大和紐芬蘭島的諸位：親切和藹的瑪莎・德雷克和省立考古辦公室的團隊，以及Gerald Penny和他的團隊，特別感謝傑洛・潘尼考古及文化資產顧問公司（Gerald Penny and Associates）的布萊爾・鄧波。也謝謝我們在紐芬蘭島的工作團隊成員：Dr. Karen Milek、Oskar Sveinbjarnarson和Dr. Davide Zori。致弗雷・史瓦茨博士、Hockey Gale一家人和紐芬蘭島熱情可愛的居民：謝謝你們。我懷念紐芬蘭傳統鹽醃牛肉佐蔬菜料理「吉格斯的晚餐」（Jigg's dinner）和美妙的音樂。

謝謝慈善創投公司德雷伯、理查茲與柯普朗基金會（DRK）的Jim Bildner和Stephanie Khurana，也謝謝全球青年領袖計畫團隊，我非常幸運能成為這些齊聚英才的優秀組織的一分子。深深感謝國際頂尖學術社群美國考古協會（Archaeological Institute of America）及美國東方研究學會。

給我在班戈市（Bangor）、耶魯和劍橋的朋友：你們是自知自信的一群。我保證，完成本書後一定勤於和大家保持聯絡。

致Abigail Washburn、Béla Fleck、Juno再加一個小傢伙：我愛你們。跟你們一起看日蝕的經驗是點亮本書寫作的神奇火花。

謝謝我親密的家人：媽媽、爸爸、亞倫、Kate、David、Jeanette、Ben、Emily、Steve、Mike，謝謝你們在我人生旅程中每一步都陪伴著我。你們的愛帶給我無盡支持和養分。

葛瑞格，我摯愛的丈夫：你的耐心如一口無底深井，謝謝好脾氣的你在完成本書的過程中容忍甚多。如果沒有你，就不會有現在的我，沒有你的智慧和支持，我也不可能完成書中寫到的這麼多事。如果有一個鑲鑽石的「千年一遇好老公」獎盃，一定要頒給你。加百列，我的小寶貝，媽咪在寫這本書時身不由己，很想多陪你玩卻沒辦法。接下來很久很久，我都會努力彌補。這本書出版以後，你就能讀到了，對我來說，它也證明了你的驚人毅力。忍不住要說，我真的非常以你為傲，你是爸比和媽咪的活力泉源，是我們這一生中最美好的機遇。謝謝你，也謝謝我們家幾個毛孩子，謝謝你們提供無限多我最需要的蹭蹭和抱抱。

最後，謹將本書獻給我的阿姨蘇珊・楊恩。在我和弟弟小時候，你就像我們的第二個母親。你教了我許多關於人生、希望、愛、克服難關和耐心的禮贈，給予我們無條件的愛，家族裡的大小事你從不忘記。你讓我相信，總有一天，這個世界會變得更好。

註釋

序言

1. 關於立體鏡實品範例及使用方法，見Thomas R. Lyons and Thomas Eugene Avery, *Remote Sensing: A Handbook for Archeologists and Cultural Resource Managers* (Washington, DC: Cultural Resources Management Division, National Park Service, US Department of the Interior, 1977).
2. TED（Technology, Entertainment and Design）大會「值得散播的思想」（Ideas Worth Spreading）演講。
3. Jonas Gregorio de Souza et al., "Pre-Columbian Earth-Builders Settled Along the Entire Southern Rim of the Amazon," *Nature Communications*, vol. 9, no. 1125 (2018), https://doi.org/10.1038/s41467-018-03510-7.

第一章　時光膠囊

1. 關於考古遺址應包含什麼，至今仍莫衷一是，尚無定論，在不同地方或國家的界定也各有不同。我認為任何在過去曾有人類活動的地方，小至一小堆散落石器，大至龐大的神殿廟宇，皆是遺址。
2. Kareem Shaheen and Ian Black, "Beheaded Syrian Scholar Refused to Lead ISIS to Hidden Syrian Antiquities," *Guardian*, 19 August 2015, https://www.theguardian.com/world/2015/aug/18/isis-beheads-archaeologist-syria, accessed 14 February 2018.
3. 帕邁拉於一九八〇年由聯合國教科文組織列為世界遺產遺址（World Heritage site），目前在該處遺址持續進行的保存作業相關資訊請見："Site of Palmyra," UNESCO, https://whc.unesco.org/en/list/23, accessed 14 February 2018.
4. John R. Clarke, *Looking at Lovemaking: Constructions of Sexuality in Roman Art, 100 B.C.–A.D. 250* (Berkeley: University of California Press, 1998).
5. Leonard Lesko, ed. , *Pharaoh's Workers: The Villagers of Deir el Medina* (Ithaca, NY: Cornell University Press, 1994).
6. Gregorio Oxilia et al. , "Earliest Evidence of Dental Caries Manipulation in the Late Upper Palaeolithic," *Nature: Scientific Reports*, vol. 5, no. 12150 (2015), https://doi.org/10.1038/srep12150.
7. Gregory Mumford, "The University of Toronto Tell Tebilla Project (Eastern Delta)," *The American Research Center in Egypt Annual Report, 2001* (Atlanta: Emory University West

Campus, 2001), 26–27.

8. Dorothea Arnold, "Statues in Their Settings: Encountering the Divine," *Ancient Egypt Transformed: The Middle Kingdom*, ed. Adela Oppenheim et al. (New York: Metropolitan Museum of Art, 2015), 19.

9. Adel Allam et al. , "Computed Tomographic Assessment of Atherosclerosis in Ancient Egyptian Mummies," *Journal of the American Medical Association*, vol. 302, no. 19 (2009): 2091–94, https://doi.org/10.1001/jama.2009.1641.

10. "The Two Brothers: Together in Life and Death," Manchester Museum: Collections: Gallery Picks, http://www.thestudymcr.com/collections/pick/the-two-brothers/, accessed 15 February 2018.

11. Konstantina Drosou et al., "The Kinship of Two 12th Dynasty Mummies Revealed by Ancient DNA Sequencing," *Journal of Archaeological Science: Reports*, vol. 17 (2018): 793–97, https://doi.org/10.1016/j.jasrep.2017.12.025.

12. Robert Ascher, "Experimental Archeology," *American Anthropologist*, vol. 63, no. 4 (1961): 793–816, https://doi.org/10.1525/aa.1961.63.4.02a00070. 關於具前瞻性的實驗考古學研究取徑，見Michael Brian Schiffer et al. , "New Perspectives on Experimental Archaeology: Surface Treatments and Thermal Response of the Clay Cooking Pot," *American Antiquity*, vol. 59, no. 2 (1994): 197–217, https://doi.org/10.2307/281927.

13. Neil Peterson, "Kicking Ash, Viking Glass Bead Making," *Experimental Archaeology* (April 2017), https://exarc.net/issue-2017-4/ea/kicking-ash, accessed 17 February 2017.

14. Kumar Akhilesh and Shanti Pappu, "Bits and Pieces: Lithic Waste Products as Indicators of Acheulean Behaviour at Attirampakkam, India," *Journal of Archaeological Science: Reports*, vol.4 (December 2015): 226–41, https://doi.org/10.1016/j.jasrep.2015.08.045.

15. Wendy Marston, "Making a Modern Mummy," *Discover Magazine*, March 2000, http://discovermagazine.com/2000/mar/featmaking, accessed 17 February 2017.

16. Nicholas David and Carol Kramer, *Ethnoarchaeology in Action* (Cambridge: Cambridge University Press, 2001), https://doi.org/10.1017/CBO9781316036488.

17. Colin Hope, *Egyptian Pottery*, Shire Egyptology (London: Bloomsbury, 2008).

18. 關於認知考古學的傑出應用，見Nathan Schlanger, "Understanding Levallois: Lithic Technology and Cognitive Archaeology," *Cambridge Archaeological Journal*, vol. 6. no. 2 (1996): 231–54, https://doi.org/10.1017/S0959774300001724.

19. P. Oxy, "Letter of Heras to Theon and Sarapous," *The Oxyrhynchus Papyri* (London: Egypt Exploration Society, 2011), 76; Bernard Pyne Grenfell and Arthur Surridge Hunt, *Oxyrhynchus Papyri I* (London: Egypt Exploration Fund, 1898), 185–86.

20. David Kennedy, " 'Gates': A New Archaeological Site Type in Saudi Arabia," *Arabian Archaeology and Epigraphy*, vol. 28, no. 2 (2017): 153–74, https://doi.org/10.1111/aae.12100.

21. Gregory Mumford, "A Late Period Riverine and Maritime Port Town and Cult Center at Tell Tebilla (Ro-nefer)," *Journal of Ancient Egyptian Interconnections*, vol. 5, no. 1 (2013): 38–67, https://doi.org/10.2458/azu_jaei_v05i1_mumford.

22. Mohammed Effendi Chaban, "Monuments recueillis pendant mes inspections," *Annales du Service des Antiquités de l'Egypte*, vol. 1 (1910): 28–30.

23. Gregory Mumford, "Concerning the 2001 Season at Tell Tebilla (Mendesian Nome)," *The Akhenaten Temple Project Newsletter*, 2002, 1–4.

24. John Taylor, "The Third Intermediate Period (1069–664 BC)," *The Oxford History of Ancient Egypt*, ed. Ian Shaw (Oxford: Oxford University Press, 2004), 330–68.

25. Aidan Dodson, *Afterglow of Empire: Egypt from the Fall of the New Kingdom to the Saite Renaissance* (Cairo: American University in Cairo Press, 2012), 167–73.

26. Alan B. Lloyd, "The Late Period (664–332 BC)," in Shaw, *Oxford History of Ancient Egypt*, 369–94.

27. Lloyd, "The Late Period (664–332 BC)," in Shaw, *Oxford History of Ancient Egypt*, 383–85.

28. Stephen Ruzicka, *Trouble in the West: Egypt and the Persian Empire, 525–332 BCE*, Oxford Studies in Early Empire (Oxford: Oxford University Press, 2012).

29. Ruzicka, *Trouble in the West*, 182–84.

30. Sarah Parcak et al., "Using Open Access Satellite Data Alongside Ground Based Remote Sensing: An Assessment, with Case Studies from Egypt's Delta," *Geosciences*, vol. 7, no. 4 (2017), https://doi.org/10.3390/geosciences7040094.

31. Larry A. Pavlish, "Archaeometry at Mendes: 1990–2002," *Egypt, Israel, and the Ancient Mediterranean World: Studies in Honor of Donald B. Redford*, ed. Gary N. Knoppers and Antoine Hirsch (Leiden: Brill, 2004), 61–112.

32. Karl W. Butzer, *Early Hydraulic Civilization in Egypt: A Study in Cultural Ecology*, Prehistoric Archeology and Ecology (Chicago: University of Chicago Press, 1976).

第二章　太空考古學

1. Donald B. Redford, "Mendes," *The Oxford Encyclopedia of Ancient Egypt*, ed. Donald B. Redford, vol. 2 (Oxford: Oxford University Press, 2001), 376–77.

2. Donald B. Redford, *City of the Ram-Man: The Story of Ancient Mendes* (Princeton, NJ: Princeton University Press, 2010).

3. Redford, *City of the Ram-Man.*

4. Matthew J. Adams, "An Interim Report on the Naqada III—First Intermediate Period Stratification at Mendes," *Delta Reports (Research in Lower Egypt)*, ed. Donald Redford, vol. 1 (Oxford and Oakville: Pennsylvania State University, 2009), 121–206.

5. Ann Macy Roth, "Funerary Ritual," *The Oxford Encyclopedia of Ancient Egypt*, ed. Donald B.

Redford, vol. 1 (Oxford: Oxford University Press, 2001), 575–80.

6. Anthony J. Spalinger, "Festivals," in Redford, *Oxford Encyclopedia of Ancient Egypt*, vol. 1, 521–25.
7. Donald B. Redford, "Mendes," in Redford, *Oxford Encyclopedia of Ancient Egypt*, vol. 2, 376–77.
8. Jennifer Houser Wegner, "Shu," in Redford, *Oxford Encyclopedia of Ancient Egypt*, vol. 3, 285–86.
9. "Catacombs of Kom Ash Shuqqafa," *Lonely Planet: Egypt* (2017), https://www.lonelyplanet.com/egypt/alexandria/attractions/catacombs-of-kom-ash-shuqqafa/a/poi-sig/437604/355232, accessed 4 February 2018; "Catacombs of Kom El-Shouqafa," Egyptian Tourism Authority, http://www.egypt.travel/attractions/catacombs-of-kom-el-shouqafa/, accessed 4 February 2018.
10. *Reference Guide to the International Space Station: Utilization Edition* (Houston: National Aeronautics and Space Administration, 2015), https://www.nasa.gov/sites/default/files/atoms/files/np-2015-05-022-jsc-iss-guide-2015-update-111015-508c.pdf, accessed 4 February 2018.
11. Marco J. Giardino, "A History of NASA Remote Sensing Contributions to Archaeology," *Journal of Archaeological Science*, vol. 38, no. 9 (2011): 2003–9, https://doi.org/10.1016/j.jas.2010.09.017.
12. See Section 3 in Thomas R. Lyons and Thomas Eugene Avery, *Remote Sensing: A Handbook for Archeologists and Cultural Resource Managers* (Washington, DC: Cultural Resources Management Division, National Park Service, US Department of the Interior, 1977).
13. Marco Giardino and Bryan S. Haley, "Airborne Remote Sensing and Geospatial Analysis," *Remote Sensing in Archaeology*, ed. Jay K. Johnson (Tuscaloosa: University of Alabama Press, 2006), 47–77.
14. Markus Immitzer et al., "Tree Species Classification with Random Forest Using Very High Spatial Resolution 8-Band Worldview-2 Satellite Data," *Remote Sensing*, vol. 4, no. 9 (2012): 2661–93, https://doi.org/10.3390/rs4092661.
15. Alok Tripathi, *Remote Sensing and Archaeology* (New Delhi: Sundeep Prakashan, 2005); Charles F. Withington, "Erts-1 Mss False-Color Composites," *Erts-1: A New Window on Our Planet*, Geological Survey Professional Paper 929, ed. Richard S. Williams Jr. and William Douglas Carter (Washington, DC: U.S. Government Printing Office, 1976), 3–11.
16. Thomas Martin Lillesand et al., *Remote Sensing and Image Interpretation*, 7th ed. (New York: John Wiley and Sons, 2015).
17. "UCS Satellite Database," Union of Concerned Scientists, 2017, www.ucsusa.org/nuclear-weapons/space-weapons/satellite-database#WnyaZpOFhHR, accessed 8 February 2018; David Yanofsky and Tim Fernholz, "This Is Every Active Satellite Orbiting Earth," *Quartz*,

2015, qz.com/296941/interactive-graphic-every-active-satellite-orbiting-earth/, accessed 8 February 2018.

18. Giardino, "A History of NASA Remote Sensing Contributions to Archaeology."

19. Arlen F. Chase et al., "The Use of LiDAR in Understanding the Ancient Maya Landscape: Caracol and Western Belize," *Advances in Archaeological Practice*, vol. 2, no. 3 (2014): 208–21, https://doi.org/10.7183/2326-3768.2.3.208.

20. Arlen F. Chase and Diane Z. Chase, *Investigations at the Classic Maya City of Caracol, Belize: 1985–1987*, Monograph 3 (San Francisco: Pre-Columbian Art Research Institute, 1987).

21. 引自二〇〇八年與約翰・威斯亨波的私人通訊。

22. Arlen F. Chase et al., "Ancient Maya Regional Settlement and Inter-Site Analysis: The 2013 West-Central Belize LiDAR Survey," *Remote Sensing*, vol. 6, no. 9 (2014): 8671–95, https://doi.org/10.3390/rs6098671; Chase et al., "The Use of LiDAR in Understanding the Ancient Maya Landscape" ; Chase et al., "Geospatial Revolution and Remote Sensing LiDAR in Mesoamerican Archaeology," *Proceedings of the National Academy of Sciences*, vol. 109, no. 32 (2012): 12916–21, https://doi.org/10.1073/pnas.1205198109; Arlen F. Chase et al., "Airborne LiDAR, Archaeology, and the Ancient Maya Landscape at Caracol, Belize," *Journal of Archaeological Science*, vol. 38, no. 2 (2011): 387–98, https://doi.org/10 .1016/j.jas.2010.09.018.

23. D. R. Wilson, ed., *Aerial Reconnaissance for Archaeology*, Research Report No. 12 (London: Council for British Archaeology, 1975).

24. Timothy Darvill et al., "Stonehenge Remodelled," *Antiquity*, vol. 86, no. 334 (2012): 1021–40, https://doi.org/10.1017/S0003598X00048225; "History of Stonehenge," English Heritage, 2017, www.englishheritage.org.uk/visit/places/stonehenge/history/, accessed 2 February 2018.

25. J. E. Capper, "XXIII.—Photographs of Stonehenge, as Seen from a War Balloon," *Archaeologia*, vol. 60, no. 2 (1907): 571, https://doi.org/10.1017/S0261340900005208.

26. Steven Cable, "Aerial Photography and the First World War," *National Archives* (blog), National Archives, UK, 2015, https://blog.nationalarchives.gov.uk/blog/aerial -photography-first-world-war/, accessed 4 February 2018.

27. Birger Stichelbaut et al., eds., *Images of Conflict: Military Aerial Photography and Archaeology* (Newcastle upon Tyne, Cambridge Scholars Publishing, 2009); "First World War Aerial Photographs Collection," Imperial War Museum, https://www.iwm.org.uk /collections/, accessed 5 February 2018.

28. Antoine Poidebard, "La trace de Rome dans le désert de Syrie," *Syria*, vol. 15, no. 4 (Paris: Paul Guenther, 1934); Giuseppe Ceraudo, "Aerial Photography in Archaeology," *Good Practice in Archaeological Diagnostics: Non-Invasive Survey of Complex Archaeological Sites*, ed. Cristina Corsi et al., Natural Science in Archaeology (Switzerland: Springer International

Publishing, 2013), 11–30.

29. O. G. S. Crawford, "A Century of Air-Photography," *Antiquity*, vol. 28, no. 112 (1954): 206–10, https://doi.org/10.1017/S0003598X0002161X.

30. Kitty Hauser, *Shadow Sites: Photography, Archaeology, and the British Landscape 1927–1955*, Oxford Historical Monographs (New York: Oxford University Press, 2007).

31. O. G. S. Crawford, *Man and His Past* (London: Oxford University Press, 1921); Kitty Hauser, Bloody Old Britain: O. G. S. Crawford and the Archaeology of Modern Life (London: Granta Books, 2008).

32. Hauser, *Bloody Old Britain.*

33. O. G. S. Crawford and Alexander Keiller, *Wessex from the Air* (Oxford: Clarendon Press, 1928); O. G. S. Crawford, "Durrington Walls," *Antiquity*, vol. 3, no. 9 (1929): 49–59, https://doi.org/10.1017/S0003598X00002970; O. G. S. Crawford, "Woodbury. Two Marvellous Air-Photographs," *Antiquity*, vol. 3, no. 12 (1929): 452–55, https://doi.org/10.1017/S0003598X00003793; "Britain from Above," Historic Environment Scotland, Archives and Research, https://www.historicenvironment.scot/archives-and-research/archives-and-collections/britain-from-above/, accessed 4 February 2018.

34. Anonymous, "Crawford, Osbert Guy Stanhope (1886–1957), Archaeologist," National Archives, UK, https://discovery.nationalarchives.gov.uk/details/c/F40530, accessed 4 February 2018.

35. D. R. Wilson, *Air Photo Interpretation for Archaeologists*, 2nd ed. (Stroud, Gloucestershire, UK: Tempus, 2000).

36. Geert Julien Verhoeven, "Near-Infrared Aerial Crop Mark Archaeology: From Its Historical Use to Current Digital Implementations," *Journal of Archaeological Method and Theory*, vol. 19, no. 1 (2012): 132–60, https://doi.org/10.1007/s10816-011-9104-5.

37. Crawford and Keiller, Wessex from the Air.

38. "Internet Maps Reveal Roman Villa," BBC News, 21 September 2005, http://news.bbc .co.uk/1/hi/world/europe/4267238.stm, accessed 8 February 2018.

39. Harold E. Young, "Photogrammetry in Forestry," *Maine Forester, Annual Edition*, ed. Steve Orach (Orono, Forestry Club, University of Maine, 1950), 49–51.

40. "The 7 Best 3D Scanning Apps for Smartphones in 2018," ANIWAA, http://www.aniwaa .com/best-3d-scanning-apps-smartphones/, accessed 6 February 2018; Izak Van Heerden, "4 Ways to Turn Your Cell Phone into a Thermal Camera: FLIR vs Seek vs Therm-App vs CAT," TectoGizmo, 2017, https://tectogizmo.com/4-ways-to-turn-your-cell-phone-into-a -thermal-camera/, accessed 6 February 2018.

41. "St Joseph, (John) Kenneth Sinclair (1912–1994), Geologist, Archaeologist, and Aerial Photographer," *Oxford Dictionary of National Biography*, http://oxfordindex.oup.com/view /10.1093/oi/authority.20110803100533580, accessed 10 November 2018.

42. Irwin Scollar, "International Colloquium on Air Archaeology," *Antiquity*, vol. 37, no. 148 (1963): 296–97, https://doi.org/10.1017/S0003598X00105356.

43. J. K. S. St. Joseph, ed., *The Uses of Air Photography: Nature and Man in a New Perspective* (London: John Baker, 1966); Nicholas Thomas, "The Uses of Air Photography, Review," *Proceedings of the Prehistoric Society*, vol. 35 (1970): 376–77, https://doi.org/10.1017/S007949 7X00013682.

44. Kevin C. Ruffner, ed., *Corona: America's First Satellite Program*, CIA Cold War Records Series (Washington, DC: Center for the Study of Intelligence, Central Intelligence Agency, 1995).

45. "Corona," National Reconnaissance Office, www.nro.gov/history/csnr/corona/index.html, accessed 7 February 2018.

46. "EarthExplorer," US Geological Survey, https://earthexplorer.usgs.gov/, accessed 7 February 2018.

47. Tony J. Wilkinson et al., "The Geoarchaeology of Route Systems in Northern Syria," *Geoarchaeology*, vol. 25, no. 6 (2010): 745–71, https://doi.org/10.1002/gea.2033.

48. "Tiros 1," NASA Space Science Data Coordinated Archive, https://nssdc.gsfc.nasa.gov/nmc/spacecraftDisplay.do?id=1960-002B, accessed 7 February 2018.

49. "Tiros," NASA Science, 2016, https://science.nasa.gov/missions/tiros/, accessed 7 February 2018.

50. Williams and Carter, eds., *Erts-1: A New Window on Our Planet.*

51. "Landsat Looks and Sees," NASA, 19 July 2012, https://www.nasa.gov/mission_pages/landsat/news/landsat-history.html, accessed 10 November 2018.

52. J. C. Fletcher, "ERTS-1 —Toward Global Monitoring," Astronautics and Aeronautics, vol. 11 (1973): 32–35, https://ntrs.nasa.gov/search.jsp?R=19730056718, accessed 30 January 2018; "Landsat Missions," US Geological Survey, https://landsat.usgs.gov/, accessed 7 February 2018.

53. Williams and Carter, eds., *Erts-1: A New Window on Our Planet.*

54. Williams and Carter, eds., *Erts-1: A New Window on Our Planet.*

55. "EarthExplorer," US Geological Survey, https://earthexplorer.usgs.gov/, accessed 6 February 2018.

56. Charles F. Withington, "Erts-1 Mss False-Color Composites," in Williams and Carter, *Erts-1: A New Window on Our Planet*, 3–11.

57. Williams and Carter, eds., *Erts-1: A New Window on Our Planet.*

58. Laura Rocchio, "Landsat 1," NASA, https://landsat.gsfc.nasa.gov/landsat-1/, accessed 7 February 2018.

59. Rocchio, "Landsat 1."

60. Rocchio, "Landsat 1."

61. Samuel N. Goward et al., eds., *Landsat's Enduring Legacy: Pioneering Global Land Observations from Space* (Bethesda, MD: American Society for Photogrammetry and Remote Sensing, 2017).

62. Mary Marguerite Scalera, *Aerial Archaeology in the Space Age*, unpublished NASA report, 1970.

63. Giardino, "A History of NASA Remote Sensing Contributions to Archaeology."

64. Richard E. W. Adams, "Ancient Maya Canals: Grids and Lattices in the Maya Jungle," *Archaeology*, vol. 35, no. 6 (1982): 28–35; R. E. Adams et al., "Radar Mapping, Archeology, and Ancient Maya Land Use," *Science*, vol. 213, no. 4515 (1981): 1457–68, https://doi . org/10.1126/science.213.4515.1457.

65. John Noble Wilford, "Spacecraft Detects Sahara's Buried Past," *New York Times*, 26 November 1982, https://www.nytimes.com/1982/11/26/us/spacecraft-detects-sahara-s-buried -past.html, accessed 7 February 2018.

66. J. F. McCauley et al., "Subsurface Valleys and Geoarcheology of the Eastern Sahara Revealed by Shuttle Radar," *Science*, vol. 218, no. 4576 (1982): 1004–20.

67. Boyce Rensberger, "Did Stone Age Hunters Know a Wet Sahara?" *Washington Post*, 30 April 1988, https://www.washingtonpost.com/archive/politics/1988/04/30/did-stone-age-hunters-know-a-wet-sahara/7904219b-96e6-413f-8872-a8e40475f6d7/?utm_term= .9cbfeb978ab7, accessed 10 November 2018.

68. Thomas L. Sever, *Feasibility Study to Determine the Utility of Advanced Remote Sensing Technology in Archeological Investigations*, Report No. 227 (Mississippi: NASA, 1983); Giardino, "A History of NASA Remote Sensing Contributions to Archaeology."

69. Thomas L. Sever and James Wiseman, *Conference on Remote Sensing: Potential for the Future* (Mississippi: NASA, 1985); Giardino, "A History of NASA Remote Sensing Contributions to Archaeology."

70. Sever and Wiseman, *Conference on Remote Sensing*.

71. Thomas L. Sever and David W. Wagner, "Analysis of Prehistoric Roadways in Chaco Canyon Using Remotely Sensed Digital Data," *Ancient Road Networks and Settlement Hierarchies in the New World*, ed. Charles D. Trombold (Cambridge: Cambridge University Press, 1991), 42–52.

72. Payson D. Sheets and Brian R. McKee, eds., *Archaeology, Volcanism, and Remote Sensing in the Arenal Region, Costa Rica* (Austin: University of Texas Press, 1994).

73. Pamela Sands Showalter, "A Thematic Mapper Analysis of the Prehistoric Hohokam Canal System, Phoenix, Arizona," *Journal of Field Archaeology*, vol. 20, no. 1 (1993): 77–90, https://doi.org/10.2307/530355.

74. "Spot," CNES Projects Library, Centre national d'études spatiales, https://spot.cnes.fr/en/SPOT/index.htm, accessed 7 February 2018.

75. Thomas L. Sever and Daniel E. Irwin, "Landscape Archaeology: Remote-Sensing Investigation of the Ancient Maya in the Peten Rainforest of Northern Guatemala," *Ancient Mesoamerica*, vol. 14, no. 1 (2003): 113–22, https://doi.org/10.1017/S0956536103141041.

76. "Declassified Satellite Imagery-1," US Geological Survey, https://lta.cr.usgs.gov/declass_1, accessed 7 February 2018.

77. Ronald G. Blom et al., "Southern Arabian Desert Trade Routes, Frankincense, Myrrh, and the Ubar Legend," *Remote Sensing in Archaeology*, Interdisciplinary Contributions to Archaeology, ed. James Wiseman and Farouk El-Baz (New York: Springer, 2007), 71–88; Thomas H. Maugh II, "Ubar, Fabled Lost City, Found by L.A. Team: Archeology: NASA Aided in Finding the Ancient Arab Town, Once the Center of Frankincense Trade," *Los Angeles Times*, 5 February 1992, http://articles.latimes.com/1992-02-05/news/mn-1192_1 _ lost-city, accessed 7 February 2018.

78. Payson Sheets and Thomas L. Sever, "Creating and Perpetuating Social Memory Across the Ancient Costa Rican Landscape," in Wiseman and El-Baz, *Remote Sensing in Archaeology*, 161–84.

79. Kasper Hanus and Damian Evans, "Imaging the Waters of Angkor: A Method for Semi-Automated Pond Extraction from LiDAR Data," *Archaeological Prospection*, vol. 23, no. 2 (2016): 87–94, https://doi.org/10.1002/arp.1530.

80. Damian H. Evans et al., "Uncovering Archaeological Landscapes at Angkor Using LiDAR," *Proceedings of the National Academy of Sciences*, vol. 110, no. 31 (2013): 12595–600, https://doi.org/10.1073/pnas.1306539110.

81. Damian Evans et al., "A Comprehensive Archaeological Map of the World's Largest Preindustrial Settlement Complex at Angkor, Cambodia," *Proceedings of the National Academy of Sciences*, vol. 104, no. 36 (2007): 14277–82, https://doi.org/10.1073/pnas.0702525104.

82. Niamh McIntyre, "Lost City in Iraq Founded by Alexander the Great Discovered by Archaeologists," *Independent*, 25 September 2017, http://www.independent.co.uk/news/world/asia/lost-city-iraq-alexander-great-founded-discover-archaeologists-qalatga-darband-a7965651.html, accessed 7 February 2018; "The Darband-I Rania Archaeological Project," British Museum, http://www.britishmuseum.org/about_us/museum_activity/middle_east/iraq_scheme/darband-i_rania_project.aspx, accessed 5 February 2018.

83. Jack Malvern, "Lost City of Alexander the Great Found in Iraq," *Times*, 25 September 2017, https://www.thetimes.co.uk/article/lost-city-of-alexander-the-great-found-in-iraq-pw6g2dtvj, accessed 5 February 2018.

84. Jayphen Simpson, "Here's a Map with Up-to-Date Drone Laws for Every Country," Petapixel, 20 September 2017, https://petapixel.com/2017/09/20/heres-map-date-drone-laws-every-country/, accessed 5 February 2018.

第三章 太空考古學的展望

1. Stephen Ruzicka, *Trouble in the West: Egypt and the Persian Empire, 525–332 BCE*, Oxford Studies in Early Empires (New York: Oxford University Press, 2012).

2. Giovanni Di Bernardo et al., "Ancient DNA and Family Relationships in a Pompeian House," *Annals of Human Genetics*, vol. 73, no. 4 (2009): 429–37, https://doi.org/10.1111/j.1469-1809.2009.00520.x; Jim Shelton, "Creating a Malaria Test for Ancient Human Remains," YaleNews, 17 March 2015, https://news.yale.edu/2015/03/17/creating-malaria-test-ancient-human-remains, accessed 25 March 2018.

3. Julie Dunne et al., "Organic Residue Analysis and Archaeology: Guidance for Good Practice," Historic England, 2017, https://content.historicengland.org.uk/images-books/publications/organic-residue-analysis-and-archaeology/heag058a-organic-residue-analysis-and-archaeology-guidance.pdf/, accessed 5 March 2018.

4. "Scientific Dating," Historic England, 2018, https://historicengland.org.uk/advice /technical-advice/archaeological-science/scientific-dating/, accessed 2 March 2018.

5. Eric H. Cline, *1177 B.C.: The Year Civilization Collapsed*, Turning Points in Ancient History (Princeton, NJ: Princeton University Press, 2014).（中譯本：艾瑞克．克萊恩著，《古地中海文明陷落的關鍵：公元前1177年》，蔡心語譯，臺灣商務出版。）

6. "Magical Figure," Metropolitan Museum of Art, https://www.metmuseum.org/art / collection/search/546350?sortBy=Relevance&ft=lisht&offset=0&rpp=100&pos=56, accessed 15 January 2018.

7. Timothy Darvill, *Concise Oxford Dictionary of Archaeology*, 2nd ed. (New York: Oxford University Press, 2008); "Archaeology 101," Lesson Plans, Archaeological Institute of America Education Department, https://www.archaeological.org/pdfs/education/Arch101.2.pdf, accessed 3 March 2018; "Introduction to Archaeology: Glossary," Archaeological Institute of America, 2018, https://www.archaeological.org/education/glossary, accessed 2 March 2018.

8. 英國第四頻道和美國公共電視公司播出的優質電視節目《時光團隊》（*Time Team*）呈現考古研究工作的種種面向；其中最精采的一集就是節目發想人暨製作人提姆．泰勒（Tim Taylor）和監製（2010）菲利普．克拉克（Philip Clarke）製作的〈時光團隊特別節目：真．維京人〉（The Real Vikings: A Time Team Special）這一集。

9. Anna Wodzinska, *A Manual of Egyptian Pottery. Naqada III—Middle Kingdom* (Boston: Ancient Egypt Research Associates, 2010), http://www.aeraweb.org/wp-content/uploads/2010/02/egyptian-pottery-v2.pdf, accessed 30 January 2018.

10. Ralph Blumenthal, "NASA Adds to Evidence of Mysterious Ancient Earthworks," *New York Times*, 30 October 2015, https://www.nytimes.com/2015/11/03/science/nasa-adds-to-evidence-of-mysterious-ancient-earthworks.html, accessed 30 January 2018.

11. Orri Vésteinsson and Thomas H. McGovern, "The Peopling of Iceland," *Norwegian Archaeological Review*, vol. 45, no. 2 (2012): 206–18, https://doi.org/10.1080/00293652.2012.721792.
12. Vésteinsson and McGovern, "The Peopling of Iceland."
13. Thomas Ellwood, *The Book of the Settlement of Iceland: Translated from the Original Icelandic of Ari the Learned* (Kendal, Cumbria, UK: T. Wilson, 1898); Orri Vésteinsson et al., "The Settlement Exhibition—the Settlement of Iceland," Reykjavik City Museum, http://reykjavik871.is/, accessed 8 March 2018; John Steinberg et al., "The Viking Age Settlement Pattern of Langholt, North Iceland: Results of the Skagafjörður Archaeological Settlement Survey," *Journal of Field Archaeology*, vol. 41, no. 4 (2016): 389–412, https://doi.org/10.1080/00934690.2016.1203210.
14. See "English Summary," https://www.islendingabok.is/English.jsp, accessed 7 March 2018.
15. "Kissing Cousins? Icelandic App Warns If Your Date Is a Relative," Associated Press, 18 April 2013, www.cbc.ca/news/business/kissing-cousins-icelandic-app-warns-if-your-date-is-a-relative-1.1390256, accessed 5 March 2018.
16. Rose Eveleth, "Icelanders Protest a Road That Would Disturb Fairies," Smithsonian Smart-News, 15 January 2014, www.smithsonianmag.com/smart-news/icelanders-protest-road-would-disturb-fairies-180949359/, accessed 5 March 2018.
17. "The Vikings Uncovered," executive producers Eamon Hardy and Cameron Balbirnie, BBC One (UK) and PBS America (US), 2016.
18. Brian N. Damiata et al., "Subsurface Imaging a Viking-Age Churchyard Using GPR with TDR: Direct Comparison to the Archaeological Record from an Excavated Site in Northern Iceland," *Journal of Archaeological Science: Reports*, vol. 12 (2017): 244–56, https://doi.org/10.1016/j.jasrep.2017.01.004.
19. Sveinbjörn Þórðarson, "The Icelandic Saga Database," http://sagadb.org/, accessed 5 March 2018.
20. "The Settlement Exhibition," Reykjavik City Museum, http://borgarsogusafn.is/en/the-settlement-exhibition/about, accessed 4 March 2018.
21. 自然環境於西元九〇〇年前後發生重大變化，樺樹林被草原取代。見Orri Vésteinsson and Thomas H. McGovern, "The Peopling of Iceland," Norwegian Archaeological Review, vol. 45, no. 2 (2012): 206–18, https://doi.org/10.1080/00293652.2012 .721792.
22. Orri Vésteinsson et al., "The Settlement Exhibition—Aðalstræti: The Longhouse," Reykjavik City Museum, http://reykjavik871.is/, accessed 8 March 2018.
23. Steinberg et al., "Viking Age Settlement Pattern of Langholt, North Iceland."
24. 冰島的全國考古資料庫名稱為「Ísleif」。
25. Steinberg et al., "Viking Age Settlement Pattern of Langholt, North Iceland."

26. Jeroen De Reu et al., "From Low Cost UAV Survey to High Resolution Topographic Data: Developing Our Understanding of a Medieval Outport of Bruges," *Archaeological Prospection*, vol. 23, no. 4 (2016): 335–46, https://doi.org/10.1002/arp.1547.

27. 這種特性稱為「高差移位」(relief displacement)。見Thomas R. Lyons and Thomas Eugene Avery, *Remote Sensing: A Handbook for Archeologists and Cultural Resource Managers* (Washington, DC: Cultural Resources Management Division, National Park Service, US Department of the Interior, 1977).

28. Barbara E. Crawford and Beverley Ballin Smith, *The Biggings, Papa Stour, Shetland: The History and Excavation of a Royal Norwegian Farm*, Monograph Series, ed. Alexandra Shepard (Edinburgh: Society of Antiquaries of Scotland and Det Norske Videnskaps-Akademi, 1999).

29. Anna Ritchie, "Great Sites: Jarlshof," British Archaeology, vol. 69 (2003); "Jarlshof Prehistoric and Norse Settlement: History," Historic Environment Scotland (2018), www.historicenvironment.scot/visit-a-place/places/jarlshof-prehistoric-and-norse-settlement/history/, accessed 10 March 2018.

30. Athos Agapiou et al., "Optimum Temporal and Spectral Window for Monitoring Crop Marks over Archaeological Remains in the Mediterranean Region," *Journal of Archaeological Science*, vol. 40, no. 3 (2013): 1479–92, https://doi.org/10.1016/j.jas.2012.10.036.

31. Christina Petty, *Warp Weighted Looms: Then and Now—Anglo-Saxon and Viking Archaeological Evidence and Modern Practitioners* (PhD diss., University of Manchester, 2014).

32. Barbara Crawford, *A Progress Report of the First Season's Excavation at "Da Biggins," Papa Stour, Shetland* (Edinburgh: Scottish Society for Northern Studies, 1978).

33. Paul Nicholson and Ian Shaw, *Ancient Egyptian Materials and Technology* (Cambridge: Cambridge University Press, 2009).

34. Anna Linderholm et al., "Diet and Status in Birka: Stable Isotopes and Grave Goods Compared," *Antiquity*, vol. 82, no. 316 (2008): 446–61, https://doi.org/10.1017/S0003598X 00096939.

35. Crawford, *Progress Report of the First Season's Excavation at "Da Biggins"*; Barbara Crawford, *A Progress Report on Excavations at "Da Biggins," Papa Stour, Shetland, 1978* (Edinburgh: Scottish Society for Northern Studies, 1979); Jon A. Hjaltalin and Gilbert Goudie, *The Orkneyinga Saga: Translated from the Icelandic* (Edinburgh: Edmonston and Douglas, 1873). 文件英譯可參見:Crawford and Smith, *The Biggings*, 48.

36. Crawford, *Progress Report on Excavations at "Da Biggins."*

37. Simon Keay et al., "The Canal System and Tiber Delta at Portus. Assessing the Nature of Man-Made Waterways and Their Relationship with the Natural Environment," *Water History*, vol. 6, no.1 (2014): 11–30, https://doi.org/10.1007/s12685-013-0094-y.

38. Keay, "Canal System and Tiber Delta at Portus."

39. Simon Keay et al., *Portus: An Archaeological Survey of the Port of Imperial Rome*, Archaeological

Monographs of the British School at Rome (London: British School at Rome, 2006).

40. Simon Keay et al., "Archaeological Fieldwork Reports: The Portus Project," *Papers of the British School at Rome*, vol. 76 (2008), 331–32, https://doi.org/10.1017/S0068246200003767; "Portus Project," University of Southampton, http://www.portusproject.org/, accessed 11 March 2018; Simon Keay et al., "The Role of Integrated Geophysical Survey Methods in the Assessment of Archaeological Landscapes: The Case of Portus," *Archaeological Prospection*, vol. 16, no. 3 (2009): 154–66, https://doi.org/10.1002/arp.358.
41. Shen-En Qian, "Enhancing Space-Based Signal-to-Noise Ratios Without Redesigning the Satellite," SPIE Newsroom, 2011, http://spie.org/newsroom/3421-enhancing-space-based-signal-to-noise-ratios-without-redesigning-the-satellite?SSO=1, accessed 3 March 2018.
42. 根據 www.timeanddate.com/weather/italy/rome/historic?month=9&year=2011 的歷史氣象資料，整個八月和九月羅馬都不曾下雨。
43. Rosa Lasaponara and Nicola Masini, "Detection of Archaeological Crop Marks by Using Satellite QuickBird Multispectral Imagery," *Journal of Archaeological Science*, vol. 34, no. 2 (2007): 214–21, https://doi.org/10.1016/j.jas.2006.04.014.
44. Simon Keay et al., "High Resolution Space and Ground-Based Remote Sensing and Implications for Landscape Archaeology: The Case from Portus, Italy," *Journal of Archaeological Science*, vol. 52 (2014): 277–92, https://doi.org/10.1016/j.jas.2014.08.010.
45. Keay, "High Resolution Space and Ground-Based Remote Sensing."

第四章　高風險行業

1. Kent V. Flannery, "The Golden Marshalltown: A Parable for the Archaeology of the 1980s," *American Anthropologist*, n.s., vol. 84, no. 2 (1982): 265–78.
2. Kenneth L. Feder, *Frauds, Myths, and Mysteries: Science and Pseudoscience in Archaeology* (New York: Oxford University Press, 2017).
3. Steven L. Cox, "A Norse Penny from Maine," *Vikings: The North Atlantic Saga*, ed. William W. Fitzhugh and Elisabeth I. Ward (Washington, DC: Smithsonian Institution Press, 2000), 206–7; Erik Wahlgren, *The Vikings and America* (London: Thames and Hudson, 1986), 146.
4. William Fitzhugh, "Vikings in America: Runestone, Relics, and Revisionism," *Minerva: The International Magazine of Art and Archaeology*, vol. 11 (July/August 2000): 8–12.
5. Jesse L. Byock, *Viking Age Iceland* (New York: Penguin, 2001).
6. "Eirik the Red's Saga," trans. Keneva Kunz, *The Sagas of Icelanders*, ed. Örnólfur Thorsson and Bernard Scudder (New York: Penguin Books, 2001).
7. William Fitzhugh, "Vikings: The North Atlantic Saga," *AnthroNotes: Museum of Natural History Publication for Educators* (Smithsonian Museum of Natural History), vol. 22, no. 1 (2000): 1–9.

8. Wahlgren, *Vikings and America*, 91; Peter Schledermann, "A.D. 1000: East Meets West," in Fitzhugh and Ward, *Vikings: The North Atlantic Saga*, 189; Magnus Rafnsson, "Archaeological Excavations at Qassiarsuk, 2005–2006 (field report)," NV nr, 03–07: Náttúrus- tofa Vestfjarða, NABO, Grønlands Nationalmuseum & Arkiv. 2007, https://doi.org/10 .6067/XCV86H4FRS.
9. Wahlgren, *Vikings and America*, 26, n. 21.
10. Eli Kintisch, "Why Did Greenland's Vikings Disappear?" *Science*, 10 November 2016, http://www.sciencemag.org/news/2016/11/why-did-greenland-s-vikings-disappear, accessed 10 March 2018.
11. Robert Kellogg, *The Sagas of the Icelanders* (New York: Penguin Books, 2001).
12. Wahlgren, *Vikings and America*, 90–91.
13. Kellogg, *Sagas of the Icelanders.*
14. Birgitta Wallace, "The Norse in Newfoundland: L'Anse aux Meadows and Vinland," *Newfoundland Studies*, vol. 19, no. 1 (2003): 5–43.
15. Wahlgren, *Vikings and America*, 92.
16. Mats G. Larsson, "The Vinland Sagas and the Actual Characteristics of Eastern Canada: Some Comparisons with Special Attention to the Accounts of the Later Explorers," *Vinland Revisited: The Norse World at the Turn of the First Millennium. Selected Papers from the Viking Millennium International Symposium, 15–24 September 2000, Newfoundland and Labrador*, ed. Shannon Lewis-Simpson (St. John's, NL: Historic Sites Association of Newfoundland and Labrador, 2003), 396, fig. 5, and 398.
17. Magnus Magnusson, "Vinland: The Ultimate Outpost," in Lewis-Simpson, *Vinland Revisited*, 94.
18. Anne Stine Ingstad, *The Norse Discovery of America, Volume One: Excavations of a Norse Settlement at l'Anse aux Meadows, Newfoundland 1961–1968*, trans. Elizabeth S. Seeberg (Oslo: Norwegian University Press [via Oxford University Press], 1985); Wahlgren, Vikings and America, 93.
19. Ingstad, *Norse Discovery of America, Volume One.*
20. Charles S. Lindsay, "A Preliminary Report on the 1974 Excavations of Norse Buildings D and E at L'Anse aux Meadows" (unpublished report on file, Provincial Archaeology Office, Confederation Building, St. John's, NL, 1975).
21. Helge Ingstad, *The Norse Discovery of America, Volume Two: The Historical Background and the Evidence of the Norse Settlement Discovered in Newfoundland*, trans. Elizabeth S. Seeberg (Oslo: Norwegian University Press [via Oxford University Press], 1985).
22. Janet E. Kay, *Norse in Newfoundland: A Critical Examination of Archaeological Research at the Norse Site at L'Anse aux Meadows, Newfoundland*, British Archaeological Reports International Series 2339 (Oxford: Archaeopress, 2012), 44–45, figs. 3.1–5.

23. Davide Zori, "Nails, Rivets and Clench Bolts: A Case for Typological Clarity," *Archaeologia Islandica*, vol. 6 (2007): 32–47.
24. Kay, *Norse in Newfoundland*, 44–45, figs. 3.1–5; Birgitta L. Wallace, *Westward Vikings: The Saga of l'Anse aux Meadows*, rev. ed. (St. John's, NL: Historic Sites Association of Newfoundland and Labrador, 2012).
25. Kay, *Norse in Newfoundland*, 44–45, figs. 3.1–5.
26. Kay, *Norse in Newfoundland*, 59.
27. Kay, *Norse in Newfoundland*, 45.
28. Wallace, Westward Vikings.
29. Birgitta L. Wallace, "The Later Excavations at L'Anse aux Meadows," in Lewis-Simpson, *Vinland Revisited*, 165–80.
30. Donald H. Holly Jr., *History in the Making: The Archaeology of the Eastern Subarctic*, Issues in Eastern Woodlands Archaeology (Lanham, MD: AltaMira Press, 2013), 114; Birgitta L. Wallace, "The Viking Settlement at L'Anse aux Meadows," in Fitzhugh and Ward, *Vikings: The North Atlantic Saga*, 216, fig. 14.21.
31. Holly, *History in the Making*, 113–14 and 115, fig. 5.2; Kay, *Norse in Newfoundland*, 66; Birgitta Wallace, "The Norse in Newfoundland: L'Anse aux Meadows and Vinland," *Newfoundland Studies*, vol. 19, no. 1 (2003): 5–43.
32. Kay, *Norse in Newfoundland*, 66; Holly, *History in the Making*, 113–14.
33. Urve Linnamae, *The Dorset Culture: A Comparative Study in Newfoundland and the Arctic*, Technical Papers of the Newfoundland Museum, no. 1 (St. John's, NL: Newfoundland Museum, 1975); Lisa Mae Fogt, *The Excavation and Analysis of a Dorset Palaeoeskimo Dwelling at Cape Ray, Newfoundland* (master's thesis, Department of Anthropology, Memorial University, St. John's, NL, 1998).
34. James P. Howley, *The Beothucks or Red Indians, The Aboriginal Inhabitants of Newfoundland* (Cambridge: Cambridge University Press, 1915; repr. Toronto: Prospero Books, 2000), 162.
35. Ralph T. Pastore, *Shanawdithit's People: The Archaeology of the Beothuks* (St. John's, NL: Atlantic Archaeology, 1992).
36. M. A. P. Renouf and Trevor Bell, "Maritime Archaic Site Locations on the Island of Newfoundland," *The Archaic of the Far Northeast*, ed. David Sanger and M. A. P. Renouf (Orono: University of Maine Press, 2006), 1–46; Trevor Bell and M. A. P. Renouf, "Prehistoric Cultures, Reconstructed Coasts: Maritime Archaic Indian Site Distribution," *World Archaeology*, vol. 35, no. 3 (2004): 350–70, https://doi.org/10.1080/0043824042000185766.
37. K. L. Kvamme, "Magnetometry: Nature's Gift to Archaeology," *Remote Sensing in Archaeology: An Explicitly North American Perspective*, ed. Jay K. Johnson (Tuscaloosa: University of Alabama Press, 2006), 205–33.

38. John J. Mannion, "Settlers and Traders in Western Newfoundland," *The Peopling of Newfoundland: Essays in Historical Geography*, ed. John J. Mannion (St. John's, NL: Institute of Social and Economic Research, Memorial University of Newfoundland, 1977).
39. Peter E. Pope, "Newfoundland and Labrador, 1497–1697," *A Short History of Newfoundland and Labrador, Newfoundland Historical Society* (Portugal Cove–St. Philip's, NL: Boulder Publications, 2008), 23–48.
40. "100 Years of Geodetic Survey in Canada," *Natural Resources Canada*, http://www.nrcan.gc.ca/earth-sciences/geomatics/geodetic-reference-systems/canadian-spatial-reference-system/9110, accessed 7 May 2018.
41. Martin Appelt et al., "Late Dorset," *The Oxford Handbook of the Prehistoric Arctic*, ed. T. Max Friesen and Owen K. Mason (Oxford: Oxford University Press, 2016), 783–805.
42. Edward Chappell, *Voyage of His Majesty's Ship Rosamond to Newfoundland and the Southern Coast of Labrador, of which Countries no account has been published by any British traveler since the Reign of Queen Elizabeth* (London: J. Mawman, 1818).
43. Grant Head, *Eighteenth Century Newfoundland: A Geographer's Perspective*, Carlton Library Series no. 99 (Toronto: McClelland and Stewart, 1976).
44. Birgitta Wallace, "St. Paul's Inlet—the Norse Hóp Site?" (report on file, Historic Resources Division, St. John's, NL, 2003); Donald Wieman, "32 Clues Point to Barachois, Newfoundland as The Vinland Sagas' Settlement of 'Hop,'" *Lavalhallalujah* (blog), 20 October 2015, https://lavalhallalujah.wordpress.com/2015/10/20/32-clues-point-to-barachois-as-hop/, accessed 2 May 2017.
45. Head, *Eighteenth Century Newfoundland.*
46. 引自二〇一六年十一月與史考特・布蘭德的私人通訊。
47. "What Is OSL Dating?" Baylor University, Department of Geosciences, https://www.baylor.edu/geology/index.php?id=868084, accessed 5 May 2018.

第五章　挖錯地方

1. Federico Poole, "Tanis (San el Hagar)," *Encyclopedia of the Archaeology of Ancient Egypt,* ed. Kathryn Bard (London: Routledge, 1999), 755–77.
2. Poole, "Tanis (San el Hagar)."
3. John Taylor, "The Third Intermediate Period," *The Oxford History of Ancient Egypt*, ed. Ian Shaw (Oxford: Oxford University Press, 2004), 330–68.
4. 關於第三中間時期的詳細綜論，見 Kenneth A. Kitchen, *The Third Intermediate Period in Egypt (1100–650 BC)* (Warminster, UK: Aris and Phillips, 1995)。
5. Aidan Dodson, *Afterglow of Empire: Egypt from the Fall of the New Kingdom to the Rise of the Saite Renaissance* (Cairo: American University in Cairo Press, 2012), 3–23.

6. Poole, "Tanis (San el Hagar)," 755–77.

7. Poole, "Tanis (San el Hagar).

8. 此座新王宮可能和馬爾卡塔（Malkata）的王宮很相似，見Peter Lacovara, *The New Kingdom Royal City* (New York: Kegan Paul International, 1997), 26。另外，在卡納克（Karnak）一堵神廟牆面發現了舍順克於西元前九二五年遠征以色列企圖重振埃及帝國霸權的證據。舍順克的軍隊洗劫了耶路撒冷的主要神殿和王宮，表示塔尼斯的寶藏可能有一部分是用劫取自猶大王國（Judah）的黃金件熔鑄而成，不過並未經過證實。見Yigal Levin, "Did Pharaoh Sheshonq Attack Jerusalem?" *Biblical Archaeology Review*, vol. 38, no 4 (July/August 2012): 43–52, 66–67。

9. Taylor, "The Third Intermediate Period," 330–68.

10. Pierre Montet, *La nécropole royale de Tanis: Fouilles de Tanis, dirigées par Pierre Montet*, 3 vols. (Paris, 1947–1960).

11. Henri Stierlin and Christiane Ziegler, *Tanis: Trésors des Pharaons* (Paris: Seuil, 1987).

12. Jean Yoyotte, "The Treasure of Tanis," *The Treasures of the Egyptian Museum*, ed. Francesco Tiradritti (Cairo: American University in Cairo Press, 1999), 302–33.

13. Stierlin and Ziegler, *Tanis: Trésors des Pharaons*; Pierre Montet, *Les énigmes de Tanis* (Paris: Payot, 1952).

14. 研究聚落考古學的學者包括David O'Connor、Barry Kemp和Manfred Bietak。

15. "What is Pan-sharpening and how can I create a pan-sharpened image?" US Geological Survey, https://landsat.usgs.gov/what-pan-sharpening-and-how-can-i-create-pan-sharpened-image, accessed 2 April 2018.

16. Thomas M. Lillesand et al., *Remote Sensing and Image Interpretation* (Wiley, 2007).

17. Philippe Brissaud, ed., *Cahiers de Tanis I*, Mémoire 75 (Paris: Editions Recherche sur les civilisations, 1987).

18. 與阿瑪納相同。Barry Kemp, *The City of Akhenaten and Nefertiti: Amarna and Its People* (London: Thames and Hudson, 2012).

19. 關於王宮水道和巨石運輸的綜論，見Angus Graham and Kristian Strutt, "Ancient Theban Temple and Palace Landscapes," *Egyptian Archaeology*, vol. 43 (Autumn 2013): 5–7; Angus Graham et al., "Theban Harbours and Waterscapes Survey, 2012," *Journal of Egyptian Archaeology*, vol. 98 (2012): 27–42。

20. Norman de Garis Davies, *Two Ramesside Tombs at Thebes* (New York: Metropolitan Museum of Art, 1927), plate XXX.

21. John H. Taylor, *Unwrapping a Mummy: The Life, Death, and Embalming of Horemkenesi* (London: British Museum Press, 1995), 47.

22. 關於古埃及宗教信仰的詳細綜論，見Donald B. Redford, ed., *The Ancient Gods Speak: A Guide to Ancient Egyptian Religion* (Oxford: Oxford University Press, 2002)。

23. 關於經完整發掘之新王國時期屋宅的討論，見Barry J. Kemp and Anna Stevens, *Busy Lives at Amarna: Excavations in the Main City (Grid 12 and the House of Ranefer, N49.18)*, vol. 1, *The Excavations, Architecture and Environmental Remains*, EES Excavation Memoir 90 (London: Egypt Exploration Society and Amarna Trust, 2010)。
24. Janine Bourriau and Jacke Phillips, eds., *Invention and Innovation: The Social Context of Technological Change 2, Egypt, the Aegean and the Near East, 1650 –1150 B.C.* (Oxford: Oxbow Books, 2016), 85–90.
25. 關於這類屋宅的詳細介紹，參見Kate Spence, "Ancient Egyptian Houses: Architecture, Conceptualization and Interpretation," *Household Studies in Complex Societies: (Micro) Archaeological and Textual Approaches*, ed. Miriam Müller, Oriental Institute Seminars 10 (Chicago: University of Chicago, 2015), 83–99; Kemp, *The City of Akhenaten and Nefertiti*; Barry J. Kemp and Salvatore Garfi, *A Survey of the Ancient City of El-'Amarna*, Occasional Publications, vol. 9 (London: Egypt Exploration Society, 1993); Leonard Lesko and Barbara Lesko, eds., *Pharaoh's Workers: The Villagers of Deir el Medina* (Ithaca, NY: Cornell University Press, 1994)。
26. 馬爾卡塔的新王國時期遺址有類似的宮殿平面配置圖，見Lacovara, *New Kingdom Royal City*。
27. 在阿瑪納製作的繁多工藝品種類可能與塔尼斯製工藝品類似，相關討論見Paul T. Nicholson, *Brilliant Things for Akhenaten: The Production of Glass, Vitreous Materials and Pottery at Amarna Site O45.1*, EES Excavation Memoir 80 (London: Egypt Exploration Society, 2007); Alan J. Shortland, *Vitreous Materials at Amarna. The Production of Glass and Faience in 18th Dynasty Egypt*, British Archaeological Reports International Series 827 (Oxford: Archaeopress, 2000); Kristen Thompson, "Amarna Statuary Project," *Journal of Egyptian Archaeology*, vol. 89 (2003): 17–19.
28. Hilary Wilson, *Egyptian Food and Drink*, Book 9, Shire Egyptology (London: Bloomsbury, 2008).
29. Lacovara, *New Kingdom Royal City*, 26.
30. Kitchen, *Third Intermediate Period in Egypt.*
31. 塔尼斯復原後可能的樣貌綜論，見Barry Kemp, "A Model of Tell el-Amarna," *Antiquity*, vol. 74, no. 283 (2000): 15–16, https://doi.org/10.1017/S0003598X00065996.
32. Roger S. Bagnall and Dominic W. Rathbone, eds., *Egypt: From Alexander to the Copts* (London: British Museum Press, 2004), 51.
33. 在網路上可找到《埃及記述》內文可搜尋的完整掃描原文檔案：http://descegy.bibalex.org/, accessed 2 April 2018。
34. 關於新衛星的概述，見"WorldView-4," DigitalGlobe, http://worldview4.digitalglobe.com/#/preload, accessed 2 April 2018.

第六章 壯遊

1. 就像北海下方的多格蘭大陸（Doggerland），見Vincent Gaffney et al., *Europe's Lost World: The Rediscovery of Doggerland*, CBA Research Report, no. 160 (York: Council for British Archaeology, 2009)。
2. Michael Greshko, "World's Oldest Cave Art Found—And Neanderthals Made It," *National Geographic News*, 22 February 2018, https://news.nationalgeographic.com/2018/02/neanderthals-cave-art-humans-evolution-science/, accessed 4 April 2018.
3. Lawrence Clayton et al., *The De Soto Chronicles: The Expedition of Hernando de Soto to North America in 1539–1543* (Tuscaloosa: University of Alabama Press, 1993).
4. Fernbank Museum of Natural History, "Archaeologists Track Infamous Conquistador Through Southeast," *ScienceDaily*, 5 November 2009, https://www.sciencedaily.com/releases/2009/11/091105084838.htm, accessed 4 April 2018.
5. Neal Lineback and Mandy L. Gritzner, "Geography in the News: Hernando De Soto's Famous Battle," *National Geographic Blog*, 14 June 2014, https://blog.nationalgeographic.org/2014/06/14/geography-in-the-news-hernando-de-sotos-famous-battle/, accessed 4 April 2018.
6. Nelson J. R. Fagundes et al., "Mitochondrial Population Genomics Supports a Single Pre-Clovis Origin with a Coastal Route for the Peopling of the Americas," *American Journal of Human Genetics*, vol. 82, no. 3 (2008): 583–92, https://doi.org/10.1016/j.ajhg.2007.11.013.
7. 關於距今超過一萬五千年的考古遺址仍有諸多爭議，見Brigit Katz, "Found: One of the Oldest North American Settlements," *Smithsonian SmartNews*, 5 April 2017, https://www.smithsonianmag.com/smart-news/one-oldest-north-american-settlements-found-180962750/, accessed 5 April 2017。
8. Hansi Lo Wang, "The Map of Native American Tribes You've Never Seen Before," *NPR Code Switch*, 24 June 2014, https://www.npr.org/sections/codeswitch/2014/06/24/323665644/the-map-of-native-american-tribes-youve-never-seen-before, accessed 4 April 2018.
9. Kathryn E. Krasinski et al., "Detecting Late Holocene Cultural Landscape Modifications Using LiDAR Imagery in the Boreal Forest, Susitna Valley, Southcentral Alaska," *Journal of Field Archaeology*, vol. 41, no. 3 (2016): 255–70, https://doi.org/10.1080/00934690.2016.1174764.
10. 引自二〇一八年三月三日與Brian Daniels的私人通訊。
11. "Tribal Nations and the United States: An Introduction," National Congress of American Indians, http://www.ncai.org/tribalnations/introduction/Tribal_Nations_and_the_United_States_An_Introduction-web-.pdf, accessed 4 April 2018.
12. René R. Gadacz and Zach Parrott, "First Nations," *The Canadian Encyclopedia*, 2015, http://www.thecanadianencyclopedia.ca/en/article/first-nations/, accessed 4 April 2018.

13. Arthur Link et al., "United States," *Encyclopædia Britannica,* https://www.britannica.com/place/United-States, accessed 4 April 2018.
14. Sarah E. Baires, "How White Settlers Buried the Truth About the Midwest's Mysterious Mound Cities," Zócalo Public Square, 22 February 2018, http://www.zocalopublicsquare.org/2018/02/22/whitesettlers -buried-truth-midwests -mysterious -mounds/ideas/essay/?xid=PS_smithsonian, accessed 5 April 2018.
15. James M. Harmon et al., "LiDAR for Archaeological Landscape Analysis: A Case Study of Two Eighteenth-Century Maryland Plantation Sites," *American Antiquity*, vol. 71, no. 4 (2006): 649–70, https://doi.org/10.2307/40035883.
16. Mark J. Rochelo et al., "Revealing Pre-Historic Native American Belle Glade Earthworks in the Northern Everglades Utilizing Airborne LiDAR," *Journal of Archaeological Science: Reports*, vol. 2 (2015): 624–43, https://doi.org/10.1016/j.jasrep.2014.11.009.
17. Katharine M. Johnson and William B. Ouimet, "Rediscovering the Lost Archaeological Landscape of Southern New England Using Airborne Light Detection and Ranging (LiDAR)," *Journal of Archaeological Science*, vol. 43 (2014): 9–20, https://doi.org/10.1016/j.jas.2013.12.004.
18. Harmon et al., "LiDAR for Archaeological Landscape Analysis."
19. 根據已知的馬雅文化遺存分布地區面積以及地區內平均森林覆蓋率計算。
20. Adrian S. Z. Chase et al., "LiDAR for Archaeological Research and the Study of Historical Landscapes," *Sensing the Past: From Artifact to Historical Site*, ed. Nicola Masini and Francesco Soldovieri (Cham: Switzerland: Springer International Publishing, 2017), 89–100, https://doi.org/10.1007/978-3 -319-50518-3_4; Arlen Chase et al., "Geospatial Revolution and Remote Sensing LiDAR in Mesoamerican Archaeology," *Proceedings of the National Academy of Sciences*, vol. 109, no. 32 (2012): 12916–21, https://doi.org/10.1073/pnas.1205198109.
21. Tom Clynes, "Exclusive: Laser Scans Reveal Maya 'Megalopolis' Below Guatemalan Jungle," *National Geographic News,* 1 February 2018, https://news.nationalgeographic.com/2018/02/maya-laser-lidar-guatemala-pacunam/, accessed 5 April 2018.
22. 引自二〇一八年十一月七日與法蘭西斯科・艾特拉達－貝利的私人通訊。
23. "Amazon Rainforest," *Encyclopedia Britannica*, 2018, https://www.britannica.com/place/Amazon-Rainforest, accessed 5 April 2018.
24. Evan Andrews, "The Enduring Mystery Behind Percy Fawcett's Disappearance," *History*, 29 May 2015, https://www.history.com/news/explorer-percy-fawcett-disappears-in-the-amazon, accessed 5 April 2018.
25. Michael J. Heckenberger et al., "Amazonia 1492: Pristine Forest or Cultural Parkland?" *Science*, vol. 301, no. 5640 (2003): 1710–14, https://doi.org/10.1126/science.1086112.
26. Michael J. Heckenberger et al., "Pre-Columbian Urbanism, Anthropogenic Landscapes, and the Future of the Amazon," *Science*, vol. 321, no. 5893 (2008): 1214–17, https://doi.

org/10.1126/science.1159769.

27. Martti Pärssinen et al., "Pre-Columbian Geometric Earthworks in the Upper Purús: A Complex Society in Western Amazonia," *Antiquity*, vol. 83, no. 322 (2009): 1084–95, https://doi.org/10.1017/S0003598X00099373.

28. Hiram Bingham, "In the Wonderland of Peru—Rediscovering Machu Picchu," *National Geographic Magazine*, April 1913, https://www.nationalgeographic.com/magazine/1913/04/machu-picchu-peru-inca-hiram-bingham-discovery/, accessed 3 April 2018.

29. Rosa Lasaponara and Nicola Masini, "Facing the Archaeological Looting in Peru by Using Very High-Resolution Satellite Imagery and Local Spatial Autocorrelation Statistics," *Computational Science and Its Applications—ICCSA 2010*, ed. David Taniar et al. (Berlin and Heidelberg: Springer, 2010), 254–61, https://doi.org/10.1007/978-3-642-12156 -2_19.

30. Rosa Lasaponara et al., "New Discoveries in the Piramide Naranjada in Cahuachi (Peru) Using Satellite, Ground Probing Radar and Magnetic Investigations," *Journal of Archaeological Science*, vol. 38, no. 9 (2011): 2031–39, https://doi.org/10.1016/j.jas.2010.12.010.

31. William Neuman and Ralph Blumenthal, "New to the Archaeologist's Toolkit: The Drone," *New York Times*, 13 August 2014, https://www.nytimes.com/2014/08/14/arts/design/drones-are-used-to-patrol-endangered-archaeological-sites.html, accessed 6 April 2018.

32. Terry L. Hunt and Carl P. Lipo, "Late Colonization of Easter Island," *Science*, vol. 311, no. 5767 (2006): 1603–6, https://doi.org/10.1126/science.1121879.

33. Carl P. Lipo and Terry L. Hunt, "Mapping Prehistoric Statue Roads on Easter Island," *Antiquity*, vol. 79, no. 303 (2005): 158–68, https://doi.org/10.1017/S0003598X00113778.

34. Carl P. Lipo et al., "The 'Walking' Megalithic Statues (Moai) of Easter Island," *Journal of Archaeological Science*, vol. 40, no. 6 (2013): 2859–66, https://doi.org/10.1016/j.jas.2012.09.029.

35. Terry Hunt and Carl Lipo, *The Statues That Walked: Unraveling the Mystery of Easter Island* (New York: Simon and Schuster, 2011).

36. Robert DiNapoli et al., "Rapa Nui (Easter Island) monument (*ahu*) locations explained by freshwater sources," *PLOS ONE* (10 January 2019): e0210409, https://doi.org/10.1371/journal.pone.0210409.

37. Terry L. Hunt and Carl Lipo, "The Archaeology of Rapa Nui (Easter Island)," *The Oxford Handbook of Prehistoric Oceania*, ed. Ethan E. Cochrane and Terry L. Hunt (New York: Oxford University Press, 2017), https://doi.org/10.1093/oxfordhb/9780199925070.013.026.

38. Dominic Hosner et al, "Archaeological Sites in China During the Neolithic and Bronze Age," *PANGAEA*, 2016, https://doi.org/10.1594/PANGAEA.860072, supplement to Hosner et al., "Spatiotemporal and Distribution Patterns of Archaeological Sites in China

During the Neolithic and Bronze Age: An Overview," *The Holocene*, https://doi.org/10.1177/0959683616641743.

39. N. K. Hu and X. Li, "Historical Ruins of Remote Sensing Archaeology in Arid Desertified Environment, Northwestern China," *IOP Conference Series: Earth and Environmental Science*, vol. 57, no. 1 (2017), https://doi.org/10.1088/1755-1315/57/1/012028.

40. V. Pawar et al., "Satellite Remote Sensing on the Plains of NW India—The Approaches Used by the Land, Water and Settlement Project," *Proceedings of National Workshop on Space Technology and Archaeology, 29 –30 April 2015* (Haryana Space Applications Centre, Hisar, Haryana, India, 2016), 22–26.

41. Hector A. Orengo and Cameron A. Petrie, "Multi-Scale Relief Model (MSRM): A New Algorithm for the Visualization of Subtle Topographic Change of Variable Size in Digital Elevation Models," *Earth Surface Processes and Landforms*, vol. 43, no. 6 (2018): 1361– 69, https://doi.org/10.1002/esp.4317.

42. Ajit Singh et al., "Counter-Intuitive Influence of Himalayan River Morphodynamics on Indus Civilisation Urban Settlements," *Nature Communications*, vol. 1617, no. 8 (2017), https://doi.org/10.1038/s41467-01701643-9.

43. Paige Williams, "Digging for Glory," *New Yorker*, 27 June 2016, https://www.newyorker.com/magazine/2016/06/27/lee-berger-digs-for-bones-and-glory, accessed 7 April 2018.

44. Shadreck Chirikure et al., "Seen but Not Told: Re-mapping Great Zimbabwe Using Archival Data, Satellite Imagery and Geographical Information Systems," *Journal of Archaeological Method and Theory*, vol. 24, no. 2 (2017): 489–513, https://doi.org/10.1007/s10816016-9275-1.

45. Shadreck Chirikure et al., "Zimbabwe Culture Before Mapungubwe: New Evidence from Mapela Hill, South-Western Zimbabwe," *PLOS ONE* (31 October 2014), https://doi.org/10.1371/journal.pone.0111224.

46. M. G. Meredith-Williams et al., "Mapping, Modelling and Predicting Prehistoric Coastal Archaeology in the Southern Red Sea Using New Applications of Digital-Imaging Techniques," *World Archaeology*, vol. 46, no. 1 (2014): 10–24, https://doi.org/10.1080/00438243.2014.890913; M. G. Meredith-Williams et al., "4200 New Shell Mound Sites in the Southern Red Sea," *Human Exploitation of Aquatic Landscapes*, ed. Ricardo Fernandes and John Meadows, special issue of *Internet Archaeology*, no. 37 (2014), https://doi.org/10.11141/ia.37.2.

47. Enrico Borgogno Mondino et al., "High Resolution Satellite Images for Archeological Applications: The Karima Case Study (Nubia Region, Sudan)," *European Journal of Remote Sensing*, vol. 45, no. 1 (2012): 243–59, https://doi.org/10.5721/EuJRS20124522.

48. Amy Maxmen, "A Race Against Time to Excavate an Ancient African Civilization: Archaeologists in Nubia Are Struggling Against Erosion, Desertification, and Government Plans to Develop the Land," *Atlantic*, 23 February 2018, https://www.theatlantic.com/

science/archive/2018/02/erosion-and-development-threaten-ancient-nubian-sites/554003/, accessed 6 April 2018.

49. David J. Mattingly and Martin Sterry, "The First Towns in the Central Sahara," *Antiquity*, vol. 87, no. 336 (2013): 503–18, https://doi.org/10.1017/S0003598X00049097.

50. Carrie Hirtz, "Contributions of GIS and Satellite-Based Remote Sensing to Landscape Archaeology in the Middle East," *Journal of Archaeological Research*, vol. 22, no. 3 (2014): 229–76, https://doi.org/10.1007/s10814 013 -9072-2.

51. Bjoern H. Menze and Jason A. Ur, "Mapping Patterns of Long-Term Settlement in Northern Mesopotamia at a Large Scale," *Proceedings of the National Academy of Sciences*, vol. 109, no. 14 (2012): E778–87, https://doi.org/10.1073/pnas.1115472109.

52. Warwick Ball and Jean-Claude Gardin, *Archaeological Gazetteer of Afghanistan*, Synthèse, no. 8 (Paris: Éditions Recherche sur les civilisations, 1982).

53. 引自二〇一八年十一月八日與大衛・湯瑪斯的私人通訊。

54. David C. Thomas et al., "The Archaeological Sites of Afghanistan in Google Earth," *AARGnews*, no. 37 (September 2008): 22–30.

55. Andrew Lawler, "Spy Satellites Are Revealing Afghanistan's Lost Empires," *Science*, 13 December 2017, http://www.sciencemag.org/news/2017/12/spy-satellites-are-revealing-afghanistan-s-lost-empires, accessed 2 April 2017.

56. David Kennedy and Robert Bewley, "APAAME: Aerial Photographic Archive for Archaeology in the Middle East," APAAME, http://www.apaame.org/, accessed 4 April 2018.

57. David Kennedy and Robert Bewley, "Aerial Archaeology in Jordan," *Antiquity*, vol. 83, no. 319 (2009): 69–81, https://doi.org/10.1017/S0003598X00098094.

58. "EAMENA: Endangered Archaeology in the Middle East and North Africa," University of Oxford, 2015, www.eamena.org, accessed 31 March 2018.

59. "Mega-Jordan: The National Heritage Documentation and Management System," MEGAJordan, Getty Conservation Institute and World Monuments Fund, 2010, http://www.megajordan.org, accessed 31 March 2018.

60. 我在網站上選取所有遺址類型，搜尋得到六萬八千多筆結果，但有一些跨不同類型或時期的遺址會重複列出。根據直接來自文物部的資訊，資料庫中總共收錄約兩萬七千處遺址。引自二〇一八年四月八日與Stephen Savage的私人通訊。

61. Rosa Lasaponara et al., "On the LiDAR Contribution for the Archaeological and Geomorphological Study of a Deserted Medieval Village in Southern Italy," *Journal of Geophyics and Engineering*, vol. 7, no. 2 (2010): 155, https://doi.org/10.1088/1742-2132/7/2/S01.

62. R. Coluzzi et al., "On the LiDAR Contribution for Landscape Archaeology and Palaeoenvironmental Studies: The Case Study of Bosco dell'Incoronata (Southern Italy),"

Advances in Geosciences, vol. 24 (2010): 125–32, https://doi.org/doi:10.5194/adgeo-24 -125-2010.

63. Paolo Mozzi et al., "The Roman City of Altinum, Venice Lagoon, from Remote Sensing and Geophysical Prospection," *Archaeological Prospection*, vol. 23, no. 1 (2016): 27–44, https://doi.org/10.1002/arp.1520.
64. "Learn the Knowledge of London," Transport for London, https://tfl.gov.uk/info-for/taxis-and-private-hire/licensing/learn-the-knowledge-of-london, accessed 3 April 2018.
65. "ARCHI UK," Archaeological Data Service, ARCHI UK, http://www.archiuk.com/, accessed 1 April 2018.
66. "Lasers Reveal 'Lost' Roman Roads," GOV.UK, 3 February 2016, https://www.gov.uk/government/news/lasers-reveal-lost-roman-roads, accessed 2 April 2018.
67. Maev Kennedy, " 'Millennia of Human Activity': Heatwave Reveals Lost UK Archaeological Sites," *Guardian*, 14 August 2018, https://www.theguardian.com/science/2018/aug/15/millennia-of-human-activity-heatwave-reveals-lost-uk-archaeological-sites, accessed 8 November 2018.
68. Erwin Meylemans et al., "It's All in the Pixels: High-Resolution Remote-Sensing Data and the Mapping and Analysis of the Archaeological and Historical Landscape," *Internet Archaeology*, vol. 43 (2017), https://doi.org/10.11141/ia.43.2.
69. Nick Allen, "1,000-Year-Old Fishing Trap Found on Google Earth," *Telegraph*, 16 March 2009, https://www.telegraph.co.uk/news/newstopics/howaboutthat/5000835/1000-year-old-fishing-trap-found-on-Google-Earth.html, accessed 7 April 2018.
70. Laura Rocchio, "Satellites and Shipwrecks: Landsat Satellite Spots Foundered Ships in Coastal Waters," NASA, 11 March 2016, https://www.nasa.gov/feature/goddard/2016/landsat-spots-shipwrecks-in-coastal-waters, accessed 5 April 2018.
71. "Drones Seek Out Lost Shipwrecks Below Lake Huron." *DroneDeploy* (blog), 20 September 2017, https://blog.dronedeploy.com/drones-seek-out-lost-shipwrecks-below-lake-huron-1420f8b407b4, accessed 5 April 2018.
72. "Trident Underwater Drone," OpenROV, https://www.openrov.com/, accessed 4 April 2018.
73. Toshiko Kaneda and Carl Haub, "How Many People Have Ever Lived on Earth?" Population Reference Bureau, https://www.prb.org/howmanypeoplehaveeverlivedonear th/, accessed 7 April 2018.
74. Richard Gray, "How Can We Manage Earth's Land?" BBC Futurenow, 29 June 2017, http://www.bbc.com/future/story/20170628-how-to-best-manage-earths-land, accessed 7 April 2018.

第七章　帝國覆滅

1. David Jeffreys and Ana Tavares, "The Historic Landscape of Early Dynastic

Memphis," *Mitteilungen des Deutschen Archäologischen Instituts Abteilung Kairo,* vol. 50 (1994): 143–73.

2. I. E. S. Edwards, *The Pyramids of Egypt*, 5th ed. (New York: Harmondsworth, 1993).
3. Mark Lehner, *The Complete Pyramids* (London: Thames and Hudson, 1997), 115.
4. 關於舊王國時期行政的全面性綜論，見Klaus Baer, *Rank and Title in the Old Kingdom: The Structure of the Egyptian Administration in the Fifth and Sixth Dynasties* (Chicago: University of Chicago Press, 1960)。
5. James P. Allen, *The Ancient Egyptian Pyramid Texts* (Atlanta: Society of Biblical Literature Press, 2015).
6. Gregory Mumford, "Tell Ras Budran (Site 345): Defining Egypt's Eastern Frontier and Mining Operations in South Sinai During the Late Old Kingdom (Early EB IV/MB I)," *Bulletin of the American Schools of Oriental Research,* no. 342 (May 2006): 13–67; Gregory Mumford, "Ongoing Investigations at a Late Old Kingdom Coastal Fort at Ras Budran in South Sinai," *Journal of Ancient Egyptian Interconnections*, vol. 4, no. 4 (2012): 20–28, https://doi.org/10.2458/azu_ jaei_v04i4_mumford.
7. 考古學家已指出在多處廢丘發現舊王國時期陶器碎片，包括阿巴西亞廢丘（Tell Abassiya）、哈狄丁廢丘（Tell Haddidin）、北伊士維廢丘（Tell Iswid North）、南伊士維廢丘（Tell Iswid South）、哈桑寧廢丘（Tell Hasanin）、烏姆札亞廢丘（Tell Umm el Zayat）、馬夏拉廢丘（Tell Mashala）、艾赫代廢丘（Tell el-Akhdar）、德德爾廢丘（Tell Dirdir）及耶里爾廢丘（Tell Gherir）(Edwin C. M. van den Brink et al., "A GeoArchaeological Survey in the East Delta, Egypt: The First Two Seasons, a Preliminary Report," *Mitteilungen des Deutschen Archäologischen Instituts Abteilung Kairo*, vol. 43 [1987]: 4–31; Edwin C. M. van den Brink et al., "The Amsterdam University Survey Expedition to the East Nile Delta [1984–1986]," *The Archaeology of the Nile Delta: Problems and Priorities*, ed. Edwin van den Brink [Amsterdam: Netherlands Foundation for Archaeological Research in Egypt, 1988], 65–114)；迪巴廢丘（Tell Diba）和法卡廢丘（Tell Farkha）Jean Leclant and Anne Minault-Gout, "Fouilles et travaux en Égypte et au Soudan, 1997–1998. Seconde partie," *Orientalia*, vol. 69 [2000]: 141–70); Abu Daoud (Marek Chlodnicki et al., "The Nile Delta in Transition: A View from Tell el-Farkha," *The Nile Delta in Transition, 4th–3rd Millennium B.C. Proceedings of the Seminar Held in Cairo, 21–24 October 1990, at the Netherlands Institute of Archaeology and Arabic Studies*, ed. Edwin C. M. van den Brink [Tel Aviv: Edwin C. M. van den Brink, 1992], 171–90)；以及法哈島（Geziret el-Faras）(Van den Brink et al., "A Geo-Archaeological Survey in the East Delta, Egypt," 20; Van den Brink et al., "The Amsterdam University Survey Expedition to the East Nile Delta [1984–1986]"）。在易卜拉欣阿瓦德廢丘發現一個舊王國聚落、墓地以及神殿堆積層的證據(Willem M. van Haarlem, "Temple Deposits at Tell Ibrahim Awad II—An Update," *Göttinger Miszellen*, vol. 154 [1996]: 31–34)。門德斯有一處面積十五萬平方英里的大型墓地，以及一處聚落和大型神殿建築群(Donald B. Redford, *Excavations at Mendes: Volume I. The Royal Necropolis* [Leiden: Brill, 2004]; Donald B. Redford, *City of the Ram-*

Man: The Story of Ancient Mendes [Princeton, NJ: Princeton University Press, 2010])。經過調查，在塔哈廢丘（Tell Tarha）、穆塞亞廢丘（Tell Museya）、嘉巴廢丘（Tell Gabar）和夏盧法廢丘等數處先前未有紀錄的遺址發掘出舊王國陶器。特彼拉廢丘的舊王國時期地層因為當地興建濾水廠而遭隱蔽，但也有陶器碎片因施工關係獲得移地保護(Gregory Mumford, "The First Intermediate Period: Unravelling a 'Dark Age' at Mendes and Tell Tebilla," *Akhenaten Temple Project Newsletter*, no. 1 [2000]: 3–4)。在法吉廢丘（Tell Fagi）、艾因廢丘（Tell el-Ein）(Van den Brink et al., "A Geo-Archaeological Survey in the East Delta, Egypt," 25)以及瑪拉廢丘（Tell Mara）(Van den Brink et al., "The Amsterdam University Survey Expedition to the East Nile Delta [1984–1986]")皆發現舊王國陶器碎片。在卡菲尼格墓地遺址（Kufr Nigm）的發掘單位中可看見大範圍結構物(Mohammed I. Bakr, "The New Excavations at Ezbet et-Tell, Kufr Nigm: The First Season [1984]," in Van den Brink, *The Archaeology of the Nile Delta: Problems and Priorities*, 49–62)。

8. Gregory Mumford, *The Late Old Kingdom to First Intermediate Period Settlement at Tell er-Ru'ba (Mendes)* (forthcoming).
9. 載於二〇〇三年地表調查報告。
10. Van den Brink et al., "A Geo-Archaeological Survey in the East Delta, Egypt," 20.
11. Willem van Haarlem, "Tell Ibrahim Awad," *Egyptian Archaeology*, vol. 18 (2001): 33–35.
12. 關於古埃及所用材料的全面性研究，見Paul T. Nicholson and Ian Shaw, eds., *Ancient Egyptian Materials and Technologies* (Cambridge: Cambridge University Press, 2009).
13. Rushdi Said, *Geological Evolution of the Nile Valley* (New York: Springer, 1988), 1–7.
14. Rushdi Said, *The River Nile: Geology, Hydrology and Utilization* (Oxford and New York: Pergamon Press, 1993), 1–7.
15. Gregory Mumford, "New Investigations at Tell Tebilla in the Mendesian Nome," *Akhenaten Temple Project Newsletter*, vol. 2 (2000): 1–3.
16. 在尼羅河三角洲或河谷任何一處聚落遺址鑽取土芯，鑽得夠深，就會碰到沙，因為古埃及人是在稱為「gezirah」或「龜背地形」（turtleback）的沙丘上聚居。龜背地形的形成與更新世（Pleistocene）晚期的冰河作用有關，但形成的確切年代尚不可考。在更新世晚期（西元前三八〇〇〇～一二〇〇〇年），副極地的冰河融化，造成地中海海平面上升超過一百公尺，埃及海岸線與現代相比向陸地推進了五十公尺。從海岸線到今日的拉希納村（Mit Rahina）之間陸地的海拔高度增加了超過二十五公尺，而這塊斜坡地面受到上漲的海水不斷侵蝕，尼羅河河水則挾帶大量沖積物至下游，最後形成潟湖。尼羅河三角洲諸多聚落所在的龜背地形，就是在更新世晚期三角洲部分受到侵蝕，而海平面在先前上升之後又逐漸下降才開始形成。卡爾·布策爾（Karl Butzer）在三角洲從亞歷山卓到塞德港等多地深鑽取得土芯樣本。在現今的地表以下十公尺處，可找到舊石器時代晚期文化的相關證據。Karl W. Butzer, "Geoarchaeological Implications of Recent Research in the Nile Delta," *Egypt and the Levant: Interrelations from the 4th Through Early 3rd Millennium BCE*, ed.

Edwin C. M. van den Brink and Thomas Evan Levy (London: Leicester University Press, 2002), 83–97.

17. Lehner, *Complete Pyramids*, 115.

18. John Coleman Darnell, "The Message of King Wahankh Antef II to Khety, Ruler of Heracleopolis," *Zeitschrift für ägyptische Sprache und Altertumskunde*, vol. 124, no. 2 (1997): 101–8.

19. Detlef Franke, "The Career of Khnumhotep III of Beni Hasan and the So-called 'Decline of the Nomarchs,'" *Middle Kingdom Studies*, ed. Stephen Quirke (New Malden, Δ255Surrey: SIA Publishing, 1991), 51– 67; Labib Habachi, *Elephantine IV. The Sanctuary of Heqaib*, Deutsches Archäeologisches Institut, Abteilung Cairo, Archäeologische Veröffentlichungen, 33 (Mainz: Phillip von Zabern, 1985); Percy Newberry, *El Bersheh, Part I (The Tomb of Tehuti-hetep)* (London: The Egypt Exploration Fund, 1895, 33; repr. Phillip von Zabern: Mainz, 1985); P. Newberry, *El-Berhseh I The Tomb of Djeutyhetep* (London, 1895).

20. Jaromir Malek, "The Old Kingdom (ca. 2686–2160 BC)," *The Oxford History of Ancient Egypt*, ed. Ian Shaw (Oxford: Oxford University Press, 2000), 89–117; Stephan Seidlmayer, "First Intermediate Period (ca. 2160–2055 BC)," in Shaw, *Oxford History of Ancient Egypt*, 118–47.

21. Malek, "The Old Kingdom (ca. 2686–2160 BC)."

22. Barbara Bell, "Climate and the History of Egypt: The Middle Kingdom," *American Journal of Archaeology*, vol. 79, no. 3 (1975): 223–69, https://doi.org/10.2307/503481; Barbara Bell, "The Dark Ages in Ancient History. I. The First Dark Age in Egypt," *American Journal of Archaeology*, vol. 75, no. 1 (1971): 1–26, https://doi.org/10.2307/503678; Barbara Bell, "The Oldest Record of the Nile Floods," *Geographical Journal*, vol. 136, no. 4 (1970): 569–73; Harvey Weiss and Raymond S. Bradley, "What Drives Societal Collapse?" *Science*, vol. 291, no. 5504 (2001): 609–10, https://doi.org/10.1126/science.1058775; Fekri Hassan, "The Fall of the Egyptian Old Kingdom," BBC, 2011, http://www.bbc.co.uk/history/ancient/egyptians/apocalypse_egypt_01.shtml, accessed 5 May 2018; Kent R. Weeks, *The Illustrated Guide to Luxor* (Cairo: American University in Cairo Press, 2005), 35.

23. Said, *River Nile: Geology, Hydrology and Utilization*, 165.

24. Weiss and Bradley, "What Drives Societal Collapse?" 609–10.

25. Françoise Gasse, "Hydrological Changes in the African Tropics Since the Last Glacial Maximum," *Quaternary Science Reviews*, vol. 19, nos. 1–5 (2000): 189–212, https://doi.org/10.1016/S0277-3791(99)00061-X.

26. Michael D. Krom et al., "Nile River Sediment Fluctuations over the Past 7000 Yrs and Their Key Role in Sapropel Development," *Geology*, vol. 30, no. 1 (2002): 71–74, https://doi.org/10.1130/0091-7613(2002)030 < 0071:NRSFOT>2.0.CO;2.

27. Said, *River Nile: Geology, Hydrology and Utilization*, chapter 5.

28. Joe Morrissey and Mary Lou Guerinot, "Iron Uptake and Transport in Plants: The Good, the Bad, and the Ionome," *Chemical Reviews*, vol. 109, no. 10 (2009): 4553–67, https://doi.org/10.1021/cr900112r.
29. Jean-Daniel Stanley et al., "Short Contribution: Nile Flow Failure at the End of the Old Kingdom, Egypt: Strontium Isotopic and Petrologic Evidence," *Geoarchaeology*, vol. 18, no. 3, (2003): 395–402, https://doi.org/10.1002/gea.10065.
30. Thomas von der Way, *Tell el-Fara'in/Buto I*, Archäologische Veröffentlichungen (Deutsches Archäologisches Institut. Abteilung Kairo), 83 (Mainz: Philip Von Zabern, 1997); Thomas von der Way, "Excavations at Tell el-Fara'in/Buto in 1987–1989," in Van den Brink, *Nile Delta in Transition*, 1–10.
31. 關於布陀遺址年代的詳細綜述，見von der Way, *Tell el-Fara'in/Buto I.*
32. Lisa Giddy and David Jeffreys, "Memphis 1991," *Journal of Egyptian Archaeology*, vol. 78 (1992): 1–11, https://doi.org/10.2307/3822063.
33. Nicole Alexanian and Stephan Johannes Seidelmeyer, "Die Residenznekropole von Daschur Erster Grabungsbericht," *Mitteilungen des Deutschen Archäologischen Instituts, Abteilung Kairo,* vol. 58 (2002): 1–29.
34. William Ellis, "Africa's Sahel: The Stricken Land," *National Geographic Magazine*, August 1987, 140–79.
35. Harvey Weiss, "Beyond the Younger Dryas," *Environmental Disaster and the Archaeology of Human Response*, ed. Garth Bawden and Richard Martin Reycraft, Maxwell Museum of Anthropology, Anthropological Papers no. 7 (Albuquerque: University of New Mexico, 2000), 75–98. 研究以色列猶太丘陵（Judean hills）押沙龍鐘乳石洞（Soreq Cave；亦稱Avshalom Cave）的沉積物發現，在距今四千兩百年到四千年之間，降雨量減少了百分之二十到三十。(See Miryam BarMatthews et al., "Late Quaternary Paleoclimate in the Eastern Mediterranean Region from Stable Isotope Analysis of Speleothems at Soreq Cave, Israel," *Quaternary Research*, vol. 47, no. 2 [1997]: 155–68, https://doi.org/10.1006/qres.1997.1883.) 在巴勒斯坦發現早期青銅器時代第四期（Early Bronze IV；西元前二二五〇～二〇〇〇年）的遺址遭到荒棄。考古學家在敘利亞的雷蘭廢丘（Tell Leilan）發現厚一公尺的荒瘠淤泥層，其年代與舊王國結束後的時期相符，和鑽取自特彼拉廢丘的一個土芯樣本所呈現的非常相似。(See H. Weiss et al., "The Genesis and Collapse of Third Millennium North Mesopotamian Civilization," *Science*, vol. 261, no. 5124 [1993]: 995–1004, https://doi.org/10.1126/science.261.5124.995; Larry A. Pavlish, "Archaeometry at Mendes: 1990–2002," *Egypt, Israel and the Ancient Mediterranean World: Studies in Honor of Donald B. Redford*, ed. Gary N. Knoppers and Antoine Hirsch, Problem der Ägyptologie series, vol. 20 [Leiden: Brill, 2004], 61–112.) 在敘利亞和伊拉克發現的證據指出，阿卡德帝國的滅亡時間是在西元前二一七〇年左右，或距今四千一百七十年前後一百五十年。在土耳其境內、裏海和黑海之間有一座凡湖（Lake Van），考古學家在此蒐集到兩萬年來沉積的淤泥和黏土層的每年泥層紀錄。這種

泥層稱為「紋泥」(varve),從中通常可得知靜止水體的沉積循環相關資訊。凡湖的紋泥告訴我們,懸浮塵土在西元前二二九〇~二〇〇〇年間曾五次變多,另外也顯示湖水水位下降,且橡樹花粉減少,而風成石英顆粒沉積物則增加了—這是乾旱時期會發生的現象。(See Gerry Lemcke and Michael Sturm, " δ 18o and Trace Element Measurements as Proxy for the Reconstruction of Climate Changes at Lake Van [Turkey]: Preliminary Results," *Third Millennium B.C. Climate Change and Old World Collapse*, NATO ASI Series I, Global Environmental Change, vol. 49, ed. H. Nüzhet Dalfes et al. [Berlin: Springer, 1997], 653–78.) 看看東方的例子,印度一項研究分析印度河三角洲沉積物的土芯樣本,發現浮游生物體內的氧同位素比值在大約四千兩百年前出現劇烈變化,表示季風帶來的雨量減少。(See M. Staubwasser et al., "Climate Change at the 4.2 ka BP Termination of the Indus Valley Civilization and Holocene South Asian Monsoon Variability," *Geophysical Research Letters*, vol. 30, no. 8 [2003]: 1425, https://doi.org/10.1029/2002GL016822.)

36. Staubwasser et al., "Climate Change at the 4.2 ka BP Termination of the Indus Valley," 1425.
37. Donald B. Redford, "Mendes & Environs in the Middle Kingdom," *Studies in Honor of William Kelly Simpson*, vol. 2, ed. Peter Der Manuelian (Boston: Museum of Fine Arts, 1996), 679–82.
38. Peter deMenocal, "Cultural Responses to Climate Change During the Late Holocene," *Science*, vol. 292, no. 5517 (2001): 667–73, https://doi.org/10.1126/science.1059287; H. M. Cullen et al., "Climate Change and the Collapse of the Akkadian Empire: Evidence from the Deep Sea," *Geology*, vol. 28, no. 4 (2000): 379–82, https://doi.org/10.1130/0091-7613(2000)28 <379:CCATCO>2.0.CO;2.
39. John Baines and Jaromir Malek, *Atlas of Ancient Egypt* (New York: Facts on File, 1984).
40. Van Haarlem, "Tell Ibrahim Awad," 33–35. 在這處遺址的墓地發現的遺存,是生活在舊王國末期到第一中間時期初期的古埃及人所留。Delia L. Phillips et al., "Bioarchaeology of Tell Ibrahim Awad," Ägypten und Levante / Egypt and the Levant, vol. 19 (2009): 157–210.
41. Jacques Vandier, *Mo'alla: La tombe d'Ankhtifi et la tombe de Sébekhotep* (Cairo: l'Institut français d'archéologie orientale, 1950); Miriam Lichtheim, *Ancient Egyptian Autobiographies Chiefly of the Middle Kingdom* (Göttingen: Vandenhoek and Ruprecht, 1988), 23–26; Miriam Lichtheim, *Ancient Egyptian Literature. Volume I: The Old and Middle Kingdoms* (Berkeley: University of California Press, 2006).

銘文之一: 司酒總管艾德符的梅勒(Merer of Edfu)言道:「凡是去到乾旱之地,我必埋葬亡者並滋養生者。我封閉城鎮鄉村所有田地土墩,以免灌溉水源流入外人田地,可敬公民應如是,自家人方得享游水之福。」(See Lichtheim, *Ancient Egyptian Literature. Volume I: The Old and Middle Kingdoms*, 87.) 話中直接提及乾旱,他所說「封閉田野」指的是預防帶來生機的洪水從同一省分鄉親的田地流洩出去。如果他沒有這麼做,洪水會流走並灌溉其他省分的作物。

銘文之二：司庫印由圖的伊提（Iti of Imyotru）〔印由圖在盧克索向南三十公里處，今基波林（Gebelein）附近〕解釋道：「我在連年苦難時滋養印由圖。縱然四百個男人生活艱苦，我不曾強擄任何一人的女兒或是強占誰的田地。」(See Lichtheim, *Ancient Egyptian Literature. Volume I: The Old and Middle Kingdoms*, 88.) 從伊提話中可知，「苦難」不只一年，而是連續多年。我們無從得知這番話的確切意思，但當時很明顯民不聊生。

銘文之三：在紀念管家寇普特的賽尼西（Senisi of Coptus）〔寇普特即今古夫特，在盧克索往北三十公里處〕的石碑上刻有以下字句：「在困厄苦痛的數年間，我在爵主暨大祭司傑斐的大門口，秤量上埃及的大麥分配給全城鎮人民作為糧食。」(See Lichtheim, *Ancient Egyptian Literature. Volume I: The Old and Middle Kingdoms*, 89.) 在此我們再次看到指涉連年災荒的碑銘文字。此例中，人民需要領取配給的大麥才能維生，足見當時面臨飢荒。

銘文之四：省長亨古（Nomarch Henqu）的自傳銘文中述及：「我也將來自其他省的人民重新安頓於此省蕭條的城鎮。」(See Lichtheim, *Ancient Egyptian Literature. Volume I: The Old and Middle Kingdoms*, 89.) 這些城鎮可能因為疫病、飢荒或戰爭而蕭條，因此有來自其他省的人遷入，在在顯示當時動盪不安。

銘文之五：一位名為赫提（Khety）的省長自傳中提到：「我為此城鎮開闢人工水道，此時上埃及陷入困境，放眼望去乾涸無水。我封堵邊界……將高地化為濕沼。我讓洪水淹沒老舊丘墩。當街坊社區陷入乾渴，我讓耕地有水淹過。」(See Lichtheim, *Ancient Egyptian Autobiog- raphies*, 23–24.) 這段話清楚證明了有一場旱災，而省長利用闢建運河和築堤等創新技術留住氾濫的洪水，基本上就是治理氾濫平原有成。

銘文之六：司庫奈夫尤（Neferyu）的門碑銘文：「我在『勒緊褲帶』的年頭滋養大眾。」(See Lichtheim, *Ancient Egyptian Autobiographies*, 26–27.) 伴隨乾旱而來的可能是整年糧食歉收，這是另一項在第一中間時期至少曾有一年大旱的證據。

銘文之七：莫阿拉的安克提飛陵墓（就位在盧克索郊外）刻有：「上埃及全境民不聊生，但我並未讓本省的任何人淪為餓殍……全國人民有如蝗蟲一般，從上游到下游四處覓食。」埃及學家認為類似這篇及其他銘文實際上並不如字面上那麼嚴重（見Stephan Seidlmayer, "First Intermedi- ate Period [ca. 2160–2055 BC]"），理由是安克提飛只是複製其他墓主的銘文而且誇大渲染。安克提飛的墓誌銘也提到古埃及人食子之肉，大多數埃及學家認為不足採信。安克提飛的墓銘套用了與其他陵墓銘文類似的制式文字，但也進一步發揮。由於發生乾旱，安克提飛很驕傲地告訴後代子孫，他並未讓省內人民挨餓。正規的制式敘述於是呈現完全不同的意義：安克提飛在民生困頓時期履行省長的監管職責，展現了優秀的領導能力。

42. Edward Brovarski, "Ahanakht of Bersheh and the Hare Nome in the First Intermediate

Period and Middle Kingdom," *Studies in Ancient Egypt, the Aegean, and the Sudan: Essays in Honor of Dows Dunham on the Occasion of his 90th birthday, June 1, 1980*, ed. William Kelly Simpson and Whitney M. Davis (Boston: Museum of Fine Arts, 1981), 14–30.

43. Brovarski, "Ahanakht of Bersheh and the Hare Nome in the First Intermediate Period and Middle Kingdom."

第八章　古都首現

1. 我最喜歡的一本中王國歷史書籍：My favorite history of the Middle Kingdom is Wolfram Grajetzki, *The Middle Kingdom of Ancient Egypt* (London: Gerald Duckworth, 2006)。
2. Grajetzki, *Middle Kingdom of Ancient Egypt*, 19.
3. Grajetzki, *Middle Kingdom of Ancient Egypt*, 19–23.
4. Grajetzki, *Middle Kingdom of Ancient Egypt*, 28.
5. 關於此遺址的概述，見William Kelly Simpson, "Lischt," *Lexikon der Ägyptologie*, vol. 3, ed. Wolfgang Helck and Wolfhart Westendorf (Wiesbaden: Otto Harrassowitz, 1979), 1058–61。
6. Dieter Arnold, *The Pyramid Complex of Amenemhat I at Lisht: The Architecture*, Egyptian Expedition Publications of the Metropolitan Museum of Art, vol. 29 (New York: Metropolitan Museum of Art, 2015).
7. Grajetzki, *Middle Kingdom of Ancient Egypt*, 29–32.
8. Dieter Arnold and Peter Jánosi, "The Move to the North: Establishing a New Capital," *Ancient Egypt Transformed: The Middle Kingdom*, ed. Adela Oppenheim et al. (New York: Metropolitan Museum of Art, 2015), 54–67. This co-regency is debated, though. See Grajetzki, *Middle Kingdom of Ancient Egypt*, 33.
9. Arnold and Jánosi, "The Move to the North," 54–67; Grajetzki, *Middle Kingdom of Ancient Egypt*, 55.
10. William Kelly Simpson, *The Literature of Ancient Egypt: An Anthology of Stories, Instructions, Stelae, Autobiographies, and Poetry*, 3rd ed. (New Haven, CT: Yale University Press, 2003), 54–66.
11. See Dieter Arnold, *The South Cemeteries of Lisht, Volume III: The Pyramid Complex of Senwosret I*, Egyptian Expedition Publications of the Metropolitan Museum of Art, vol. 25 (New York: Metropolitan Museum of Art, 1992); Dieter Arnold, *The South Cemeteries of Lisht, Volume I: The Pyramid of Senwosret I*, Egyptian Expedition Publications of the Metropolitan Museum of Art, vol. 22 (New York: Metropolitan Museum of Art, 1988).
12. Wolfram Grajetzki, *Court Officials of the Egyptian Middle Kingdom* (London: Gerald Duckworth, 2009), 132–33.

13. 見於赫努霍特普二世（Khnumhotep II）的陵墓：Naguib Kanawati and Linda Evans, *Beni Hasan, Volume 1: The Tomb of Khnumhotep II*, The Australian Centre for Egyptology, Report 36 (Oxford: Aris and Phillips, 2014).

14. 中埃及文綜論見：James P. Allen, *Middle Egyptian: An Introduction to the Language and Culture of Hieroglyphs* (Cambridge: Cambridge University Press, 2000); Mark Collier and Bill Manley, *How to Read Egyptian Hieroglyphs: A Step-by-Step Guide to Teach Yourself*, rev. ed. (Berkeley: University of California Press, 2003); Richard B. Parkinson, "The Impact of Middle Kingdom Literature: Ancient and Modern," in Oppenheim et al., *Ancient Egypt Transformed*, 180–87。

15. R. B. Parkinson, *Voices from Ancient Egypt: An Anthology of Middle Kingdom Writings*, Oklahoma Series in Classical Culture, vol. 9 (Norman: University of Oklahoma Press, 1991), 5–6.

16. 伊契塔威綜論見：Grajetzki, *Middle Kingdom of Ancient Egypt*, 29–31。

17. 或許不是老少咸宜的讀物：Wolfram Grajetzki, *Burial Customs in Ancient Egypt: Life in Death for Rich and Poor* (London: Gerald Duckworth, 2003)。

18. Dieter Arnold, *Middle Kingdom Tomb Architecture at Lisht*, Egyptian Expedition Publications of the Metropolitan Museum of Art, vol. 28 (New York: Metropolitan Museum of Art, 2008).

19. 無論舊王國或中王國金字塔群，周圍及附近仍有各式各樣、數量不等的泥磚坡道存留至今，見：Dieter Arnold, *Building in Egypt: Pharaonic Stone Masonry* (Oxford: Oxford University Press, 1991), 81–90。

20. 中王國時期挖採硬質和軟質石材的採石場主要集中在東部沙漠，但也有幾座位在西部沙漠。見Barbara G. Aston et al., "Stone," *Ancient Egyptian Materials and Technology*, ed. Paul T. Nicholson and Ian Shaw (Cambridge: Cambridge University Press, 2000), 5–77, esp. 8–15, figs. 2.1–2 maps, table 2.1；採石場相關研究參見Rosemarie Klemm and Dietrich D. Klemm, *Stones and Quarries in Ancient Egypt*, trans. and ed. Nigel Strudwick (London: British Museum Press, 2008)。

21. See Arnold, *South Cemeteries of Lisht, Volume I: The Pyramid of Senwosret I*, 14.

22. Felix Arnold, "Settlement Remains at Lisht-North," *House and Palace in Ancient Egypt: International Symposium in Cairo, April 8 to 11, 1992*, vols. 1 and 2, ed. Manfred Bietak, Österreichische Akademie der Wissenschaften, Denkschriften der Gesamtakademie, vol. 14 (Vienna: Österreichische Akademie der Wissenschaften, 1996), 13–21.

23. "Necklace of Sithathoryunet," Metropolitan Museum of Art, https://www.metmuseum.org/art/collection/search/545532, accessed 5 May 2018; Wolfram Grajetzki, *Tomb Treasures of the Late Middle Kingdom: The Archaeology of Female Burials* (Philadelphia: University of Pennsylvania Press, 2014), 36–45.

24. "Amenemhet and Khnumhotep II at Beni Hasan," in Simpson, *Literature of Ancient Egypt*,

418–24.

25. 雖然權力中心在第二中間時期（約西元前一六四八～一五四〇年）從伊契塔威移往三角洲東北部，在伊契塔威可能仍有人居住。如此推測是因為皮耶勝利紀念碑（Victory Stele of Piye）上的銘文提到伊契塔威，這塊現藏於開羅埃及博物館的石板是第十二王朝時期留下，當時與定都伊契塔威的年代相隔已有一千一百年。不過也不能完全肯定，因為石碑銘文所指的可能不是舊首都，也可能是另一個城市或泛指整個地區。

26.「白城牆」（Inbu-Hedj）一詞指的是法老統治時期的孟菲斯。Steven Snape, *The Complete Cities of Ancient Egypt* (London: Thames and Hudson, 2014), 170; see also Nadine Moeller, *The Archaeology of Urbanism in Ancient Egypt, From the Predynastic Period to the End of the Middle Kingdom* (Cambridge: Cambridge University Press, 2016), 158–60.

27. 考古研究發現，中王國許多由政府建立的社區以及一些有機形成聚落部分區域的遺跡現象中，多層樓房屋（相對於屋頂進出的房屋）的證據較少，不同於一些中王國早期的「靈魂之屋」（soul house）模型（Aikaterini Koltsida, *Social Aspects of Ancient Egyptian Domestic Architecture*, British Archaeological Reports International Series, book 1608 [Oxford: Archaeopress, 2007], pls. 11–15），也不同於新王國及其後包括古埃及後期多層樓房模型在內之時期的房屋（Dieter Arnold, *The Encyclopedia of Ancient Egyptian Architecture* [Princeton, NJ: Princeton University Press, 2003], 112）。在拉罕（房屋的樓梯多半與穀倉相連）、象島（可能為樓房的建築物H84；房屋H70和H93）、達卜亞廢丘（Tell el-Dab'a）宮殿建築群、北利什特（Houses A 1.3和A 3.3）等多地很多房屋中，皆發現有樓梯間和其他遺跡現象，暗示屋子可能有二樓，但尚未證實（Moeller, *Archaeology of Urbanism in Ancient Egypt*, 285, 311, 314, fig. 8.44, 336–37, 341, 352–55, fig. 9.10, 361–64, figs. 9.18–19, 370；另見Stephen Quirke, *Egyptian Sites: Lahun. A Town in Egypt 1800 B.C., and the History of Its Landscape* [London: Golden House Publications, 2005], 49）。

28. Percy Newberry, *El Bersheh, Part I: The Tomb of Tehuti-hetep* (London: Egypt Exploration Fund, 1895).

29. Sarah Parcak et al., "Satellite Evidence of Archaeological Site Looting in Egypt: 2002– 2013," *Antiquity*, vol. 90, no. 349 (2016): 185–205, https://doi.org/10.15184/aqy.2016.1.

30. 見於阿瑪納廢丘鑿入岩石而建的墳墓。見Norman de Garis Davies, *The Rock Tombs of el Amarna* (London: Egypt Exploration Fund, 1903)。

31. 不過這處墓地目前僅有極少座墳墓經過發掘。見Wolfram Grajetzki, "Multiple Burials in Ancient Egypt to the End of the Middle Kingdom," *Life and Afterlife in Ancient Egypt During the Middle Kingdom and Second Intermediate Period*, ed. Silke Grallert and Wolfram Grajetzki, GHP Egyptology 7 (London: Golden House Publications, 2007), 16–34。

32. 關於另一例設有泥磚堤道的陵墓，見Alexander Badawy, *A History of Egyptian Architecture, Volume 2: The First Intermediate Period, the Middle Kingdom, and the Second Intermediate Period* (Berkeley: University of California Press, 1966), 152, fig. 59; and at Lisht,

Grajetzki, *Tomb Treasures of the Late Middle Kingdom*, 18, fig. 2。

33. 關於古埃及繪畫及藝術風格綜論，見W. Stevenson Smith, *The Art and Architecture of Ancient Egypt*, rev. with additions by William Kelly Simpson (New Haven, CT: Yale University Press, 1998)。

34. Oppenheim et al., *Ancient Egypt Transformed*一書中收錄多件中王國繪畫作品。

35. 關於這兩個頭銜及其他的中王國頭銜討論，見Henry George Fischer, *Egyptian Titles of the Middle Kingdom: A Supplement to Wm. Ward's Index,* 2nd ed., rev. and augmented (New York: Metropolitan Museum of Art, 1997).

36. See Collier and Manley, *How to Read Egyptian Hieroglyphs*, 41; and Grajetzki, *Court Officials of the Egyptian Middle Kingdom*, 101.

37. See Ingrid Melandri, "Female Burials in the Funerary Complexes of the Twelfth Dynasty: An Architectonic Approach," *The World of Middle Kingdom Egypt (2000–1550 BC), Volume II: Contributions on Archaeology, Art, Religion, and Written Records*, ed. Gianluca Miniaci and Wolfram Grajetzki, Middle Kingdom Studies, book 2 (London: Golden House Publications, 2016), 161–79.

38. 關於埃及中王國平民、軍人、祭司、菁英階層、王室及外國人所穿短裙等衣裳類型的討論，見Philip J. Watson, *Costume of Ancient Egypt*, Costume Reference (London: B. T. Batsford, 1987), 12–17, 30, 39–40, 47–48, 51, 55。

39. 古埃及婦女的陵墓很少設有個人專屬的祭堂，但仍有一些設有祭堂的例子，例如中王國一位宰相英特費克（Intefiqer）就在底比斯為其母賽妮特（Senet）修築了一座有祭堂的墳墓(Gay Robins, Women in Ancient Egypt [Cambridge, MA: Harvard University Press, 1993], 100, 165)；在古埃及社會、銘文（例如中王國時期文本《杜亞·赫提教子文》〔Teaching of Duaf's son Khety〕）以及男性居主導地位的喪葬場合，皆可看到為人母者普遍備受尊崇(Robins, Women in Ancient Egypt, 106–7)。

40. See Janine Bourriau, *Pharaohs and Mortals: Egyptian Art in the Middle Kingdom,* Fitzwilliam Museum Publications (Cambridge and New York: Cambridge University Press, 1998), 144, pl. 149.

41. Carol Andrews, *Amulets of Ancient Egypt* (London: British Museum Press, 1994).

42. Janet Richards, *Society and Death in Ancient Egypt: Mortuary Landscapes of the Middle Kingdom* (Cambridge: Cambridge University Press, 2005), 196–97, E830 N 780 Burial 9, fig. 97.

43. Aidan Dodson and Salima Ikram, *The Tomb in Ancient Egypt: Royal and Private Sepulchres from the Early Dynastic Period to the Romans* (Cairo: American University in Cairo Press, 2008), 36–38.

第九章 過去的將來

1. Christine Finn, "Recreating the Sounds of Tutankhamun's Trumpets," BBC News, 18 April

2011, http://www.bbc.com/news/world-middle-east-13092827, accessed 9 March 2018.

2. Brad Jones, "We Just Discovered One of Our Closest Earth-Like Planets Ever," *Futurism*, 15 November 2017, https://futurism.com/discovered-closest-earth-like-planets/, accessed 10 March 2018.

3. "Number of Smartphone Users Worldwide from 2014 to 2020 (in Billions)," Statista, the Statistics Portal, 2016, https://www.statista.com/statistics/330695/numberof-smart phone-users-worldwide/, accessed 10 March 2018.

4. Rebecca J. Rosen, "Why Today's Inventors Need to Read More Science Fiction," *Atlantic,* 20 September 2013, https://www.theatlantic.com/technology/archive/2013/09/why-todays-inventors-need-to-read-more-science-fiction/279793/, accessed 10 March 2018.

5. "Sub-$50 Small Multirotor Drone Mini Reviews," RotorCopters, http://www.rotorcopters.com/sub-50-multirotor-drone-mini-reviews/, accessed 30 March 2018.

6. "Micro and Nano Drones—the Smaller the Better," Dronethusiast, https://www.dronethusiast.com/best-micro-mini-nano-drones/, accessed 30 March 2018.

7. Telmo Adão et al., "Hyperspectral Imaging: A Review on UAV-Based Sensors, Data Processing and Applications for Agriculture and Forestry," *Remote Sensing*, vol. 9, no. 11 (2017): 1110, https://doi.org/10.3390/rs9111110.

8. Eyal Ben-Dor, ed., "Hyperspectral Remote Sensing," *Remote Sensing*, special issue, vol. 12, no. 2 (2012), http://www.mdpi.com/journal/remotesensing/special_issues/hyperspectral-remote-sens, accessed 8 March 2018.

9. Andy Extance, "Spectroscopy in Your Hands," *Chemistry World*, 2 February 2018, https://www.chemistryworld.com/feature/handheld-spectrometers/3008475.article, accessed 9 March 2018.

10. "ASD Terraspec 4 Hi-Res Mineral Spectrometer," Malvern Panalytical, https://www.asdi.com/products-and-services/terraspec/terraspec-4-hi-res-mineral-spectrometer, accessed 31 March 2018.

11. Sarah Parcak and Gregory Mumford, "Satellite Imagery Detection of a Possible Hippodrome and Other Features at the Ptolemaic-Roman Port Town of Taposiris Magna," *Journal of Ancient Egyptian Interconnections*, vol. 4, no. 4 (2012): 30–34, https://doi.org/10.2458/azu_jaei_v04i4_gregory_mumford.

12. Janet Nichol and Pui Hang To, "Temporal Characteristics of Thermal Satellite Sensors for Urban Heat Island Analysis," *Earthzine*, 8 July 2011, https://earthzine.org/2011/07/08/temporal-characteristics-of-thermal-satellite-sensors-for-urban-heat-island-analysis/, accessed 31 March 2018.

13. Jesse Casana et al., "Archaeological Aerial Thermography: A Case Study at the ChacoEra Blue J Community, New Mexico," *Journal of Archaeological Science*, vol. 45 (2014): 207– 19, https://doi.org/10.1016/j.jas.2014.02.015.

14. See "Remote Sensing," Harris Aerial, https://www.harrisaerial.com/remote-sensing/, accessed 12 March 2018.
15. Sarah Parcak et al., "Satellite Evidence of Archaeological Site Looting in Egypt: 2002–2013," *Antiquity*, vol. 90, no. 349 (2016): 188–205, https://doi.org/10.15184/aqy.2016.1.
16. See "Magnitude Surveys Ltd," http://www.magnitudesurveys.co.uk/, accessed 1 March 2018.
17. Alex Davies, "What Is LiDAR, Why Do Self-Driving Cars Need It, and Can It See Nerf Bullets?" *Wired*, 6 February 2018, https://www.wired.com/story/lidar-self-driving-cars-luminar-video/, accessed 31 March 2018.
18. Kazuya Nakajima et al., "3D Environment Mapping and Self-Position Estimation by a Small Flying Robot Mounted with a Movable Ultrasonic Range Sensor," *Journal of Electrical Systems and Information Technology*, vol. 4, no. 2 (2017): 289–98, https://doi.org/10.1016/j.jesit.2017.01.007.
19. Susanne Brinkmann et al., "Laser Cleaning Tomb Paintings at Luxor (TT49)," *Kmt: A Modern Journal of Ancient Egypt*, vol. 21, no. 3 (2010): 18–34.
20. I. Bukreeva et al., "Virtual Unrolling and Deciphering of Herculaneum Papyri by X-Ray Phase-Contrast Tomography," *Nature: Scientific Reports*, vol. 6, no. 27227 (2016): https://doi.org/10.1038/srep27227.
21. Vito Mocella et al., "Revealing Letters in Rolled Herculaneum Papyri by X-Ray PhaseContrast Imaging," *Nature Communications*, vol. 6, no. 5895 (2015): https://doi.org/10.1038/ncomms6895.
22. Robert Perkins, "A Birder in the Hand: Mobile Phone App Can Recognize Birds from Photos," *Caltech News*, 14 December 2016, http://www.caltech.edu/news/birder-hand-mobile-phone-app-can-recognize-birds-photos-53288, accessed 14 December 2016.
23. Nikki Aldeborgh, "GBDX + PoolNet: Identifying Pools on Satellite Imagery," DigitalGlobe, 13 July 2016, https://platform.digitalglobe.com/gbdx-poolnet-identifying-pools-satellite-imagery/, accessed 31 March 2018.
24. See "Google Books Ngram Viewer," Google, https://books.google.com/ngrams, accessed 31 March 2018.
25. Michael Blanding, "Plagiarism Software Reveals a New Source for 11 of Shakespeare's Plays," *New York Times*, 7 February 2018, https://www.nytimes.com/2018/02/07/books/plagiarism-software-unveils-a-new-source-for-11-of-shakespeares-plays.html, accessed 31 March 2018.
26. Marc Raibert, "Meet Spot, the Robot Dog That Can Run, Hop, and Open Doors," TED2017, https://www.ted.com/talks/marc_raibert_meet_spot_the_robot_dog_that_can_run_hop_and_open_doors, accessed 24 March 2018.
27. Christina Poletto, "When Roomba Met Dog Poop: Man's 'Poopocalypse' Goes Viral," *Today*, 16 August 2016, https://www.today.com/home/when-roomba-met-dog-poop-man-s-

poopocalypse-goes-viral-t101883, accessed 24 March 2018.

28. Anthony Cuthbertson, "DARPA Plans Autonomous 'Flying Insect' Drones with Skills to Match Birds of Prey," *International Business Times*, 2 January 2015, http://www.ibtimes.co.uk/darpa-plans-autonomous-flying-insectdronesskills -match-birds-prey-1481554, accessed 15 February 2018.

29. Antoinette Mercurio, "The Little Robot That Could: Professors of History and Computer Science Collaborate on Robot Archaeology Project," Ryerson University, 13 October 2017, https://www.ryerson.ca/news-events/news/2017/10/the-little-robot-that-could/, accessed 14 February 2018.

30. "Geno DNA Ancestry Kit," *National Geographic*, https://genographic.nationalgeographic.com/, accessed 14 February 2018.

31. Zahi Hawass et al., "Ancestry and Pathology in King Tutankhamun's Family," *Journal of the American Medical Association*, vol. 303, no. 7 (2010): 638–47, https://doi.org/10.1001/jama.2010.121.

32. Christina Warinner et al., "A New Era in Palaeomicrobiology: Prospects for Ancient Dental Calculus as a Long-Term Record of the Human Oral Microbiome," *Philosophical Transactions of the Royal Society B: Biological Sciences*, vol. 370, no. 1660 (2015), https://doi.org/10.1098/rstb.2013.0376.

33. "Face of First Brit Revealed," UCL News, University College London, 7 February 2018, https://www.ucl.ac.uk/news/news-articles/0218/070218-Face-of-cheddar-man-revealed, accessed 6 February 2018.

34. Jane Wakefield, "TED2017: Scary Robots That Want to Be Useful," BBC News, 17 April 2017, http://www.bbc.com/news/technology-39656040, accessed 31 March 2018.

35. Douglas Gantenbein, "Kinect Launches a Surgical Revolution," *Microsoft Research Blog*, 7 June 2012, https://www.microsoft.com/en-us/research/blog/kinect-launches-surgical-revolution/, accessed 31 March 2018.

36. "Surgical Simulation Training," CAE Healthcare, https://caehealthcare.com/surgical-simulation, accessed 30 March 2018.

37. "MorphoSource," MorphoSource by Duke University, https://www.morphosource.org/, accessed 8 February 2018.

38. Kristina Killgrove, "How to Print Your Own 3D Replicas of Homo Naledi and Other Hominin Fossils," *Forbes*, 19 September 2015, https://www.forbes.com/sites/kristinakillgrove/2015/09/19/how-to-print-your-own-3d-replicas-of-homo-naledi-and-other-hominin-fossils/#657a831112c0, accessed 4 February 2018.

39. David L. Chandler, "Surfaces Get Smooth or Bumpy on Command," *MIT News*, 11 June 2015, http://news.mit.edu/2015/controllable-surface-textures-0611, accessed 7 February 2018.

40. Jennifer Chu, "New 3D Printer Is 10 Times Faster Than Commercial Counterparts," *MIT News*, 29 November 2017, http://news.mit.edu/2017/new-3-d-printer-10-times-faster-commercial-counterparts-1129, accessed 6 February 2018.

41. "Sir Arthur's Quotations," *The Arthur C. Clarke Foundation*, https://www.clarkefoundation.org/about-sir-arthur/sir-arthurs-quotations/, accessed 19 February 2018.

42. Brad Jones, "Planet Hunter," *Futurism*, 15 November 2017, https://futurism.com/discovered-closest-earth-like-planets/, accessed 19 February 2018.

43. "The Drake Equation," SETI Institute, https://www.seti.org/drakeequation, accessed 15 February 2018.

44. "The Drake Equation."

45. 如 Erich von Däniken, *Chariots of the Gods? Unsolved Mysteries of the Past* (New York: G. P. Putnam's Sons, 1968) 書中所述。

46. "How the World Reacted to Elon Musk's Falcon Heavy Launch," BBC News, 7 February 2018, http://www.bbc.com/news/world-us-canada-42973449, accessed 31 March 2018.

47. Viviane Slon et al., "Neandertal and Denisovan DNA from Pleistocene Sediments," *Science*, vol. 356, no. 6338 (2017): 605–8, http://doi.org/10.1126/science.aam9695.

第十章　挑戰

1. Jean-François Champollion, *Lettre à M. Dacier relative à l'alphabet des hiéroglyphes phonétiques* (Paris: Firmin Didot Père et Fils, 1822).

2. *Stephens & Catherwood Revisited: Maya Ruins and the Passage of Time* (Washington, DC: Dumbarton Oaks Research Library and Collection, Trustees for Harvard University, 2015).

3. Hiram Bingham, "In the Wonderland of Peru—Rediscovering Machu Picchu," *National Geographic Magazine*, April 1913, https://www.nationalgeographic.com/magazine/1913/04/machu-picchu-peru-inca-hiram-bingham-discovery/, accessed 20 February 2018.

4. "Helena, St. (c. 255–c. 230)," *The Oxford Dictionary of the Christian Church*, ed. F. L. Cross and E. A. Livingstone (Oxford: Oxford University Press, published online 2009), https://doi.org/10.1093/acref/9780192802903.001.0001.

5. Georgina Howell, *Gertrude Bell: Queen of the Desert, Shaper of Nations* (New York: Sarah Crichton Books, Farrar, Straus and Giroux, 2008).

6. Kathleen Kenyon, *Digging Up Jericho* (London: Ernest Benn, 1957).

7. Agatha Christie, *Agatha Christie: An Autobiography* (New York: Berkley Books, 1991).

8. Agatha Christie Mallowan, "A-sitting on a Tell," *Come, Tell Me How You Live* (London: Agatha Christie Limited, A Chorian Company, 1946). Reprinted by permission of Harper Collins Publishers.

9. Daniel E. Slotnik, "Barbara Mertz, Egyptologist and Mystery Writer, Dies at 85," *New York*

Times, 13 August 2013, http://www.nytimes.com/2013/08/14/arts/barbara-mertz-egyptologist-and-mystery-writer-dies-at-85.html, accessed 18 February 2018.

10. "Meet the Egyptian Female Archaeologist Leading Her Own Excavation at Just 27 Years Old," *Cairoscene*, 19 May 2017, http://www.cairoscene.com/ArtsAndCulture/Meet-the-Egyptian-Female-Archaeologist-Leading-Her-Own-Excavation-at-Just-27-Years-Old, accessed 17 February 2018.

11. See "Archaeology/In Your Hands," https://digventures.com/, accessed 17 February 2018.

12. "Chocolate Artefact," *DigVentures*, https://digventures.com/shop/chocolate-artefact/, accessed 19 May 2018.

13. See Lyminge Archaeological Project, http://www.lymingearchaeology.org/, accessed 19 February 2018.

14. François Dubé, "Breaking New Ground," *ChinAfrica*, 8 September 2017, http://www.chinafrica.cn/Africa/201709/t20170908_800104306.html, accessed 19 February 2018.

15. Natan Kellermann, "Epigenetic Transmission of Holocaust Trauma: Can Nightmares Be Inherited?" *Israeli Journal of Psychiatry and Related Sciences*, vol. 50, no. 1 (2013): 33–39.

16. Amy Boddy et al., "Fetal Microchimerism and Maternal Health: A Review and Evolutionary Analysis of Cooperation and Conflict Beyond the Womb," *BioEssays,* vol. 37, no. 10 (2015): 1106–18, https://doi.org/10.1002/bies.201500059.

17. Alan Rogers et al., "Early History of Neanderthals and Denisovans," *Proceedings of the National Academy of Sciences*, vol. 114, no. 37 (2017): 9859–63, https://doi.org/10.1073/pnas.1706426114.

18. Ann Gibbons, "Signs of Symbolic Behavior Emerged at the Dawn of Our Species in Africa," *Science News*, 15 March 2018, http://www.sciencemag.org/news/2018/03/signs-symbolic-behavior-emerged-dawn-our-species-africa, accessed 26 April 2018.

19. Richard Potts et al., "Environmental Dynamics During the Onset of the Middle Stone Age in Eastern Africa," *Science*, vol. 360, no. 6384 (2018), https://doi.org/10.1126/science.aao2200.

20. Douglas Fry and Patrik Söderberg, "Lethal Aggression in Mobile Forager Bands and Implications for the Origins of War," *Science*, vol. 341, no. 6143 (2013): 270–73, https://doi.org/10.1126/science.1235675.

21. Colin K. Khoury et al., "Origins of Food Crops Connect Countries Worldwide," *Proceedings of the Royal Society B: Biological Sciences*, vol. 283, no. 1832 (2016), https://doi.org/10.1098/rspb.2016.0792.

22. Jeremy Cherfas, "A Map of Where Your Food Originated May Surprise You," *The Salt*, National Public Radio, 13 June 2016, www.npr.org/sections/thesalt/2016/06/13/481586649/a-map-of-where-your-food-originated-may-surprise-you, accessed 20 March 2018.

23. Luke Fleming, "Linguistic Exogamy and Language Shift in the Northwest Amazon," *International Journal of the Sociology of Language*, vol. 2016, no. 240 (2016): 9–27, https://doi.org/10.1515/ijsl-2016-0013; Jean E. Jackson, *The Fish People: Linguistic Exogamy and Tukanoan Identity in Northwest Amazonia*, Cambridge Studies in Social Anthropology, (Cambridge: Cambridge University Press, 1983), xix, 287.

24. Peter Ralph and Graham Coop, "The Geography of Recent Genetic Ancestry Across Europe," *PLOS Biology*, vol. 11, no. 5 (2013): e1001555, https://doi.org/10.1371/journal.pbio.1001555; Susan Bell, "Researcher Uses DNA to Demonstrate Just How Closely Everyone on Earth Is Related to Everyone Else," *PHYSORG*, 8 August 2013, https://phys.org/news/2013-08-dna-earth.html, accessed 21 March 2018.

25. Colin McEvedy and Richard M. Jones, *Atlas of World Population History* (Middlesex, UK: Penguin Books, 1978); John Carl Nelson, *Historical Atlas of the Eight Billion: World Population History 3000 BCE to 2020* (CreateSpace Independent Publishing Platform, 2014).

26. Peter Brand, "Reuse and Restoration," *UCLA Encyclopedia of Egyptology*, ed. Willeke Wendrich, 2010, https://escholarship.org/uc/item/2vp6065d, accessed 19 March 2018.

27. Thomas Asbridge, *The Crusades: The War for the Holy Land* (London: Simon and Schuster, 2010).

28. Olivia Solon, "Elon Musk: We Must Colonise Mars to Preserve Our Species in a Third World War," *Guardian*, 11 March 2018, www.theguardian.com/technology/2018/mar/11/elon-musk-colonise-mars-third-world-war, accessed 21 March 2018.

29. Stephen Petranek, *How We'll Live on Mars*, TED Books (New York: Simon and Schuster, 2015).

30. Michael Emslie et al., "Expectations and Outcomes of Reserve Network Performance Following Re-zoning of the Great Barrier Reef Marine Park," *Current Biology*, vol. 25, no. 8 (2015): 983–92, https://doi.org/10.1016/j.cub.2015.01.073.

31. Karen Frances Eng, "The Man Who Plants Trees: Shubhendu Sharma Is Reforesting the World, One Patch at a Time," *TEDBlog*, 9 May 2014, https://blog.ted.com/shubhendusharma/, accessed 21 March 2018.

第十一章　失竊的文化資產

1. Jaromir Malek et al., "Howard Carter's Notes on Various Objects Found in the Tomb of Tutankhamun (TAA i.2.10)," Griffith Institute, University of Oxford, http://www.griffith.ox.ac.uk/gri/taa_i_2_10.html, accessed 31 March 2018. On object # 435: "(H. 47.6). Crater with flanking ornament Finger marks of thieves on interior walls."

2. "The Antiquities Coalition Warns American Heritage Is a Casualty of Government Shutdown," *Antiquities Coalition* (blog), 22 January 2018, https://theantiquitiescoalition.org/blog-posts/american-heritage-casualty-of-shutdown/, accessed 22 January 2018.

3. Brian Vastag, "Amid Protests and Looting, Officials Work to Preserve Egypt's Treasures," *Washington Post*, 30 January 2011, http://www.washingtonpost.com/wp-dyn/content/article/2011/01/30/AR2011013003244.html, accessed 11 March 2018.

4. Elizabeth C. Stone, "Patterns of Looting in Southern Iraq," *Antiquity*, vol. 82, no. 315 (2008): 125–38, https://doi.org/10.1017/S0003598X00096496.

5. Sarah Parcak et al., "Satellite Evidence of Archaeological Site Looting in Egypt: 2002– 2013," *Antiquity*, vol. 90, no. 349 (2016): 188–205, https://doi.org/10.15184/aqy.2016.1.

6. Sarah Parcak et al., "Using Open Access Satellite Data Alongside Ground Based Remote Sensing: An Assessment, with Case Studies from Egypt's Delta," *Geosciences*, vol. 7, no. 4 (2017): 94, https://doi.org/10.3390/geosciences7040094.

7. 世界各地的考古同行都在各自的專業領域提出同樣的問題。在伊莉莎白．史東的研究首開先河之後，現今有許多監看伊拉克和敘利亞遺址的計畫，在這兩國的惡意破壞和盜掠遺址情況嚴重程度令人驚駭。(See Michael Danti et al., "The American Schools of Oriental Research Cultural Heritage Initiatives: Monitoring Cultural Heritage in Syria and Northern Iraq by Geospatial Imagery," *Geosciences*, vol. 7, no. 4 [2017]: 95, https://doi.org/10.3390/geosciences7040095; and Jesse Casana and Mitra Panahipour, "Notes on a Disappearing Past: Satellite-Based Monitoring of Looting and Damage to Archaeological Sites in Syria," *Journal of Eastern Mediterranean Archaeology and Heritage Studies*, vol. 2, no. 2 [2014]: 128–51, https://doi.org/10.5325/jeasmedarcherstu.2.2.0128.) 有多段盲目暴民用鎚子敲毀四千年歷史石製紀念古文物的影像紀錄（"Casualties of War," *PBS NewsHour*, 27 February 2015, https://www.youtube.com/watch?v=DBrHUrUMifk, accessed 11 March 2018）。在此提供思考的角度：盜掠活動是在伊斯蘭國（痛恨文化、摧毀文化的壞人）占領該地之後趨於嚴重，但是情況和我們在埃及所見類似，我猜想敘利亞的盜掠活動是在二〇一〇年開始更為猖獗，也就是在二〇〇六到二〇〇九年經歷旱災以及全球經濟蕭條之後。內戰開始後的大肆盜掠，可能是讓已經很糟的情況更形惡化，也可能表示伊斯蘭國趁機利用既有的市場。

8. Protect and Preserve International Cultural Property Act, H.R. 1493, United States House of Representatives, https://www.congress.gov/bill/114th-congress/house-bill/1493 (19 March 2015), accessed 28 October 2017.

9. "Secretary Kerry Signs Cultural Property Protection Agreement with Egypt," US Department of State, https://2009-2017.state.gov/r/pa/prs/ps/2016/11/264632.htm, accessed 26 October 2017.

10. Julie Zauzmer and Sarah Pulliam Bailey, "Hobby Lobby's $3 Million Smuggling Case Casts a Cloud over the Museum of the Bible," *Washington Post*, 6 July 2017, https://www.washingtonpost.com/news/acts-of-faith/wp/2017/07/06/hobby-lobbys-3-million-smuggling-case-casts-a-cloud-over-the-museum-of-the-bible/?utm _term=.e8d7123583da, accessed 7 March 2018.

11. Patty Gerstenblith, "Controlling the International Market in Antiquities: Reducing the

Harm, Preserving the Past," *Chicago Journal of International Law*, vol. 8, no. 1 (2007): 169–95.

12. Zauzmer and Bailey, "Hobby Lobby's $3 Million Smuggling Case."

13. Sarah Parcak, "Moving from Space-Based to Ground-Based Solutions in Remote Sensing for Archaeological Heritage: A Case Study from Egypt," *Remote Sensing*, vol. 9, no. 12 (2017): 1297, https://doi.org/10.3390/rs9121297.

14. Tom Mueller, "How Tomb Raiders Are Stealing Our History," *National Geographic Magazine*, June 2016, https://www.nationalgeographic.com/magazine/2016/06/looting-ancient-blood-antiquities/, accessed 28 October 2017.

15. Danny Lewis, "How 'Operation Mummy's Curse' Is Helping Fight Terrorism," *Smithsonian SmartNews*, 28 April 2015, https://www.smithsonianmag.com/smart-news/federal-agents-are-fighting-terrorism-tracking-down-missing-mummies-180955113/, accessed 28 October 2017; "ICE Returns Ancient Artifacts to Egypt," US Immigration and Customs Enforcement, 1 December 2016, https://www.ice.gov/news/releases/ice-returns-ancient-artifacts-egypt#wcm-survey-target-id, accessed 6 March 2018.

16. Kathleen Caulderwood, "US Returns $2.5M In Egyptian Antiquities as Experts Call for Tougher Punishment on Smugglers," *International Business Times*, 22 April 2015, http://www.ibtimes.com/us-returns-25m-egyptian-antiquities-experts -call-tougher-punishment-smugglers-1892622, accessed 28 October 2017.

17. Caulderwood, "US Returns $2.5M In Egyptian Antiquities."

18. "18 U.S. Code § 2315-Sale or Receipt of Stolen Goods, Securities, Moneys, or Fraudulent State Tax Stamps," *Legal Information Institute,* https://www.law.cornell.edu/uscode/text/18/2315, accessed 28 October 2017.

19. David Silverman and Jennifer Houser Wegner, "Unpublished Report on the Tripartite Coffin Set, Penn Museum, University of Pennsylvania Museum," provided by a confidential source at US Homeland Security in January 2015.

20. "Ancient Art," https://caryatidconservation.sharepoint.com/Pages/ancient.aspx, accessed 28 October 2017, link no longer working.

21. Jaromir Malek, *Topographical Bibliography of Ancient Egyptian Hieroglyphic Texts, Statues, Reliefs and Paintings. Volume VIII: Objects of Provenance Not Known: Statues* (Leuven: Peeters, 1999), 846–47.

22. Blythe Bowman Proulx, "Archaeological Site Looting in 'Glocal' Perspective: Nature, Scope, and Frequency," *American Journal of Archaeology*, vol. 117, no. 1 (2013): 111–25, https://doi.org/10.3764/aja.117.1.0111.

23. Louisa Loveluck, "Islamic State Sets Up 'Ministry of Antiquities' to Reap the Profits of Pillaging," *Telegraph*, 30 May 2015, http://www.telegraph.co.uk/news/worldnews/islamicstate/11640670/Islamic-State-sets-up-ministry-of-antiquities-to-reap-the-profits-of-

pillaging.html, accessed 3 February 2018.

24. "Notice: Two Sentry Guards Killed at the Archaeological Site at Deir el-Bersha in Egypt," *Association for Research into Crimes Against Art*, 22 February 2016, http://art-crime.blogspot.com/2016/02/one-killed-one-injured-at.html, accessed 8 March 2018.

25. Morag M. Kersel, "Go, Do Good! Responsibility and the Future of Cultural Heritage in the Eastern Mediterranean in the 21st Century," *The Future of the Past: From Amphipolis to Mosul, New Approaches to Cultural Heritage Preservation in the Eastern Mediterranean*, ed. Konstantinos Chalikias et al. (Boston: Archaeological Institute of America, 2016), 5–10.

26. Morag Kersel and Andrew C. Hill, "Aerial Innovations: Using Drones to Document Looting," *Oriental Institute News and Notes*, no. 224 (2015): 8–9.

第十二章　全民共學太空考古

1. See "Galaxy Zoo," https://www.zooniverse.org/projects/zookeeper/galaxy-zoo/, accessed 19 February 2018.

2. See "Eyewire," https://eyewire.org/explore, accessed 19 February 2018.

3. See "Levantine Ceramics Project," https://www.levantineceramics.org/, accessed 17 February 2018.

4. Karen Eng, "GlobalXplorer° Completes Its First Expedition: What the Crowd Found in Peru," Medium, 10 April 2018, https: //medium.com/@globalxplorer/globalxplorer-completes-its-first-expedition-what-the-crowd-found-in-peru-7897ed78ce05, accessed 10 April 2018.

5. Eli Rosenberg, "A Protest Damaged Ancient Monuments in Peru. The Repair Effort Led to the Discovery of Even More," *Washington Post*, 5 April 2018, https://www.washingtonpost.com /news/speaking-of-science/wp/2018/04/05/a- protest-damaged-ancient-monuments-in-peru-the-repair-effort-led-to-the-discovery-of-even-more/?noredirect=on&utm_term=.ec70c0b29980, accessed 5 April 2018.

6. Chris Hadfield, *An Astronaut's Guide to Life on Earth: What Going to Space Taught Me About Ingenuity, Determination, and Being Prepared for Anything* (New York: Back Bay Books, Little, Brown, 2015).

7. Chris Hadfield, "We Should Treat Earth as Kindly as We Treat Spacecraft," *Wired*, 25 November 2013, https://www.wired.com/2013/11/chris-hadfield-wired/, accessed 29 April 2018.